LOCUS

LOCUS

LOCUS

LOCUS

from

vision

from 157
為什麼我們這樣對話，那樣生活：
當個超級溝通者，解鎖與他人連結的祕密語言
作者：查爾斯．杜希格（Charles Duhigg）
譯者：許恬寧
責任編輯：潘乃慧
封面設計：許慈力
校對：呂佳真
出版者：大塊文化出版股份有限公司
www.locuspublishing.com
105022 台北市南京東路四段 25 號 11 樓
讀者服務專線：0800-006689
TEL：(02) 87123898　FAX：(02)87123897
郵撥帳號：18955675
戶名：大塊文化出版股份有限公司
法律顧問：董安丹律師、顧慕堯律師

總經銷：大和書報圖書股份有限公司
地址：新北市新莊區五工五路 2 號
TEL：(02) 89902588　FAX：(02) 22901658

初版一刷：2025 年 4 月
定價：新台幣 420 元
Printed in Taiwan

為什麼我們
這樣對話，
那樣生活？

當個超級溝通者，解鎖與他人連結的祕密語言

SUPERCOMMUNICATORS
HOW TO UNLOCK THE SECRET LANGUAGE OF CONNECTION

CHARLES DUHIGG
查爾斯・杜希格——著　許恬寧——譯

本書獻給——

約翰・杜希格（John Duhigg）、蘇珊・卡米爾（Susan Kamil）

與哈利（Harry）、奧利（Oli）、麗茲（Liz）

目次

前言

如果要說菲力斯．席嘉拉（Felix Sigala）有什麼特點，那就是每個人都知道他很好聊，真的不是蓋的。大家都很喜歡跟他講話，因為講著講著，你就會感到自己幽默風趣、聰明過人。就算你和菲力斯之間沒有任何共同點[1]（這種情況很罕見，因為聊一聊總會發現你們英雄所見略同，或是有過相同的經歷、有共同的朋友等等），你感到菲力斯懂你在說什麼，彷彿你們心靈相通。

那就是為什麼科學家找上菲力斯。

菲力斯在美國聯邦調查局（FBI）服務了二十年。他大學畢業、當兵一陣子之後就加入，幾年間擔任外勤探員。也就在那段期間，長官首度發現他很容易和人打成一片，不斷拔擢他，最後升任資深區域長，成為全能型談判人員，工作內容包括力勸不肯透露實情的證人開口、說服逃犯自首，或是安撫悲痛的家屬。有一次，有人把自己和六條眼鏡蛇、十九條響尾蛇、一隻美洲鬣蜥關在一起。菲力斯說服他自行走出來投降，還供出動物走私集團的共犯。「關鍵是讓他從蛇的角度出發。」菲力斯告訴我：「那個人性格有點古怪，但真心喜愛動物。」

FBI的危機談判組（Crisis Negotiation Unit）負責處理人質情境，而事情極度棘手時，他們會打電話給菲力斯這樣的高手。

年輕探員向菲力斯求救時，他傳授的招數包括：永遠不要假裝自己不是警察；永遠不要操縱或威脅；問大量的問題；如果對方展露情緒，那就跟著一起哭、一起笑、一起抱怨，或是一起慶祝。不過，到底為什麼菲力斯能達到出神入化的境界，依然有點令人費解，就連一起工作的夥伴都說不清。

一群科學家因此在二〇一四年找上菲力斯本人。當時國防部委託心理學與社會學等各領域的研究人員探索新方法，教導軍官說服與協商之術——基本上是在研究如何把人訓練得更擅長溝通。那群科學家詢問軍官共事過最優秀的談判人員，結果從好幾人的口中，聽到菲力斯的豐功偉業。他的名字一再被提及。

好幾位科學家以為會見到一個高高帥帥、眼神溫暖、聲音醉人的迷人男中音，沒想到走進來一個中年爸爸，臉上一抹小鬍子，稍微有點中廣身材，講話聲音細柔，帶點鼻音，看起來……不太起眼。

菲力斯告訴我，介紹與寒暄過後，一名科學家跳出來解釋他們正在執行的研究計畫，接著拋出一個籠統的問題：「能不能告訴我們，你如何看待溝通？」

「我看我就直接示範一遍吧。」菲力斯回答：「你最美好的回憶是什麼？」

和菲力斯對話的科學家，介紹自己是大型實驗的主持人，負責監督數百萬美元的經費，旗下有數十名研究人員。這種日理萬機的人，不太像是會在大白天閒來無事憶當年。

那名科學家愣了一下。「大概是我女兒結婚吧。」最後他終於擠出答案：「整個家族都在。幾個月後，我母親就過世了。」

菲力斯接著又問了幾個問題，偶爾穿插自己的回憶。「我妹妹在二〇一〇年結婚。」菲力斯告訴對方：「她已經過世了——得了癌症，很不容易。但婚禮那天她好美啊。我試著記住那樣的她。」

接下來四十五分鐘，雙方就那樣聊下去。菲力斯問那群科學家問題，偶爾也講講自己。有人透露私事時，菲力斯也說出自己生活中發生的事。有科學家提到女兒處於令人頭疼的青春期，菲力斯於是講起，不論他多努力，有個姑姑就是很難相處。另一名研究人員問到菲力斯的童年，菲力斯解釋自己從小到大都極度害羞——但他的父親是推銷員（而祖父是詐騙犯）。菲力斯試著模仿家人的樣子，最終學會與他人連結。

預定的訪談時間快要結束時，某位心理學教授插話。「抱歉，」她說：「今天聊得很愉快，但我並沒有進一步瞭解你做了什麼。你認為為什麼這麼多人都推薦我們和你聊一聊？」

「問得好。」菲力斯說：「在我回答之前，我想先問：先前妳提到自己是單親媽媽，我猜又要照顧孩子，又要兼顧職涯，一定很不容易。這個問題聽起來不太尋常，但我很想知道：如果有人打算離婚，妳會跟他們說什麼？」

女教授沉默了一會。「好吧，要聊就來聊。」她回答：「我有很多建議。我和先生分居時——」

菲力斯溫和地打斷她。

「我不是真的需要答案。」他說：「但我想指出，在場的都是專業同仁，而在不到一小時的對話後，你們就願意告訴我人生中最私密的事情。」菲力斯解釋，女教授會感到如此自在的原因，八成要歸功於大家一起打造的談話環境。菲力斯仔細聆聽、引導人們講出自己的脆弱之處，讓所有人透露有意義的個人細節。菲力斯鼓勵現場的科學家解釋自己如何看待世界，接著又向他們證明，他聽進了他們所說的話。每當有人提到觸動情緒的事（即便他們沒發現自己情緒外露），菲力斯都會有來有往，也說出他的感受。菲力斯解釋，他們做出的所有這些小小的選擇，營造出信任的氣氛。

「這是一套技能組合。」菲力斯告訴科學家：「背後沒有什麼玄妙之處。」換句話說，人人都能練習成為超級溝通者。

• • •

如果今天很不順，你會打電話給誰？如果有一筆生意搞砸了，或是和另一半吵架，感到你心灰意冷、受夠了：你會想向誰傾訴？你大概認識某個能讓你心情好起來的人，能協助你好好思考棘手的難題，分享心碎或快樂的時光。

想到人選之後，問自己：他們是你這輩子碰過最幽默風趣的人嗎？（八成不是，但如果近距離觀察，你會發現他們笑得比大部分的人都多。）他們是你認識過最有趣或最聰明的人嗎？（更可能的情況是，即便他們沒說出什麼特別睿智的話，你預期和他們聊過後，**你**會更知道要怎麼做。）他們是最好玩或最有自信的朋友嗎？他們給予最理想的建議嗎？（答案大概是：不是，不是，不是——但你掛電話後會冷靜一點，不再心神不寧，離正確的選擇更近。）

所以他們做了什麼，讓你心情好轉？

本書試圖回答那個問題。過去二十年間，許多研究都在探討為什麼有的對話很順利，有的則一團糟。相關洞見能協助我們把話聽得更明白，也把話講得讓人更願意聽。我們知道人類大腦演化成渴望連結：我們和某個人「一拍即合」時，眼睛通常會同步瞪大，脈搏一致；雙方感受到相同的情緒，開始在腦中為彼此接話。這種現象稱為**神經同步化**（neural entrainment），感覺十分美好。有時候，這種事自然而然地發生，我們不曉得為什麼會這樣；只感到幸運，彼此居然聊得這麼愉快。有時候，即使努力親近某個人，卻一次次失敗。

許多人有時會感到很難與他人對話，壓力很大，甚至會害怕。劇作家蕭伯納（George

Bernard Shaw）有云：「溝通最大的一個問題，就是人們出現自以為在溝通的幻覺。」[2]不過，科學家今日已經解開許多謎團，知道成功的對話是如何發生。科學家發現，如果聽人說話時，除了留意聲音，也留意肢體語言，會聽得更明白。此外，科學家還證實，有時**如何**問問題，比**問了什麼**還重要。另外，看來我們最好承認社會差異（social difference），不要假裝每個人都一樣。不論你們要談的主題有多理性，所有討論都會受到情緒影響。展開對話時，可以把討論想成一種協商，努力找出每個人要什麼。

此外，核心重點是，任何對話最重要的目標都是**連結**。

• • •

本書有一部分源於我自己不懂溝通。幾年前，我被派去協助管理相當複雜的工作專案。我以前沒當過主管，但替很多上司工作過。再說了，我可是在招牌閃亮的哈佛商學院拿到ＭＢＡ的學位。我的職業又是記者，溝通原本就是我吃飯的工具！能有多難？

結果是很難——真的很難。要我訂出進度表並規畫後勤事項，沒問題。然而，與人連結的部分，我一再失敗。有一天同仁告訴我，他們感到建議被忽視，貢獻沒被看到。同仁說：「這讓人極度沮喪。」

我告訴同仁我聽見了，接著開始建議可能的解決辦法：或許會議該交由他們主持？或許我們該畫出正式的組織圖，清楚標示每個人的職責？或者，如果我們……？「你沒在聽。」同仁打斷我：「我們不需要更明確的職務說明。我們需要更尊重彼此。」同仁想談人們如何對待彼此，我卻忙著思考實務上可以如何解決。同仁告訴我，他們需要同理心，但我沒聽進去，提供的還是解決方案。

老實講，類似的互動有時也在我家上演。全家人度假時，我總會碎碎念：旅館說會給我們怎樣的房間，怎麼沒有；坐飛機還碰上椅背往後傾的爛人。我太太聽完後，給了完全合情合理的建議：何不專注於旅途中正面的地方？然後我就會生悶氣，覺得太太不懂我，我需要她站在我這邊，說我生氣是應該的，而不是給我理性的建議。還有，有時孩子想跟我聊一聊，但我正在想工作的事或在忙別的，有一搭沒一搭聽著，直到他們不知何時就走開了。事後回想起來，我讓生命中最重要的人失望了，卻不曉得如何補救。令我尤其困惑的是，身為作家，理論上我以溝通**為生**，怎麼會無法和最重要的人交心，聽不見他們說的話？

我猜在這方面有困擾的人不只我一個。我們總有某些時刻沒仔細聽朋友、同事說話，或是沒懂他們試圖告訴我們的事——**真正聽見**對方在說什麼。此外，我們自己也都會因為沒把話說出口，教別人丈二金剛摸不著頭腦。

本書因此串聯幾個關鍵概念，嘗試解釋為什麼溝通會出錯，我們又能做些什麼加以改善。

首先，許多討論其實都包含三種不同的對話，其中一種是務實的決策對話，聚焦於找出

三種對話

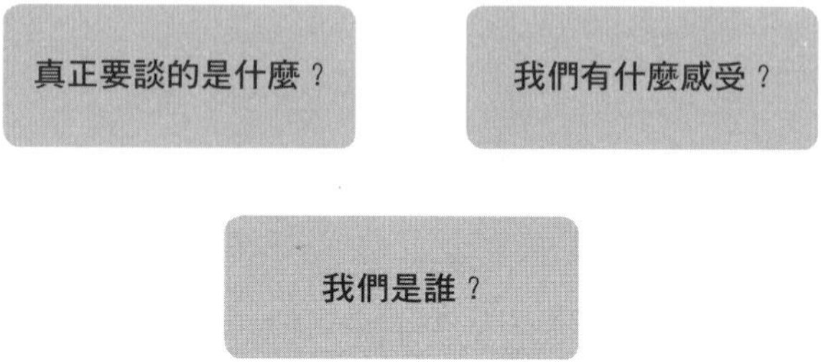

「真正要談的是什麼？」。另一種對話與情緒有關，詢問**「我們有什麼感受？」**。此外，還有探索**「我們是誰？」**的社會對話。我們在交談時，經常在這三種對話之間切換，但如果**雞同鴨講**，我跟你講感覺，你跟我談作法，那就不大可能與彼此連結。

此外，每種對話自有一套邏輯，各自需要用上專屬的技能組合，也因此，要有良好的溝通，需要知道如何察覺當下正在進行哪一種對話，而且必須瞭解每一種對話的功能。

本書的第二個核心概念因此登場：就多數有意義的討論而言，我們的目標必須是「學習型對話」（learning conversation），尤其要瞭解身邊的人如何看世界，此外也協助他們理解我們的觀點。

最後一個重要概念其實不是概念，而是我學到的事：任何人都能成為超級溝通者——事實上，如果學會解鎖直覺，許多人已經算得上超級溝通者。我們都能學著聽得更明白，以更深層的方式連結。將在接下來的章節出場的人物包括：

網飛（Netflix）的高階主管、影集《宅男行不行》（*The Big Bang Theory*）的創作者、間諜與外科醫師、NASA心理學家，以及COVID研究人員。我會帶大家瞭解，他們是如何改造自己說話與聆聽的方式——因此更能與看似風馬牛不相及的各界人士連結。各位會看到相關心得如何應用在日常對話中，包括和工作夥伴、朋友、伴侶配偶、自家孩子、咖啡店員工的閒聊，以及我們每次搭上巴士後，揮手告別的那位女士。

那種聊天能力很重要，因為就某些方面而言，在歷史上從未像現在這樣，學習有意義的對話變成迫切的議題。人人都知道這個世界日益兩極化，卻愈來愈難聆聽與被聽到。然而，如果我們懂得如何一起坐下來聽彼此說話，即便無法化解所有的爭論，只要想辦法聽見彼此的心聲、說出必須說出口的話，我們就能夠共存，過得更好。

每場有意義的對話都是由無數個微小的選擇所組成。一眨眼，一個正確的問題，或是願意承認自己的脆弱，或是具同理心的一個字，就能完全改變一場對話。偷笑、幾乎聽不見的嘆息、緊張時刻的友善微笑：有的人學會捕捉這些時機，意識到當下正在進行哪種類型的對話，抓到其他人真正想要的東西。這樣的人士學會聽出言外之意，也學會以別人想聽的方式說話。

總而言之，這本書將探索我們如何與人溝通和連結，因為在正確的時機正確對話，足以改變一切。

三種類型的對話

概述

對話是我們共同呼吸的空氣。我們在一天之中和家人、朋友、陌生人、同事說話，有時還跟寵物說話。我們透過簡訊、電子郵件、網路文章與社群媒體溝通。我們用鍵盤和語音轉成文字發聲，偶爾還提筆寫信。咕噥、微笑、鬼臉、嘆氣，也不時成為表達工具。

然而，不是所有的對話都是平等的。碰上有意義的討論時，我們會感到十分開心，有如撥雲見日。作家王爾德（Oscar Wilde）曾說：「不論是婚姻或友誼，最終所有友伴關係的黏著劑是對話。」

若是重要的對話進展**不順利**，將導致心情低落、垂頭喪氣，覺得錯過機會。我們心情複雜地離開，悶悶不樂，不確定有任何人聽懂我們剛才講的話。

為什麼會有這樣的區別？

下一章會解釋，人類的大腦演化成渴望連結。然而，我們必須理解，溝通是如何產生作用，才有可能持續與他人同頻——最重要的是，我們必須意識到，連結的前提是雙方參與**同一種**對話。

超級溝通者不是生下來就具備特殊能力——但他們比別人更認真思考對話是如何開展、對話為什麼成功或失敗。此外，他們意識到每場對話都帶來接近無限的選擇機會，人們將因此更貼近彼此，或是漸行漸遠。當我們學會辨識那些機會，將開始以新的方式開口與聆聽。

1 匹配原則——為何招不到間諜

吉姆・勞勒（Jim Lawler）要是對自己誠實，他會承認自己毫無吸收間諜的能力。事實上，他度過的多數夜晚都在煩惱，這輩子做過的各種工作中，找人當間諜是他唯一喜歡的，但看來他就要被炒魷魚了。勞勒在兩年前得到這份工作，進入美國中情局（Central Intelligence Agency, CIA）當招募員。[1]

時間回到一九八二年，當時勞勒三十歲。他在加入ＣＩＡ前，畢業於德州大學法學院，成績平平，接著輾轉於一連串無聊透頂的工作。有一天，不確定人生要幹什麼的他，打電話給在校園碰到的ＣＩＡ獵頭雇員。接下來，他接受面試、測謊，又在數個城市參加了十幾場面試，接著是一系列的考試。考題感覺上是在找碴，專問一些勞勒**不知道**的事情（勞勒真的想不通，到底**有誰會背下一九六〇年代的橄欖球世界冠軍**？）。

勞勒終究闖進了最後一關的面試，但感覺不太可能會錄取。他的考試表現介於差勁和平庸之間。此外，他沒有海外生活的經驗，不會說外語，沒有軍隊的經驗，也沒有特殊技能。不過，面試官注意到勞勒為了參加這次面試，千里迢迢自費飛到華盛頓特區，而且堅持完成每一場考試，即便大部分問題的答案，他顯然毫無頭緒。勞勒以令人欽佩的正面精神回應每一次的挫敗，甚至有過度樂觀之嫌。

面試官問勞勒，他到底為什麼這麼想加入CIA？

勞勒回答：「我這輩子一直想做重要的事。」他想要報效母國，「把民主帶給渴望自由的國家。」話一說出口，勞勒自己都知道很好笑。有誰會在面試時談什麼**渴望**？所以勞勒停下來，深呼吸，說出當下能想到最誠實的答案：「我感到人生很空虛。」勞勒告訴面試官：「我想參與有意義的事。」

一星期後，CIA打電話通知他錄取了。勞勒立刻接受，到培里營（Camp Peary）報到——培里營俗稱「農場」（the Farm），是CIA在維吉尼亞州的訓練場地。勞勒在那裡學習開鎖、傳遞情報與跟蹤監視。

不過，農場課程最出乎意料的一面是CIA極其重視對話技巧。勞勒在受訓期間得知，在CIA的工作基本上就是溝通。外勤人員的任務不是潛伏在暗處，也不是在停車場竊竊私語，而是在派對上找人聊天，在大使館交朋友，和外交官打成一片，希望有一天能悄悄得知關鍵情報。溝通萬分重要，CIA訓練法的摘要開門見山地指示：「找出辦法連結。」上頭寫著：

「ＣＩＡ招募員的目標是讓間諜人選有充分的理由相信，招募員是少數真正懂他的人，甚至是世上**唯一**的知己。」2

勞勒從間諜學校高分結業，派駐歐洲。他的任務是結交外國官員，和大使館人員培養友誼，並開發各式各樣的人脈。或許有人會願意敞開心扉和他聊一聊——他的上司希望能因此開啟討論的管道，讓全球事務變得更可控一些。

• • •

勞勒在海外的頭幾個月過得慘兮兮。他盡了最大的努力融入當地生活，參加必須穿著禮服的晚宴，還在大使館附近的酒吧灌酒，但不管怎麼做都沒用。有一次，勞勒在滑完雪的社交活動中，認識一名中國代表團的職員，沒事就相邀吃午餐和喝雞尾酒。勞勒最後鼓起勇氣問這位新朋友，或許他願意賺點零用錢，只要傳遞在大使館聽到的小道消息就可以了。然而，那個人告訴勞勒，自己的家族財力雄厚，謝謝他的邀請，但上頭一般會處決幹這種事的人，所以還是算了吧。

還有一次，一名蘇聯領事館的接待人員看起來可能答應，直到上司把勞勒拉到一旁解釋，那其實是蘇聯情報機構ＫＧＢ的人。她也在試圖吸收**他**。

最後，終於出現能拯救勞勒事業的機會：ＣＩＡ的同事提到，在某中東國家外交部工作的年輕女性茉莉（Yasmin），最近會來到他們這裡。同事解釋，茉莉是來休假的，住在移居歐洲的哥哥家。幾天後，勞勒設法在餐廳「不小心撞到」茉莉。勞勒自稱是石油商人，兩人聊起天。茉莉好像有點寂寞，提到哥哥總是很忙，永遠沒空陪她觀光。

勞勒邀請茉莉隔天共進午餐，詢問她的生活。她喜歡她的工作嗎？住在近期剛發生保守革命的國家難不難？茉莉坦承她痛恨上台的宗教激進分子，渴望移居國外，住在巴黎或紐約，但這種事要有錢才能辦到。光是這次的短期停留，就花掉她好幾個月的積蓄。

勞勒感到這是個機會。他告訴茉莉，他的石油公司正好需要顧問。那是一份兼差工作，可以和茉莉在外交部的正職同時做，但他還是會提供簽約獎金。「我們點了香檳慶祝，茉莉差點喜極而泣，她好開心。」勞勒告訴我。

午餐過後，勞勒衝回辦公室找上司。他終於網羅到第一名間諜！「結果長官告訴我：『恭喜。總部會欣喜若狂。現在你需要告訴她，你是ＣＩＡ探員，你想取得她的政府的資訊。』」勞勒覺得這樣不大好，如果誠實以告，茉莉大概再也不會理他了。

然而，長官解釋不明講是替ＣＩＡ工作，對她並不公平。萬一哪天茉莉被政府抓到，她會入獄，甚至被處死。她需要瞭解風險所在。

勞勒於是繼續和茉莉見面，試著找到正確時機，說出自己真正的後台。隨著兩人相處的時間愈來愈多，茉莉講話愈來愈沒防備。她告訴勞勒，她恥於自己的政府關閉報社，禁止自由言論。此外，她也厭惡官僚下令讓女性在大學研究某些主題變成違法行為，還強迫女性在公共場所佩戴頭巾。茉莉說她最初在政府單位找工作時，從沒想到情況會惡化至此。

勞勒認為這是好兆頭。某天晚餐時，他解釋自己其實不是什麼石油商人，而是美國的情報人員。勞勒告訴茉莉，她想要的東西跟美國一樣：他們都想推翻她的國家的神權政治，打擊神權領袖的勢力，終止對女性的壓迫。勞勒說對不起，他對自己的身分說謊了，但工作機會是真的。她願不願意考慮替美國的中情局工作？

「我邊說邊看到茉莉的眼睛愈瞪愈大。她抓緊桌布，瘋狂搖頭，喃喃自語著：『不，不，不。』等我講到一個段落，她便開始哭。我知道我搞砸了。」勞勒告訴我：「她說政府會為了這種事殺人，她不可能協助我。」任憑勞勒說破了嘴，茉莉依然不肯考慮他的提議，「她只想快點遠離我。」

勞勒向上級報告壞消息。「我的上司說：『我已經告訴每個人你招募到她了！我告訴了處長，還告訴了站長，他們又回報給華盛頓特區了。然後你現在要我告訴他們，你沒搞定？』」

接下來該怎麼辦，勞勒毫無頭緒。「不論我提議給多少錢，提供多少承諾，茉莉都不肯冒可能害死自己的風險。」勞勒告訴我。唯一可能繼續推動這件事的辦法，就是說服茉莉相信他。他懂她，會保護她。然而，要如何辦到？「他們在農場教我，要想招到人，得讓對方相信你在乎他們。也就是說，你得**真正**在乎他們。換句話說，你得以某種方式連結，但我根本不曉得如何才能辦到。」

• • •

我們如何與另一個人建立真正的連結？如何透過對話，鼓勵某個人去做有風險的事、踏上冒險旅程、接受某份工作，或是出門約會？

讓我們把難度降低一點：假設你試著和上司打好關係，或是想認識某位新朋友：你要如何讓他們放下戒心？如何證明你在認真聽他們說話？

過去數十年間，隨著研究人類行為與大腦的新方法紛紛出爐，這一類的問題促使研究人員幾乎檢視了溝通的每一個面向。科學家仔細觀察我們的大腦如何吸收資訊，最後發現，透過言論跟他人連結的影響力與複雜度，遠超過以往的想像。我們**如何**溝通——說話與聆聽時不知不覺做出的決定、問的問題、暴露的軟肋，甚至是語氣，全部會影響我們將信任誰、誰能說服我們，以及我們會找誰當朋友。

除了這方面的全新認識，如雨後春筍般冒出來的研究也顯示，[3]每場對話的核心是潛在的神經同步（neurological synchronization），也就是從每個人的呼吸速度到起雞皮疙瘩，大腦與身體會趨於一致——我們通常不會發現這件事，但這會影響我們如何說話、聆聽與思考。有的人持續未能與他人同步，即便和走得近的朋友聊天也辦不到。有些人似乎毫不費力就能與任何人同步——這樣的人姑且稱作**超級溝通者**（supercommunicator）吧。大部分的人則落在光譜的中間。然而，如果我們理解對話的機制，就能學著以更有意義的方式連結。

不過，道理懂歸懂，勞勒還是感到茫然，看不出如何和茉莉建立連結。「我知道頂多還有一次跟她說話的機會。」勞勒告訴我：「我得想辦法突破。」

大腦的連結時刻

波・席佛斯（Beau Sievers）在二〇一二年加入達特茅斯社會系統實驗室（Dartmouth Social Systems Lab），一身打扮就像幾年前還在擔任樂手的時期。他有時會頂著金色爆炸頭，套著某次爵士節的破爛T恤，一醒來就衝向實驗室。校警不確定剛跑過去的人到底是博士候選人，還是戕害大學生的大麻販子。

席佛斯繞了一大圈，才進入常春藤名校。他大學原本讀的是音樂學院，研究擊鼓與音樂製作，幾乎不問世事。然而沒多久，他就在想，不論再怎麼瘋狂練習，也很難成為萬中選一的幸運兒，「只靠打鼓養活自己。」他因此開始探索其他職涯。席佛斯向來對人們如何溝通極感興趣，尤其喜愛舞台上不時發生的無聲音樂對話。他和其他樂手即興演出時，有時候突然間所有人彷彿融為一體，共用一個大腦。表演者，以及聽眾、調音師，甚至是酒保，突然間就同步了。席佛斯有時也會在深夜聊得很愉快，或是在約會很成功時，出現相同的感受。他因此上了幾堂心理學的課，最後申請到魏特利博士（Thalia Wheatley）的博士班。魏特利博士是最頂尖的神經科學家之一，專門研究人類如何相互連結。

魏特利在期刊《社會與人格心理學指南》（*Social and Personality Psychology Compass*）中寫道：「為什麼人會和某些人『一見如故』，跟其他人卻不會，這是科學上未解的重大謎題。」[4]魏特利解釋，和某個人聊得來的感覺會很美好的部分原因，在於人腦演化成渴望那種連結。想要連結的欲望，促使人們組成社群、保護後代、尋求新朋友與盟友。這是我們這個物種得以生存的原因。「人類擁有罕見的能力。」魏特利寫道：「有辦法在重重阻礙下依舊彼此連結。」[5]

無數的其他研究人員，也對我們如何形成連結深感興趣。席佛斯閱讀科學期刊後發現，德國的馬克斯普朗克人類發展研究所（Max Planck Institute for Human Development）學者在二〇一二年，[6]研究過吉他手演奏音樂家沙伊德勒（C. G. Scheidler）D大調奏鳴曲時的大腦。當吉他手各自彈奏，專注於自己的樂譜，他們的神經活動看起來不太一樣。然而，等進入二重奏，顱內的電脈衝會開始同步。在研究人員眼中，這有如吉他手的大腦合而為一。此外，那個連結通常會流過他們的身體：吉他手往往開始以相同的速率呼吸，眼睛同時瞪大，心臟也出現相似的跳動模式。就連他們皮膚上的電脈衝通常也會同步。[7]接下來，等他們不再彈奏同一個段落——譜子開始不一樣，或是轉為獨奏，「腦間的同步化就完全消失。」科學家寫道。

席佛斯發現其他研究也顯示，當人們一起哼歌、肩並肩在桌上敲打手指、合作解謎，或是為彼此講故事，也會發生同樣的現象。[8]普林斯頓的研究人員進行測試神經活動的實驗。十二名受試者聆聽一名年輕女性講述在畢業舞會當天，一則峰迴路轉的故事。[9]研究人員同時觀測說話者與聆聽者的大腦，發現聽話者的大腦開始與敘事者同步，直到所有人感受到相同的壓力、不安、開心、幽默等情緒，就好像大家在一起說故事。此外，有的聆聽者與說話者特別同步；大腦看起來跟她幾乎一模一樣。事後被問到時，那些步調特別相近的受試者，更能清楚分辨故事中的人物並回憶小細節。人們的大腦愈是同步，愈能理解說話內容。研究人員在二〇一〇年的《國家科學院院刊》（*The Proceedings of the National Academy of Sciences*）寫道：「說者與聽者的神經耦合（speaker-listener neural coupling）程度，能夠預測溝通的成功度。」[10]

超級溝通者

上述跟其他研究都清楚點出一項基本事實：如果要和某個人溝通，就必須和對方連結。[11]如果我們理解某人說的話，他也懂我們在說什麼，那是因為雙方的大腦在某種程度上同步了。那一刻，我們的身體，包括脈搏、面部表情、經歷的情緒、脖子與手臂上刺刺癢癢的感覺，通常也會開始同步。[12]神經同步協助我們更仔細地聆聽，也更能把話說清楚。[13]

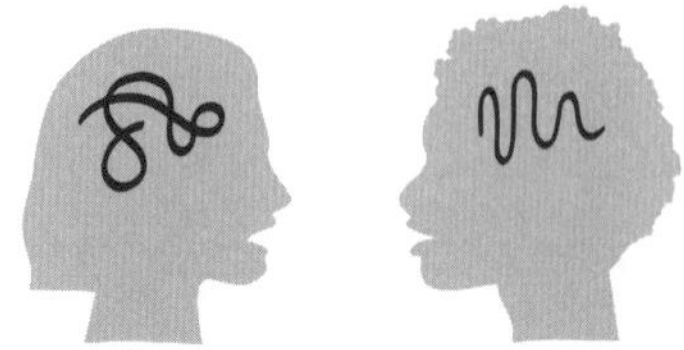

我們並未神經同步時，溝通會有困難。

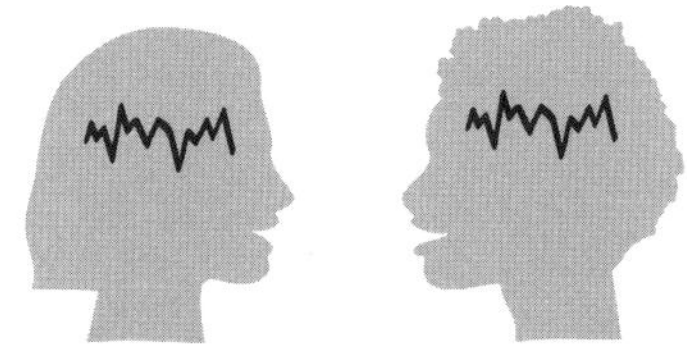

然而，當我們思考方式開始類似，就能理解彼此。

這樣的連結有時只發生在跟另一個人之間，有時則發生在團體裡，或是和一大群聽眾，但只要發生，彼此的大腦與身體就會變得相像，因為套用神經科學家的話來說，我們**神經同步**（neurally entrained）了。

研究人員檢視神經同步是如何發生，結果發現有一些人特別擅長這種同步，與他人連結的表現一直很突出。

席佛斯等科學家並未稱這樣的人士為超級溝通者——他們偏好的用語是**高中心性受試者**（high centrality participant）或**核心資訊提供者**（core information provider），不過席佛斯知道如何辨識這樣的人：他們是每個人需要建議時求助的對象；他們是同儕推舉的領導者；每位同事都歡迎他們加入對話，因為對話會因此變得更有趣。席佛斯曾經和超級溝通者同台表演，也曾在派對上尋找這樣的人，或是投票給他們。席佛斯自己有時甚至也會成為超級溝通者，[14]即使他通常不大明白發生了什麼事。

席佛斯讀過的研究似乎都沒解釋，為什麼有些人比別人更擅長同步，於是他決定安排實驗，看看能否找出答案。[15]

• • •

首先，席佛斯和研究同仁募集數十位自願受試者，請他們觀看一系列的電影片段。那些片段刻意設計成讓人不解其意，[16]例如有的是外語片，有的是抽取電影中沒頭沒尾的一段。為了讓那些片段更難懂，還拿掉所有的聲音和字幕，受試者因此看到令人一頭霧水的無聲表演：憤怒的光頭佬和體格魁梧的金髮男進行劍拔弩張的對話。兩人是朋友還是仇人？在另一段影片中，一名牛仔在洗澡，門邊一名男子在看他。門邊男子是牛仔的兄弟？還是情人？

自願者觀看影片時，研究人員觀測他們的大腦，每個人的反應都不太一樣。某些自願者感到疑惑，某些人覺得有趣，總之，掃描圖看起來沒有兩顆大腦一模一樣。

接下來，每位受試者被分配到一個小組。同組的人一起回答幾個問題：「光頭佬在生金髮男的氣嗎？」「門邊的人想跟洗澡的人上床嗎？」

小組用一小時討論答案後，再度被送回大腦掃描儀，再次觀看同一支影片。

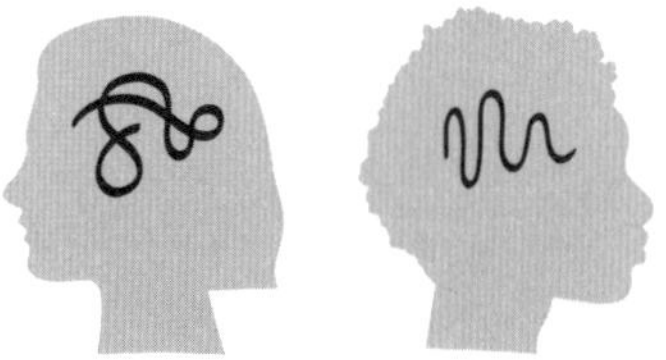

人們分頭做事時，例如分開看電影，他們的思考不一樣。

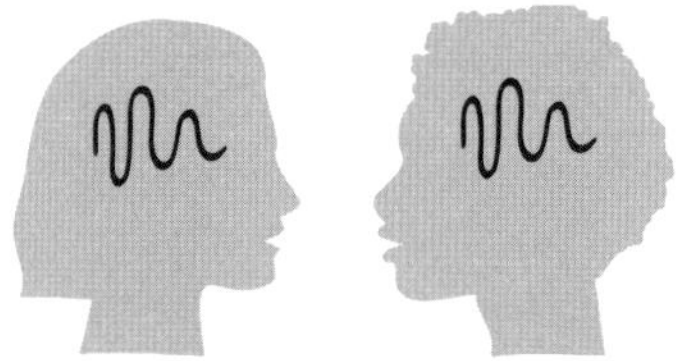

然而，人們開始談話時，想法趨於一致。

這一次，研究人員看到受試者的神經衝動（neural impulse）和組員同步化。參與對話——辯論看到什麼、討論情節點，導致他們的大腦逐漸趨於一致。

然而，還有一個更值得關注的發現：有些小組的同步化程度，**遠高於**其他組。這些小組的受試者在接受第二次掃描時，大腦的相似度驚人，彷彿他們全都同意要以完全相同的方式思考。

席佛斯猜測，這些實驗小組內有某種特別的成員，導致組員更容易產生相同的想法。然而，到底是誰呢？席佛斯起初假設，強勢的領導者會讓同步化更容易出現。某幾個實驗小組的對話，也的確在一開始就由特定的組員主導，例如D組看到的片段是有小孩看上去在尋找父母。那組的四號成員告訴其他人：「我認為這部電影會有皆大歡喜的結局。」四號成員很健談，講話又直接，會分配任務給組員，監督每個人各司其職。或許四號受試者除了是領袖，也是超級溝通者？然而，席佛斯查看數據時發現，強勢的領導者並未協助眾人取得共識。事實上，有這種支配型領袖的小組，神經同步化的程度**最低**。四號受試者讓組員更難齊心協力。由他主導對話時，每個人各懷心事，各想各的。[17]

同步化程度最高的小組則有一、兩名成員的行為，非常不同於D組的四號成員。那些成員講的話通常沒有支配型領袖那麼多，真的開口時通常是發問。他們會複述別人的想法，立即承認感到不解的地方，並且自嘲。他們會鼓勵組員（「好聰明！再多講一點！」），還會在別人講笑話時捧場。這樣的成員並未讓人感到特別健談或聰明，但他們開口時，每個人都會認真聽。此外，出於某種原因，他們讓其他人更勇於發表意見，而且讓對話流暢地進行。席佛斯開始稱這些組員為**高中心性受試者**。

舉例來說，有兩名高中心性受試者討論浴缸的那一幕，[18]演員是布萊德．彼特（Brad Pitt）與凱西．艾佛列克（Casey Affleck）：

高中心性受試者一：那一幕在演什麼？*

高中心性受試者二：不曉得，毫無頭緒。〔笑聲〕

受試者三：凱西在看布萊德洗澡。依據他盯著看的時間長度，我們認為凱西被布萊德吸引。〔全部的人哄堂大笑〕八成是單向愛戀。

高中心性受試者二：喔，說得好！我不確定「單向」是什麼意思，但你說得沒錯！

受試者三：就是單戀。

高中心性受試者二：喔，好，懂了。

高中心性受試者一：你們認為下一幕會發生什麼事？

受試者三：我覺得他們會去搶銀行。〔笑聲〕

高中心性受試者一：說得好！說得好！

高中心性受試者二：好吧，我還在期待進一步的瞭解。〔笑聲〕

高中心性受試者傾向提出更多問題，是其他實驗參與者的**十倍到二十倍**。小組卡住不知該說什麼的時候，高中心性受試者會開啟新的話題，讓大家重起爐灶，或是講個笑話，打破令人尷尬的沉默。

不過，高中心性受試者和其他每個人最重要的區別，[19]在於他們會隨時配合同伴調整溝通**方式**，悄悄轉換至對方的情緒與態度。有人開始嚴肅，他們也跟著嚴肅。當討論的氣氛輕鬆起來，也率先跟著輕鬆。他們經常變換心意，跟著組員走。

在某一場的對話中，有受試者提到出乎意料的嚴肅想法——他認為影片中的某個人物被拋棄了，而這位受試者的語氣暗示，他本人也有被拋棄的第一手經驗。此時，高中心性受試者立刻配合這位同伴的語氣：

受試者二：你們認為這部電影的結局會是什麼？[20]

受試者六：我不認為是快樂的結局。

高中心性受試者：你不認為是快樂的結局？

受試者六：不是。

高中心性受試者：怎麼說？

受試者六：我不知道。這部電影似乎比較沉重，不像……

〔沉默〕

……

高中心性受試者：結局會是什麼？

＊由於這場對話的文字檔有著大量的竊竊私語且同時發言，為了簡潔起見，此處經過簡化，拿掉口誤、「嗯」等語助詞、離題，以及與當下主題無關的對話。我並未變動任何句子的意思，也沒加油添醋。本書凡是文字紀錄的部分都這樣處理，註釋的地方會加以說明。

……

受試者六：有可能是姪子和父母死了，或是類似的結局。他們……

受試者三：他被拋下了。

高中心性受試者：對，拋下一整晚。沒錯。

等到這幾句話說完，整組的氣氛立刻嚴肅起來，開始討論自己被拋下的感受。大家給六號受試者空間討論他的感受與經驗。高中心性受試者配合六號受試者的嚴肅語氣，促使其他人也加入討論。

席佛斯與共同作者在論文的結論寫道，高中心性受試者的「大腦活動更有可能配合小組」，[21]他們「讓對話得以順利進行。小組的氣氛能夠融洽，他們扮演相當重要的角色」。不過，高中心性受試者並未單純模仿他人——而是溫和地引導眾人，讓大家聽見彼此所說的話，或是讓開口的人解釋得再清楚一點。高中心性受試者會配合組員的對話風格，開闢出嚴肅或大笑的空間，並邀請其他人加入。此外，眾人最終會如何回答拿到的題目，深受高中心性受試者的影響。事實上，只要是高中心性受試者支持的意見，通常會變成整個小組都贊成的答案，但那個影響力幾乎無法察覺。事後問起時，很少人察覺高中心性受試者影響他們各自選擇的程度。不是每個實驗小組都有高中心性受試者——但有的話，大家事後似乎都更貼近彼此。大腦掃描顯示他們變得更相似。

席佛斯研究高中心性受試者的生活後，發現他們在其他方面也不尋常。高中心性受試者的社交圈遠比一般人來得大，更可能被眾人推舉到權威地位或委以重任。其他人需要討論重要事務或想聆聽建議時，會去找高中心性受試者。[22]「那種現象很合理。」席佛斯告訴我：「如果在你面前很容易把話說出來，那麼很多人自然想跟你聊。」

換句話說，高中心性受試者就是超級溝通者。

三種心態

所以說，要成為超級溝通者，只需認真聆聽他人說話，抓到言外之意，提出正確的問題，辨識並配合他人的情緒，也讓別人輕鬆察覺我們的情緒，就能大功告成。

很簡單，對吧？

沒那種事，一點也不簡單。光是單獨做到其中一項都很困難，全部做到更是難上加難。

如果要瞭解超級溝通者是如何辦到，可以探索我們在對話時腦中發生的事。研究人員探索不同類型的討論在進行時，我們的大腦是如何運作，結果發現不同類型的對話，將啟動不同的神經網絡與大腦結構。經過大幅的簡化，可以說大部分的討論都是由三**種**對話主導。

三種對話

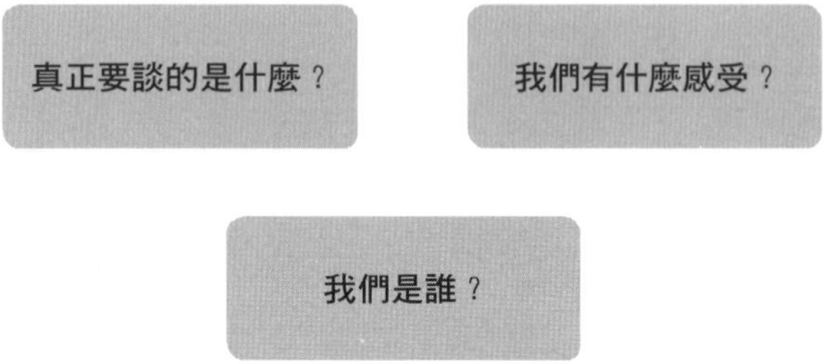

這三種類型的對話——分別對應到務實決策的對話、情緒對話與身分認同的對話，可以用三個問題代表：**真正要談的是什麼**？**我們有什麼感受**？**我們是誰**？接下來會逐一介紹，每種對話都奠基於不同類型的心態與心智處理。舉例來說，當對話涉及選擇（「真正要談的是什麼？」型的對話），我們動用的大腦區域不同於聊感覺（「我們有什麼感受？」型的對話）。如果我們的心智沒有配合對話夥伴的大腦，雙方都會感到無法真正理解彼此。[23]

第一種心態——**決策心態**（decision-making mindset），與「真正要談的是什麼？」類型的對話有關。每當想著實務面，就會啟動這種心態，例如做選擇或分析計畫。當有人問：「我們該拿山姆的成績怎麼辦？」大腦的前額葉控制網絡（frontal control network，我們的思考與行動指揮中心）就會啟動。此時必須做出一連串的決定（通常是潛意識在做決定），評估聽到的話，但也必須考慮背後或許有著隱藏的動機或欲望。「這是嚴肅或好玩的討論？」「我該提供解決辦法嗎？還是聆聽就

三種對話

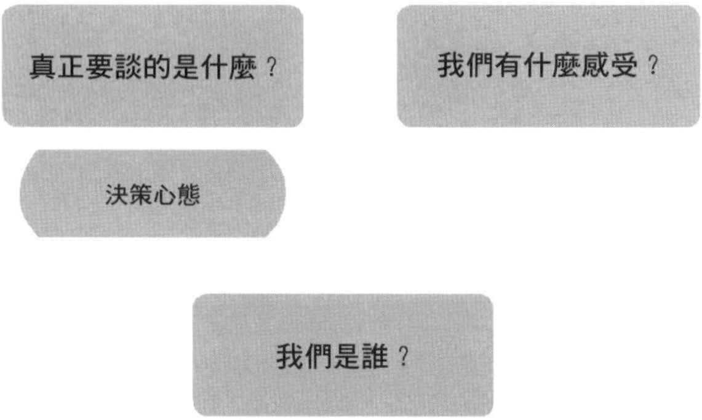
真正要談的是什麼？
我們有什麼感受？
決策心態
我們是誰？

好？」當我們在思考未來、協商選項、溝通抽象概念、判斷大家**想**討論什麼、這場對話的目標是什麼、又該**如何**討論，必然會碰到「真正要談的是什麼？」這種類型的對話。

討論「我們有什麼感受？」會出現第二種心態——**情緒心態**（emotional mindset），並動用形塑信念、情緒與記憶的神經架構，包括伏隔核（nucleus accumbens）、杏仁核、海馬迴等。我們在講好笑的故事、和配偶吵架，或是對話時感到一陣自豪或憂傷，背後是情緒心態在作用。如果朋友向我們抱怨主管，我們能察覺朋友希望我們同理他們的感受，而不是給予建議，那是因為我們調頻到「我們有什麼感受？」。[24]

談到人際關係、別人如何看待我們與我們如何看待自己，以及自身的社會認同（social identity），[25]此時是第三種對話心態——**社會心態**（social mindset）。這一類屬於「我們是誰？」的討論。舉例來說，當我們在聊

三種對話

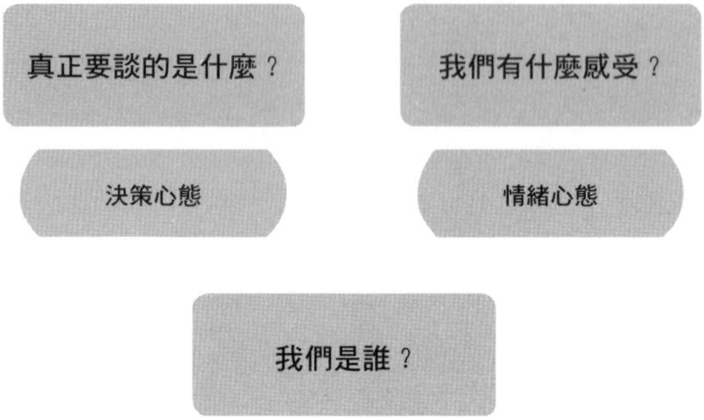
真正要談的是什麼？
我們有什麼感受？
決策心態
情緒心態
我們是誰？

辦公室政治的小道消息、找出雙方共同認識的人，或是解釋宗教或家庭背景（或是任何身分認同）如何影響到我們，會動用大腦的預設模式網絡（default mode network）。神經科學家馬修・李伯曼（Matthew Lieberman）寫道，這個網絡會影響我們如何看待「他人、自己，以及自己與他人的關係」。一九九七年刊載於《人性》（*Human Nature*）期刊的研究發現，我們的對話有七成本質屬於社會性質。[26]在那樣的對話中，社會心態持續引導我們的聆聽方式與說話內容。

當然，以上每一種對話（以及每一種心態）都緊密交織在一起。我們通常會在單次的交談中，同時三種都碰上。重點是瞭解心態可以隨著對話的開展而轉換，例如討論的開頭，有可能是朋友求助工作上遇到的難題（**真正要談的是什麼**？）。接下來，朋友承認壓力很大（**我們有什麼感受**？），最後談到如果其他人得知這個問題，會有什麼樣的反應（**我們是誰**？）。

三種對話

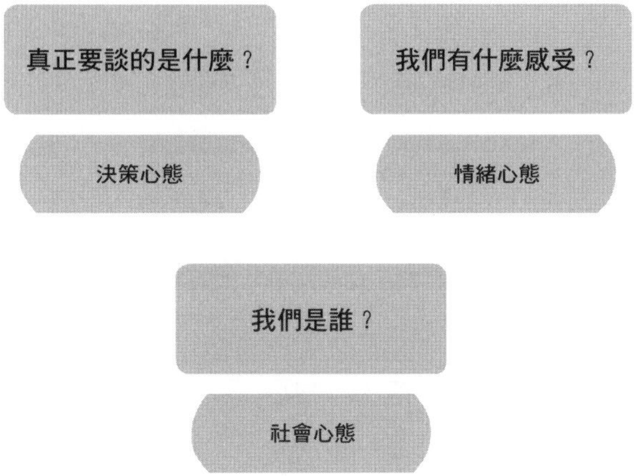
真正要談的是什麼？
決策心態
我們有什麼感受？
情緒心態
我們是誰？
社會心態

如果我們能在這次對話，看見朋友腦中發生的事（以下是經過大幅簡化的解釋），我們會看到一開始由決策心態主導，[27]再來是情緒心態接手，接下來則是社會心態施展影響力。

如果對話雙方處於不同**類型**的對話模式，便會雞同鴨講。如果你在談感受，我在談實務層面該怎麼做，基本上是在使用不同的認知語言（這解釋了為何你在抱怨上司時（「吉姆快把我逼瘋了！」），另一半若提供務實的建議（「如果你乾脆邀他吃午餐？」），你們兩人八成會出現摩擦而不是連結：「我不是在請你幫忙解決這件事！我只是需要一點同理心。」）

超級溝通者知道如何鼓勵人們配合彼此的溝通方式，引發同步。舉例來說，研究已婚伴侶的心理學家發現[28]，最幸福的配偶通常會模仿彼此的說話方式。這方面的著名研究者約翰．

匹配原則

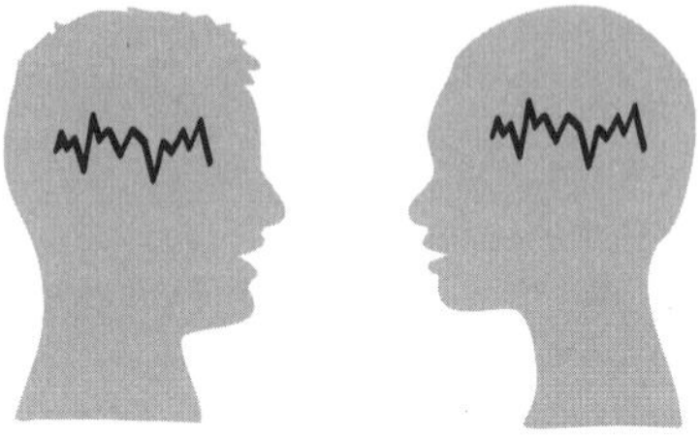

成功的溝通需要辨認目前正在發生哪一種對話，接著配合彼此。

高特曼（John Gottman）在《溝通期刊》（*Journal of Communication*）中寫道[29]：「維持婚姻親密度的根本機制是平衡性（symmetry）。」幸福的配偶「表達同意時，不是同意說話者的觀點或說話內容，而是認同對方的感受」。幸福的伴侶會問彼此更多的問題[30]、重複對方說的話、說笑以緩解緊張氣氛，並一起嚴肅討論。下次你感到快吵起來，可以試著問另一半：「你想談談我們的感受嗎？我們需要一起做決定嗎？還是跟別的事有關？」

溝通來自於連結與同步。這個極度重要的基本洞見稱作**匹配原則**（matching principle）：有效的溝通需要辨識目前發生的是**哪一種**對話，接著彼此**配合**。非常基本的層面就是，如果有人開始展露情緒，那就允許自己跟著展露情緒。如果對方的注意力被社會意涵所占據，那就回應他們關注的事物。

要注意的是，配合不等於模仿。接下來的章節會帶大家看看，我們需要真正瞭解對方的感受、知道他們要什麼、他們是誰。再來要做到匹配，我們需要知道如何跟著分享自己的事，加以回應。雙方對上線時，會開始連結，有意義的對話就此開展。

想招到間諜，就必須連結

勞勒告訴茉莉他其實是替ＣＩＡ工作，搞砸了晚餐，茉莉立刻逃離現場。在那之後，勞勒感到八成是無望了。這條線已經努力了快一年，茉莉又是他唯一可能吸收到的人。他表現得一塌糊塗，要是這次招不到茉莉，勞勒的ＣＩＡ生涯鐵定會完蛋。他只剩一條路可走：打電話給茉莉，求她再跟他吃最後一次飯。「我在筆記本上寫滿要對她說的話，但我知道是白費工夫。」勞勒告訴我：「不管做什麼都不會有用。」

茉莉同意共進最後一次晚餐。兩人去了一間時髦的餐廳。茉莉默默入座，從頭到尾焦慮不安。茉莉說自己之所以那麼緊張，不只是因為勞勒提議的事，而是她很快就要搭機返國了，才那麼焦慮跟沮喪。她原本希望這次旅程會帶來契機，知道如何讓自己的生活更有意義。然而，眼看就要回家了，卻什麼都沒改變。她覺得讓自己失望了。

「她非常難過。」勞勒告訴我：「所以我試著振奮她的心情——你懂的，講點小笑話，說說有趣的故事。」

勞勒講起一個房東每次都忘記他的名字，此外，還回想他和茉莉一起觀光的時刻。茉莉依然悶悶不樂。最後要上甜點了，兩人陷入沉默。勞勒心想，是不是該試著最後一次說服茉莉加入ＣＩＡ，承諾要是她答應合作，就提供美國簽證？勞勒判斷這麼做太過冒險，茉莉有可能直接起身走人。

兩人繼續沉默不語。勞勒不知道該說什麼才好。他上一次這麼不知所措，還是在加入ＣＩＡ之前。當時他替父親工作，在達拉斯推銷鋼鐵零件。「在那份工作之前，我一輩子沒賣過任何東西。」勞勒告訴我：「我非常不會賣東西。」勞勒四處受挫幾個月後，有一天又去拜訪潛在的客戶。勞勒抵達時，那位在西德州經營小型營造廠的女士正在講電話，五歲兒子在母親的辦公桌旁玩積木。

女人掛掉電話，聽起勞勒推銷鋼梁，感謝他跑這一趟，接著就吐起苦水，說自己又要工作又要顧小孩，實在不容易，永遠蠟燭兩頭燒，好像總會讓某個人失望。她永遠必須選擇到底是要顧好事業，還是當個好母親。

勞勒當時才二十多歲，沒有孩子，跟眼前這位女性毫無共通之處。他不曉得該如何回應那番話，但總得說點**什麼**，所以講起自家的事。勞勒告訴那位客戶，他爸也很辛苦。還有，他哥的銷售能力比他強，兄弟之間關係緊張。「她對我講出心裡的話，所以我也誠實以對。」勞勒告訴我：「說出心底話的感覺很好。」最後勞勒分享了本來沒打算多說的事。老實講，讓外人知道那些事似乎不太好，不過客戶看來並不介意。[31]

勞勒接著又繞回銷售台詞。「她告訴我，她不需要任何零件，但是跟我聊天很愉快。」勞勒說：「然後我就離開了，心想自己又搞砸了。」

兩個月後，那位女老闆打電話來下單。「我告訴她：『我不確定我們能提供您要的價格』——我就是那麼不會賣東西。」勞勒告訴我：「但她說：『沒關係，我感覺我們有所連結。』」

那次的經驗，改變了勞勒的銷售方式。從那時起，每當他和客戶說話，都會仔細聆聽客戶的心情、顧慮和有熱情的事物，試著同理——表達自己懂他們的感受，即便只懂一點點。勞勒漸漸成為熟練的業務，不算最頂尖，但有進步。「我學到，如果你專心聽別人講真心話，你也跟著講出真心話，你有可能打中他們。」於是勞勒推銷時，目標改成只希望能夠連結。他不會試著催客戶買東西，也不試著讓人印象深刻，只是想辦法找出雙方的共同點。「這麼做不是每次都管用。」勞勒指出：「但足夠了。」

勞勒和茱莉吃甜點時，想起自己忘了銷售這一課。他一直將招募間諜和賣鋼材想成兩回事，但某種層面上，兩者基本上是一樣的。這兩種情境都得與人連結。也就是說，勞勒必須讓對方知道，他聽見他們試圖表達的事。

勞勒發現自己沒有這樣對待茱莉，至少沒有誠實以對。他對待茱莉，不像對待西德州的那位母親。他沒有展示自己聽見茱莉的焦慮與希望，更沒誠實講出自己的經歷。茱莉對他推心置腹，他卻不曾回報那份真誠。

也因此，盤子清空後，勞勒談起自己的感受。他告訴茉莉，他煩惱自己不適合做這一行。他費了九牛二虎之力才進了ＣＩＡ，但他欠缺某種能力，某種他在同僚身上看到的自信。他告訴茉莉，自己每次接近外國官員是如何笨手笨腳，好怕被舉報，然後就會被驅逐出境。勞勒講起上次有夠尷尬，同仁向他解釋，他試圖吸收的ＫＧＢ間諜，其實也在試圖吸收他。勞勒告訴茉莉，他擔心光是向她坦承這一切，他就是個失敗者——不過他懂，他多少懂得茉莉一想到要回家就難過的感受。他在家鄉德州也一樣，極度渴望過有意義的人生。

勞勒沒有試圖振奮茉莉的心情，而是和她一樣，談起自己的沮喪與失望。勞勒感到這是他能做的最誠實的一件事。「我沒有試著操縱茉莉。」勞勒告訴我：「茉莉已經拒絕我了。我知道我無法改變她的心意，所以不再嘗試。不用再假裝自己運籌帷幄，真好。」

茉莉聽著勞勒述說一切，表示她能懂他的心情。最糟糕的是感到背叛了自己，想做點什麼卻無能為力。茉莉哭了起來。

「對不起。」勞勒告訴茉莉：「我不是故意要讓妳難過。」**這件事從頭到尾都錯了**。勞勒心想：**我不該再打擾茉莉**。他得向局裡詳細報告這次會面的狀況，替這尷尬的一年畫下最後一個丟臉的休止符。

然而，此時茉莉鼓起勇氣。「我可以。」她低聲說。

「什麼意思？」勞勒問。

「我可以幫你。」茉莉回答。

「妳不用這樣！」勞勒訝異地脫口而出：「我們再也不用見面了！我保證不會再來煩妳。」

「我想做一些重要的事。」茉莉說：「這很重要，我可以的，我知道我行。」

兩天後，茉莉接受測謊，開始在CIA的安全屋受訓，學習如何安全通訊。「茉莉緊張到好像天要塌下來了。」勞勒告訴我：「但她堅持下去，不曾說她想改變主意。」茉莉回國後，開始傳遞情報給勞勒，詳細描述她見到的備忘錄、外交部長接待的官員、她聽見的傳言。「茉莉成為全區最佳的情報來源。」勞勒說道：「她是個金礦。」接下來的二十年間，隨著茉莉在外交部順利發展職涯，她定期與CIA聯繫，協助他們瞭解幕後發生的事件。茉莉說明政府的發言脈絡，並悄悄引薦人選。當局不曾發現她的協助。

勞勒至今仍不曉得，為什麼茉莉那天晚上會改變心意。在後來的歲月，他數度問起這件事，但就連茉莉本人也說不上來是怎麼回事。茉莉告訴他，那天吃飯時，不曉得為什麼，在他們兩人顯然都感到前途茫茫時，突然覺得可以放心跟他合作，他們瞭解彼此。茉莉第一次聽懂勞勒一直要告訴她的話：這很重要。妳可以讓事情不一樣。此外，茉莉感到被真正聽見。兩人都願意信任彼此。

當我們配合他人的心態，便獲得了許可，得以進入對方腦中，從他們的視角看世界，瞭解他們關心什麼、需要什麼。此外，我們也是在允許對方理解我們——並且聽見我們。勞勒告訴我：「對話是世上力量最強大的事。」

然而，配合其實很困難。光是模仿另一個人的手勢、情緒或語氣，無法帶來真正的連結。此外，迎合對方想要的東西或關注的事物也沒用。那不是真正的對話，而是兩段嘈雜的獨白。

我們必須學著區分決策對話、情緒對話與社會對話。我們必須瞭解哪種提問與脆弱最強大。我們必須知道如何讓人更容易看出並讀懂我們的感受。我們需要向他人證明我們有認真在聽。勞勒能夠在那頓晚餐與茱莉連結，運氣的成分居多。他後來又多花了幾年時間，試圖重現那次的成功經驗，但徒勞無功，直到他精進技巧，瞭解如何達成真誠的連結。

勞勒最終成為ＣＩＡ最成功的海外資產招募者，截至二〇〇五年退休時，一共說服數十名外國官員參與機密對話，日後又將他的方法傳授給其他ＣＩＡ招募員。ＣＩＡ今日的訓練教材和勞勒的方法密不可分。招募外國間諜的文件上寫著：「招募員會在過程中建立起愈來愈深厚的關係——一開始先是『認識的人』，接著在評估階段變成『朋友』，再來是進展到吸收階段時，開始扮演『智囊團』或『密友』的角色……招募員可以把每次會面視為絕佳的機會，和足以託付自身性命的同志共度優質時光。」[32]

換句話說，ＣＩＡ的招募員受訓時會瞭解同步的方式。「一旦你瞭解運作原理，這絕對是可以學習的。」勞勒訓練的人員告訴我：「我從小性格內向，所以在接受訓練之前，很少思考跟溝通有關的事。然而，一旦有人告訴你對話是怎麼回事、如何留意正在發生的事，你會開始注意到以前忽略的現象。」那位CIA招募員告訴我，相關技巧除了可以應用在工作上，還可以用在父母、男友，以及在雜貨店見到的人身上。她注意到CIA同仁如何把受訓內容應用在日常的人際往來：讓彼此更接近，更仔細聆聽，用別人更好懂的方式說話。她告訴我：「在外界眼中，這有如電影《星際大戰》絕地武士（Jedi）的控心術，但它不過是在你學到之後，練習並加以應用的東西。」

換句話說，這是一套人人都能使用的技巧。接下來的章節會講解方法。

概念運用指南

第一部分：有意義的對話四原則

婚姻幸福的伴侶、成功的談判人員、感染力強的政治人物、舉足輕重的企業家，以及其他類型的超級溝通者，通常有幾種共通的行為，包括有興趣找出每個人想要什麼**類型**的對話，以及大家希望討論的**主題**。此外，他們會問特別多的**問題**，瞭解其他人的想法與背景，也會談及自己的**目標**與**感受**。此外，他們會毫不遲疑流露脆弱的一面，講出自身的經歷，還有他們背負的各種身分——接著也會詢問其他人的感受與經歷。超級溝通者會問大家如何看待世界，讓人感受到他們在認真聆聽，聽完後也會分享自己的角度。

換句話說，在多數有意義的對話中，最優秀的溝通者會專注於四個基本原則。這四個原則能帶來**學習型對話**：

學習型對話

原則一：留意目前正在發生「哪一種」對話。

原則二：說出自己的目標，也詢問其他人的目標。

原則三：詢問其他人的感受，接著分享自己的感受。

原則四：探索對這場對話來講，身分認同是否重要。

本書將逐一探索各項原則，在穿插於各章的指南中，為大家整理。現在先來看第一項。原則一和先前提過的**匹配原則**有關：

原則一：留意目前正在發生「哪一種」對話。

最高效的溝通者會在發言前，先停下來問自己：我開口是為了什麼？我們必須知道自己期待哪一種對話，以及同伴想要什麼類型的對話，否則會變成話不投機半句多。前一章解釋過，我們可能希望討論實務上該怎麼做，另一半卻想要分享感受。我們想聊八卦，結果對方一本正經想要制定計畫。如果雙方沒有進行**同一種**對話，就不太可能連結。

因此，學習型對話的第一個目標，是找出自己在尋求哪一種對話——接著尋找線索，瞭解他人想進行哪一種對話。

這項任務有時很簡單。只需要花個幾秒鐘，在心中想好你要談什麼、打算怎麼談：「我的目標是問瑪麗亞要不要一起度假，她不想的話，也要方便她拒絕。」或是另一半講起今天很不順的時候，問他：「你需要一些建議嗎？還是只需要吐吐苦水？」

有一項研究計畫是檢視在某間高壓的投資銀行，同事間是如何溝通。[1]研究人員測試一個讓日常討論變容易的簡易辦法。在這間投資銀行內，相互叫囂是常有的事。同事之間會搶奪業績與獎金。若是看法不同，有時會演變成爭吵不休，開會通常火藥味十足。不過研究人員認為，他們有辦法避免讓砲火太過猛烈，方法是請每個人在每次開會前寫下一句話，一句話就夠了，解釋他們替接下來的討論設定的目標。於是有一個星期的時間，每個人在開會前先寫下目標，例如，「這場會議要選出每個人都同意的預算」，或「我們要在這場會議講出心中的抱怨，聽彼此把話講完」。這個練習所花的時間不曾超過一、兩分鐘。此外，有些人會在會議的開頭分享自己寫下的目標，其他人則不會。

接下來，研究人員在每次開會時，看人們寫下什麼，接著記錄每個人在會上說過的話。研究人員發現了兩件事：一、人們寫下的句子，通常暗示他們尋求的對話，以及他們希望營造的氛圍。他們一般會具體指出目標（「講出抱怨」）和心態（「聽彼此把話講完」）。二、當每個人事先寫下目標，口頭爭論就會大幅減少。人們仍然會意見不合，照樣針鋒相對，依舊會不高興。然而，他們更可能心滿意足地走出會議室，覺得自己所說的話被聽見，也瞭解別人在說什麼。由於事先決定好想要什麼樣的對話，他們更能清楚表達自己的意圖，也聆聽其他人說出各自的目標。

當然，我們打電話給朋友或是和配偶聊天之前，不需要先用一句話寫下目標——然而，如果是重要的談話，最好先花個幾分鐘，想好自己希望說出什麼，又要怎麼說。接下來，在討論期間試著觀察同伴：**他們是否有情緒**？**是否具有實事求是的心態**？**是否一直提起別人或社會相關的主題**？

我們在說與聽的時候，都會散發各種訊號，暗示我們想要哪種類型的對話。超級溝通者會留意這些訊號，多加思考他們希望對話朝哪個方向進行。

留意事項：

你的同伴似乎處於哪種狀態？處於情緒當中？實事求是？或是聚焦於社會主題？

人們是否說出這次對話的目標？你呢？

詢問其他人：你們想談什麼？

有些學校會訓練老師詢問學生經過設計的問題，引導出學生的目標，協助每個人溝通自身

你想要——

有人幫忙？
「真正要談的是什麼？」的務實型對話

擁抱？
「我們有什麼感受？」的感受型對話

有人聽你說話？
更接近「我們是誰？」的社會型對話

的渴望與需求。舉例來說，如果學生垂頭喪氣地來找老師，老師會問：「你想要的是有人幫忙、抱一抱你，還是聽你說話？」不同的需求，需要不同類型的溝通，而**協助**、**擁抱**、**聆聽**等不同類型的互動，各自又對應到不同類型的對話。

當老師或任何人提出「你想要的是有人幫忙、抱一抱你，還是聽你說話？」之類的問題，他們其實是在問：「你想要哪種類型的對話？」光是問某個人需要什麼，就能促成學習性對話，找出每個人最想要的東西。

我們和親友講話時，多數時間會在不知不覺中參與這幾種學習型對話。我們不需要特地詢問親友想要什麼，直覺就知道他們想要什麼類型的對話，自然而然問及對方的感受，提供擁抱、建議，或是單純地聆聽。

然而，不是每場對話都這麼容易。事實上，重要的對話很少是容易的。

我們在進行學習型對話時，目標是瞭解他人的腦中在想什麼，也分享我們自己在想什麼。學習型對話會促使我們更加留意，更仔細聆聽，講出更多心聲，說出原本不打算講的話。學習型對話能讓每個人相信，我們都真心想理解彼此，從而揭曉連結的方法，最終達到齊心協力的狀態。

「真正要談的是什麼？」對話

概述

對話的開頭通常讓人感到尷尬與緊張。我們需要以飛快的速度做出一個又一個決定（「這樣的語氣合適嗎？」「可以插話嗎？」「我該講笑話嗎？」「這個人是怎麼看我？」），而且非常多的時候，有可能漏掉或錯過言外之意。

此時可以展開「真正要談的是什麼？」對話。這種對話有兩個目標：第一是判斷我們要討論什麼**主題**——每個人需要從這次的對話中得到什麼。第二個目標是找出這場討論將**如何**開展——我們同意哪些沒有明說的規則與規範、我們要如何一起做決定。

「真正要談的是什麼？」通常發生在對話的開頭。不過，也可能出現在討論的過程中，尤其當我們專注於做出選擇、考量計畫，或是思考成本效益等實務層面的事項。下一章會探討每一場對話都有無聲的協商，最後的獎勵不是勝過別人，而是判斷每個人**要什麼**，好讓有意義的討論得以出現。

如果沒出現「真正要談的是什麼？」這類型的對話，後續的對話有可能讓人感到挫敗與漫無目的。你大概會停止參與討論，心想：「我們一直在講完全不一樣的事」或者「我們根本是在對著彼此自言自語」。解決辦法是學著辨識何時出現「真正要談的是什麼？」的對話，再來是瞭解該如何協商對話的開展方式。

2 每場對話都是一次協商——萊羅伊．李德案

法庭執達員告訴桌邊的十二人：「好了，各位女士，各位先生。」他指著一疊紙：「這是法官向你們宣讀過的指示。」他指著另一疊紙：「這是判決表。」

現場的七男五女沒有太多共通點，除了都住在美國威斯康辛，還有他們都在一九八五年寒冷的十一月天，被要求出現在法院大樓。[1] 他們將組成陪審團，決定萊羅伊．李德（Leroy Reed）的命運。

接下來兩天，他們得知關於李德的一切。現年四十二歲的李德從前坐過牢，九年前離開州立監獄，再來就安分守己住在密爾瓦基市（Milwaukee）的老舊區域，不曾被逮捕，也不曾錯過假釋會面。他不曾和鄰居起糾紛，也沒有誰抱怨過他。從各方面來看，李德都是模範公民——直到他因為持有槍械被捕。李德曾是重罪犯，依法不得擁有槍枝。

在案件審理的開頭，李德的律師就坦承，對他的客戶不利的證據沒有什麼好說的。「首

先，我現在直接明講。」律師告訴陪審團：「萊羅伊．李德是定讞的重罪犯。此外，他在去年的十二月七日，也就是十一個月前，買了一把槍。我現在就能向你們承認這一點。這個部分沒有爭議。」

律師繼續指出：依據威斯康辛州法第九四一．二九條，李德將面臨最高十年的徒刑，但「應該被無罪釋放」，因為李德有嚴重的智力障礙，再加上他被捕的原因令人匪夷所思，他顯然沒有犯罪的意圖。心理學家作證，李德只有二年級的閱讀能力，智商「大幅低於平均」。他十年前會被判刑，原因是他的朋友搶劫便利商店，而他在不知情的情況下當了車手。李德能提早假釋的部分原因在於，專家懷疑他就連在被定罪後，也不明白發生了犯罪事件。

陪審團在審理過程中，還得知導致李德這次被捕的離奇經過。有好幾年的時間，李德嘗試找到穩定的工作。有一天，他看見雜誌上刊登私家偵探的函授課程廣告。他寄去廣告上要求的二十美元後，收到一個大信封，裡頭裝著一枚錫製徽章和指示，叫他定期運動，還要買一把槍，李德完全遵照指令行事。大部分的早晨，他都會慢跑；在收到信封一星期後，他搭公車到運動用品店辦好文書作業，帶著一把口徑點二二的槍離開。

接下來，李德回到家，將仍裝在盒子裡的武器原封不動放進衣櫃。就所有跡象來看，他不曾再碰過那把槍。

李德買槍的事，原本不會有人注意到，但有一天他在法院附近閒晃，希望有人請他解決某起犯罪事件。警察過來查看他的身分證明。李德掏出口袋中唯一寫有他名字的東西：他到運動用品店買槍的收據。

「你身上攜帶這件武器嗎？」警察問。

「放在家裡。」李德回答。

警察要李德把盒子裡的槍帶到警局。李德抵達時，警察在罪犯資料庫搜到他的名字，立刻將他逮捕。

這下子，李德必須受審，判定他是否該回到監獄。檢察官提出簡單的有罪主張，儘管李德有智能障礙，「不懂法律不是藉口。」陪審團或許也希望法律不是這樣規定，但李德等同認罪了，理應坐牢。

法官似乎認同這個講法，在陪審團進入審議室之前，告知州法律第九四一．二九條規定他們必須回答三個問題：

李德是重罪犯嗎？

他是否取得了槍枝？

他是否知道自己取得槍枝？

如果三題的答案皆為「是」，那麼李德有罪。

法官告訴他們，陪審團的責任是「不被同情心、偏見或激情左右……你們只需要判定被告有罪或無罪」。[2]如果需要從寬處理，法官量刑時會再斟酌。

一切似乎直截了當，但坐在陪審室的陪審員面面相覷，不知從何開始。

有人說：「我們先來選陪審團團長。」

另一位陪審員說：「就你了。」

在全體陪審員達成一致的裁斷前，除了偶爾去一趟廁所，所有人不得離開陪審室。如果審議到很晚，那就隔天一早再繼續。沒人可以退出對話，不能保持沉默，也不能因為累了便要求將討論延期。陪審員必須辯論事實與理論，嘗試說服彼此並拉票，直到所有人意見相同。

不過首先，陪審團必須想辦法展開對話，協調未被明說的發言與聆聽規則——並且判斷每個人的渴望與需求。每次我們展開對話，不論是否意識到，都必須參與這樣的協商，而且事情比想像中複雜。

我們如何決定要談什麼？

試著回想一下，你上次有過的有意義對話。或許是和另一半討論如何分攤家務，或是在工作會議討論下一年的預算。或許是和朋友辯論誰有能力擔任下一屆總統，或是八卦鄰居帕布羅與札克正在鬧分手。

展開對話時，你們怎麼知道每個人想討論什麼？是否有人宣布主題（「我們需要決定誰明天要開車送艾美去上學」）？或是逐漸聚焦到一件事？（「嘿，帕布羅昨天晚上吃飯的時候，是不是心情不好？」）

找出要聊什麼之後，你如何憑直覺預知這場對話的氣氛？你怎麼知道是否應該用輕鬆的語氣說話？適合說笑話嗎？可以打岔嗎？

你大概沒細想過這些問題，但這些問題都會以某種方式獲得解答。研究人員研究對話之後發現，人們在討論的開端，通常會跳起一支很難察覺、幾乎下意識的舞。我們說話的語氣、我們如何抱住自己的身體、我們的喃喃自語、嘆氣和笑聲，在一來一往之間交織成舞蹈。不過，在我們一致同意對話該如何進行之前，無法展開真正的對話。

有時會出現一種情況：談話的目標被明白講出來（「我們今天來到這裡，是為了討論本季的財測」），結果談到一半卻發現，那不是其他人真正想談的事（「我們其實是在擔心公司會不會裁員」）。有時必須不斷重啟對話——比如，有人開玩笑，但另一個人板著臉不領情，於是出現尷尬的沉默，直到第三個人帶頭發言，最終對話聚焦在大家心照不宣的主題上。

有些研究人員稱這種過程為**安靜協商**（quiet negotiation），也就是暗中交流哪些主題該討論、哪些該避開；以及說與聽的原則。

這種協商的第一個目標，就是判斷每個人想從對話中**得到**什麼。這種欲望通常會在一連串

三種對話

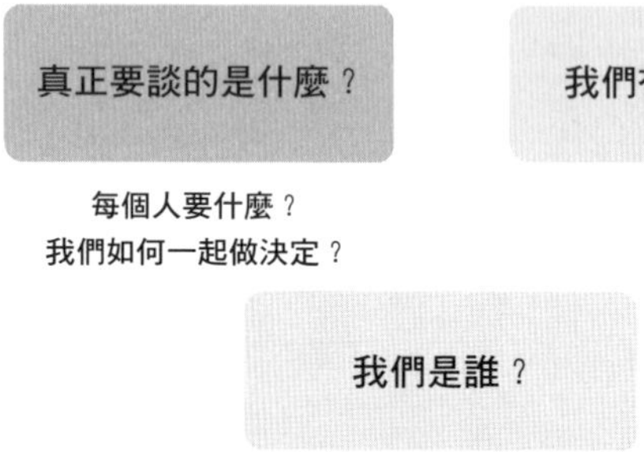
真正要談的是什麼？
我們有什麼感受？
每個人要什麼？
我們如何一起做決定？
我們是誰？

的討價還價、邀請與拒絕中顯露出來，幾乎是下意識的，但如果人們願意配合，還是能夠知道答案。這種一來一往有可能幾秒鐘就搞定，也可能整場對話都在做這件事。此外，這種你來我往還能順便達成一個關鍵目標：找出大家願意接受的主題。

這種協商的第二個目標是找出規則，包括我們要如何開口、聆聽並一起做決定。這一類的規則未必會被明說。我們會在這場對話中試探，哪些一般的準則依然適用：我們拋出新的主題、藉由語氣與表情發送訊號、回應人們所說的話、表達各種情緒，以及留意其他人的回應。

然而，不論安靜協商如何開展，目標都一樣：第一，我們要判斷所有人對這場對話的**需求**。第二，判斷我們要**如何**發言及做決定。或是換句話說，我們必須找出每個人**要**什麼？又該如何**一起**做決定？

「真正要談的是什麼？」對話，通常出現在必須做決定的時刻。有時這些決定與對話本身有關——**可以公開反**

駁嗎？或是我們該粉飾歧異？這是友善的閒聊或嚴肅的討論？其他的決定則需要我們拿出務實的態度思考（「我們該替這棟房子開價嗎？」），或是做出評價（「你認為柔伊的作品如何？」）、分析某個選擇（「你要我買菜，還是接孩子？」）。

直截了當的決策背後，有可能是其他更嚴肅的選擇：**如果我們公開反駁，還有辦法當朋友嗎？我們有辦法掏出那麼多錢買房子嗎？我有這麼多工作要做，還要我去接孩子，這公平嗎？**除非我們基本上同意雙方到底在討論什麼、這件事又該如何討論，否則很難有所進展。

不過，一旦得知每個人想從對話中獲得什麼，也知道該如何一起做決定，就會出現更有意義的對話。

外科醫生學習溝通的心路歷程

紐約市的斯隆凱特琳癌症紀念中心（Memorial Sloan Kettering Cancer Center）有一位名醫。這位溫暖的外科醫師醫術高超，令人如沐春風，但他在二〇一四年發現，這些年來他跟病患講話時完全用錯方式。

貝法・艾戴（Behfar Ehdaie）醫師專門治療攝護腺癌。[3]每年有數百位男性在接獲青天霹靂的消息、得知鼠蹊部深處發現腫瘤後，尋求艾戴醫生的建議。然而，儘管艾戴醫生盡了最大努力，關於該怎麼做，每年來諮詢的患者大都依然沒接受他的建議。

治療攝護腺癌涉及複雜的取捨：開刀或化療自然最能避免癌症擴散。然而，由於攝護腺附近的神經與排尿和性功能有關，部分患者在治療後失禁或陽痿，有時會持續一生。

因此，醫生在面對大部分的攝護腺腫瘤患者時，會建議不要開刀或做其他任何形式的治療。[4]他們會勸低風險的患者選擇「主動追蹤」(active surveillance)，也就是每六個月做一次抽血檢驗、每兩年做一次攝護腺切片，看看腫瘤是否變大，但除此之外不動手術、不做化療，也不做其他任何處置。當然，主動追蹤也有風險。[5]腫瘤有可能轉移，但攝護腺癌的增長速度通常十分緩慢——甚至醫界有個說法是，還等不到攝護腺癌發威，老年患者通常已經死亡。

幾乎每一天都有新患者走進艾戴醫生的診療室。他們對剛診斷出的結果感到六神無主，面臨困難的抉擇：究竟該動手術，面臨終生失禁與性功能障礙的風險？還是先不要管，祈禱萬一癌症惡化能即時檢測出來？

艾戴醫生認為，病患找他是為了聽取實務上的醫療建議，所以他按照心中合乎邏輯的腳本說明：他認為對絕大多數的民眾來講，主動追蹤是正確的決定，[6]也因此他會提供支持這種作法的證據。艾戴醫生一般會先給病患看數據：選擇主動追蹤的男性當中，九七%的癌症擴散風險大約等同侵入性治療，所以靜觀其變是較好的作法。艾戴醫生會把研究資料遞給患者——重要字句還用黃色螢光筆強調，接著解釋靜觀其變的風險很小，手術的缺點卻可能讓生活豬羊變色。艾戴醫生傾向化身為真人版的醫學教科書，提供大段大段的解說，不過他也盡量讓對話顯得簡潔、溫馨，強調主動追蹤是正確的選擇。「我以為這是我這輩子遇過最容易的討論。」艾戴醫生告訴我：「我以為患者聽到不用開刀會欣喜若狂。」

然而，一次又一次，患者都沒聽進艾戴醫生的話。艾戴醫生談的是治療選項，患者腦中想的卻是非常不一樣的問題：**我的家人聽到這個消息會有什麼反應**？**我願意為了人生能繼續享樂，冒著可能死亡的風險嗎**？**我準備好面對死亡了嗎**？

因此，患者並未像艾戴醫生料想的那樣，看到圖表和研究資料後鬆一口氣，反而所有人都會問：**未能**受益於主動追蹤的那三%患者，他們怎麼了？他們死了嗎？他們死前飽受折磨嗎？「接下來所有的時間，我們會談那三%的人。」艾戴醫生表示：「接著，下次看診時，患者只記得那三%的事，然後想要動手術。」

艾戴醫生大惑不解。他一生都在精進攝護腺腫瘤的知識——患者來找他，不就是因為他是專家！然而，即便他說破了嘴，強調真的沒必要動手術，許多患者仍堅持開刀。患者有時會拿著標好重點的研究資料回家，開始在網路上搜尋反證，挖出冷僻的期刊與醫療研究摘要，直到說服自己所有的資料都不像醫生所說的那樣，醫生根本不曉得自己在說什麼。

「然後患者會帶著質疑的態度回診。」艾戴醫生表示：「他們會說：『你是不是屬於那些主動追蹤的人？這就是你建議主動追蹤的原因嗎？』」有的患者乾脆無視艾戴醫生的建議。「他們會說：『我朋友得過攝護腺癌。他告訴我動手術沒什麼不好。』或『我鄰居得了腦癌，兩個月就死了，所以只是觀察太危險了。』」

不只是艾戴醫生碰上這個問題。調查顯示，按照估算來看，[7]即便到了今日，仍有四成的攝護腺癌患者選擇動不必要的手術。[8]也就是說，每年有超過五萬人沒聽進醫生的建議，或是選擇忽視。

「這種事一而再、再而三發生後，你開始瞭解看來有問題的不是病患。」艾戴醫生告訴我：「問題出在我身上。我某個地方做錯了，導致對話無效。」

• • •

艾戴醫生請朋友提供建議，最後有同事建議他請教哈佛商學院的教授狄帕克・馬霍特拉（Deepak Malhotra）。艾戴於是寄了一封很長的電子郵件，詢問兩人能否談一談。

有一群教授專門研究真實世界的協商，馬霍特拉是其中一員。他的同事在二〇一六年協助哥倫比亞的總統進行和平協議的協商，[9]終止長達五十二年、奪走超過二十萬人性命的內戰。二〇〇四年，國家冰上曲棍球聯盟（National Hockey League）罷工，造成半個球季取消。馬霍特拉事後分析球員與球隊老闆的討論為什麼破局，以及如何重返正軌。[10]

馬霍特拉收到艾戴醫生的電子郵件之後很感興趣。他的研究有時會描述正式的協商如何在

如何找出真正要談的是什麼

首先，意識到這是協商。

會議桌旁展開，[11]例如工會領袖與管理者的針鋒相對。然而，艾戴醫生的情況不同：這位醫生和他的患者的確參與了高賭注的協商——可是絕大多數時候，雙方都沒意識到這是在協商。

於是，馬霍特拉教授搭機前往斯隆凱特琳中心，蒐集進一步的資訊。他跟著艾戴醫生看診時，發現改善對話的契機。馬霍特拉告訴我：「任何協商都包含的重要步驟，就是弄清楚各方要什麼。」[12]人們想從協商中獲得的東西，起初通常不明顯。有時工會領袖會說她的目標是提高工資，但一段時間後，其他目標也會跑出來，例如，工會領袖也想在會員面前有面子，或是工會派系之間也會爭權奪利。其他的可能性包括：工人除了重視提高工資，同樣也看重自主權，但不曉得如何在談判桌上表達這項訴求。有可能得花時間問正確的問題，才能確認人們真正想要什麼。由此可知，任何談判必須達成的重要任務，是問大量的問題。

然而，艾戴醫生在與患者互動時，沒有拋出最重要的問題。他沒問患者最在意什麼：萬一治療讓他們再也無法從事旅遊與性愛等活動，他們還會想延長壽命嗎？你會想多活五年，代價是隨時處於痛苦之中嗎？患者在做決定時，其中有多少成分是看自己想要什麼，又有多少得看他

如何找出真正要談的是什麼

首先，意識到這是協商。
接下來判斷：每個人「想要」什麼？

們的家人想要什麼？會不會患者其實偷偷希望，醫生直接告訴他們該怎麼做就好？

所以，艾戴醫生最大的錯誤，就是在對話一開頭就假設他知道患者要什麼：他以為患者想要客觀的醫療建議，並且在瞭解整體的選項後做決定。

「然而，你不該在協商一開頭，就假設自己知道對方要什麼。」馬霍特拉表示。這是「真正要談的是什麼？」對話的第一部分：找出每個人想談什麼。當然，如果想知道每個人要什麼，最簡單的方法就是直接問：**你要什麼**？然而，這個方法有行不通的時候，例如，有時人們也不知道自己要什麼，或是不好意思講。有可能是不確定如何說出口，或是擔心透露太多會對自己不利。

馬霍特拉因此建議艾戴醫生採取不同的作法。展開對話時，不要再向患者介紹五花八門的選項，改而詢問沒有標準答案的開放式問題，引導患者講出自身的價值觀，說出他們的人生到底要什麼。

幾星期後，艾戴醫生問一名六十二歲的患者：「對你來說，這個癌症診斷的結果代表什麼意義？」[13]

「這個嘛，」那名男子回答：「我想起我的父親，因為我很小的時候，他就過世了，我母親遭受很大的打擊。我不願讓家人經歷同樣的事。」男人談起自己的孩子，他不願讓他們遭受精神上的打擊，還談到氣候變遷等議題，擔憂子孫將居住在什麼樣的世界。

艾戴醫生以為，這名男子會擔心自己的病情，或害怕自己會死、詢問接下來將遭遇哪些痛苦，但患者關注的是家人。他真正想知道的是哪種療法能將妻兒的擔憂減至最低。這位患者不在乎癌症數據說了什麼，他想討論如何不讓親人受到傷害。

其他患者的對話也出現類似的模式。艾戴醫生會先問一個廣泛的問題：「你告訴妻子診斷結果時，她說了什麼？」接下來，患者沒有談自己的病，反而講起婚姻、父母生病的回憶，或是醫療以外的創傷，譬如離婚或破產。有些人談起未來，講他們希望退休生活怎麼過、想留給後代什麼遺澤。患者開始努力把癌症的**概念**加進生活中，思考這場病所代表的**意義**。安靜協商就是這樣：在過程中，大家一起決定要討論什麼、要如何討論。安靜協商試著找出所有人想從對話中得到的東西，即便我們自己一開始也不確定。

艾戴醫生從提問中得知，有些患者嚇到了，希望得到情緒上的慰藉。其他患者則想要感到有主控權。有的患者需要聽到其他病友是如何下決定——這是在尋求社會層面的證明：我不是在冒不尋常的風險。此外，也有患者想瞭解最新的療法。

艾戴醫生通常必須一遍又一遍、反反覆覆以換句話說的方式，問相同的基本問題，才能找出患者想談什麼。艾戴告訴我：「患者最終說出的話，透露他們在意的事。」這可以解釋，為什麼艾戴醫生在過去這些年間和許多患者溝通不良：他沒有問正確的問題。艾戴沒問患者的需求與渴望，也沒問患者想從對話中**得到**什麼。艾戴假設自己已經知道答案；由於他沒花力氣找出患者重視的事物，他塞了大量患者不關心的資訊。艾戴下定決心改變溝通方式，停止說教，問更好的問題，展開真正的對話。

艾戴醫生換成更採納患者心聲的談話方式後，六個月內，他的患者選擇動手術的數量下降了三成。艾戴今日還訓練其他外科醫生溝通各式的主題，[14]例如使用鴉片類藥物、乳癌療法、臨終決定等等。即便是不涉及生死的討論，所有人都能採取這種溝通法，例如，和朋友聊他們的約會生活、和同事聊接下來的專案、和另一半談該如何育兒。許多對話有表面上的主題——但也有更深入、更具意義的主題。挖掘過後，我們將找出每個人想從對話中獲得什麼。「問人們要什麼很重要。」艾戴醫生告訴我：「那是在邀請人們告訴你，他們是什麼樣的人。」[15]

陪審團室裡的超級溝通者

剛被指定為團長的陪審員建議其他成員，「我知道有些陪審員想立刻投票」，但或許大家可以不要一下子站定立場，先輪流發言，講出對於這場審判的整體印象。

團長的目標顯然是避免不假思索的反應，但部分陪審員仍舊忍不住立刻選邊站。職業是消防隊員的陪審員卡爾表示，在他心中李德無疑有罪。「我認為他們已經在排除合理懷疑的基礎上，證實了此事。」卡爾說道：「那些試圖幫他找理由的解釋，包括他的意圖、他懂不懂法律、他的閱讀與理解能力，不是我們要裁定的事。我們要裁定的只是有罪或無罪。法官量刑時自然會考慮他的情況。」卡爾提醒在場的每一個人，法官要他們回答三個問題：李德是重罪犯嗎？他是否取得槍枝？他是否知道自己取得槍枝？

「我認為就舉證責任來看，三點都符合了。」卡爾表示。

其他兩名陪審員立刻贊同卡爾的主張：萊羅伊．李德有罪。

然而，其他人不是那麼確定。職業是公立學校老師的蘿倫表示：「我覺得嚴格來說，按照這三項指控，被告確實有罪，但我認為我們也該考量其他事實，畢竟這個人有閱讀障礙。」另一位陪審員亨利也猶豫不決。「嚴格來講，這個人有罪，鐵證如山。」他說：「但我想要判他無罪，因為我不認為他完全瞭解法規。」

在場的每一位陪審員輪流發言後，看來有三人確定要判李德有罪，兩人強烈傾向於無罪，剩下的七人還在觀望。「我們要處理的是非常哲學的辯論。」尚未決定的心理師芭芭拉表示：「身為陪審員的我們，是否有義務完全按照法律的字面意思判他有罪？或者，身為陪審員的我們，有義務運用人類獨有的良心層次？」

如果在此時請經驗豐富的觀察員猜測最後的結果，答案很簡單：萊羅伊．李德會坐牢。無數的研究都發現，即便最初舉棋不定，陪審員最終通常會投有罪，尤其是如果被告有犯罪紀錄的情況。[16]

然而，這次的陪審團有些不同。雖然一開始感覺不出來，但年約三十五的陪審員約翰．波利（John Boly）開始發言後，漸漸能看出這場討論很特殊。波利似乎知道所有的陪審員其實正在彼此協商。此外，他知道這場協商的第一步，將是找出每個人**想**從這場對話得到什麼。

「我實在是一點也不確定我對於這個案子有什麼想法或感受。」輪到波利發言時，他告訴其他人：「這個人無疑是重罪犯，也無疑買了槍。」波利的語氣有點正式。「這個人會閱讀雜誌，活在幻想的世界中。」波利表示：「我不確定……」他起了個頭：「我想聽聽你們怎麼說。我想要一起討論，大家一起找出這個案子該如何處理。」[17]

波利這個人似乎讓其他陪審員感到困惑。有些陪審員穿件牛仔褲就來了，波利則是西裝筆挺。有些陪審員說自己退休了，有些陪審員在工廠工作，有些在家帶小孩，波利則是馬凱特大學（Marquette University）的當代文學教授，專長是研究解構主義哲學家德希達（Jacques Derrida）。有一名陪審員日後告訴我：「波利一度講起文學家卡夫卡（F. Kafka）與各種審判。我心想：媽啊，你在講什麼？你是哪個星球來的？」

不過，波利還有另一個比較不明顯的與眾不同之處：他是超級溝通者。波利知道他必須找

如何找出真正要談的是什麼

首先，意識到這是協商。
接下來判斷：每個人「想要」什麼？
再來是我們要如何「一起」做決定？

出每位陪審員想從這場討論中得到什麼、大家需要什麼。此外，波利知道第一步將是問大量的問題，也因此他不斷拋出問題，讓對話在桌邊流動起來：**你對手槍有什麼看法？你怎麼看李德的不知所措？你持有槍枝嗎？我們能不能談一談「持有」是什麼意思？什麼是正義？**

其他的陪審員覺得這些問題是隨口問問，幾乎像是離題了。然而，波利仔細聽人們如何回答，在心中記錄每一位陪審員的發言，試圖找出每個人希望討論的議題。有些陪審員想討論道德與公平（「我不在乎法律怎麼說。這符合正義嗎？」），有些陪審員在乎自主權（「我不是電腦……我想坐在這討論這件事，思考這件事，而不是一下子就根據這三項罪狀判他有罪」）。有些陪審員則單純感到無聊（「扯這些語義學，可以講到天荒地老」）。

波利一邊聽，一邊在心中列出每個人在追求什麼：亨利想獲得指引；芭芭拉想見到愛心；卡爾想照章行事。波利參與「真正要談的是什麼？」對話的第一部分：找出每個人要什麼。

不過，「真正要談的是什麼？」還有第二部分：判斷彼此如何溝通與合作，好做出決定。從細枝末節的決定（**我們可以打斷彼此的發言嗎？**），到關鍵決策（「我們該把這個人送進監獄嗎？」），每一場對話都會發生大量決定。我們協商時，也必須找出大家要如何**一起**做決定。

協商者的目標是把餅做大

「真正要談的是什麼？」的第二部分，是討論**我們將如何一起做決定**。我們對這一部分的理解，在過去四十年間出現了轉變。

一群如今已聞名全世界的教授，包括羅傑・費雪（Roger Fisher）、威廉・尤瑞（William Ury）、布魯斯・派頓（Bruce Patton），在一九七九年創辦哈佛談判專案中心（Harvard Negotiation Project），目標是研究當時尚未引發學術界大量關注的議題：「改善談判與衝突管理的理論與實務」。[18]兩年後，他們出版研究成果《哈佛這樣教談判力》（*Getting to Yes*），翻轉一般人對談判的理解。

在那之前，許多人以為談判是零和賽局：只要我在談判桌上獲得了什麼，就代表你輸了。「一個世代以前，」《哈佛這樣教談判力》寫道：「在思考談判時，人們腦中想的問題都一樣：『誰會贏？誰會輸？』」然而，哈佛法學教授費雪認為這種作法完全錯誤。[19]他年輕時曾協助歐洲執行馬歇爾計畫（Marshall Plan），日後又幫忙找出終止越戰的辦法，還參與了一九七八年的大衛營協議（Camp David Accords），以及在一九八一年確保伊朗釋放五十二名美國人質。

在上述及其他的談判中，費雪目睹不一樣的東西在發揮作用：最優秀的談判人員不會爭誰能拿到最大塊的餅，而是專注於把餅做大，找出雙贏的解決辦法，每個人離開時都比先前開心。費雪與研究同仁寫道，[20]談判雙方都能「贏」的概念，或許看似不可能，但「愈來愈多人體會到，能以合作的方式協調歧異。即便無法找出『雙贏』的解決方案，通常還是能達成對雙方都比較好的明智協議」。

自從《哈佛這樣教談判力》問世後，後續又有數百項研究找到支持這個概念的充分證據。菁英外交官解釋，他們在談判桌上的目標不是獲勝，而是說服另一方合作，找出之前沒人想過的新辦法。對頂尖的談判人員來說，談判不是上場打仗，而是發揮創意。

這種作法日後稱作**利益性協商**（interest-based bargaining）。第一步很像是波利在陪審室做的事，或是艾戴醫生在斯隆凱特琳中心和患者進行的對話：詢問開放性的問題，接著仔細聆聽。讓人們說出自己如何看待世界、最重視什麼。即便你沒有立刻得知其他人要什麼——有可能連他們自己都不曉得，至少能引導他們也聽你說話。「如果你想讓另一方理解你在意的事，」費雪寫道：「首先要讓他們看到，你也理解他們在意的事。」

不過，聆聽只是第一步。下一個任務是處理「真正要談的是什麼？」對話的第二個問題：

我們要如何一起做決定？這場對話的規則是什麼？

找出那些規則的最佳辦法，通常是測試各種對話方式，看看其他人如何反應。舉例來說，談判人員常會做實驗——**我先是打斷你，再來又彬彬有禮，接著我提出新的主題，或是做出乎意料的讓步，看看你會怎麼做**；直到每個人一起決定哪些行為規範可以接受，以及這場對話該如何展開。實驗的形式可以是提議，也可以是解決方案、意想不到的建議，或是突然提出的新主題。不論採取哪種形式，目標都一致：試探一下，說不定能找到前進的道路。「優秀的談判者是藝術家。」史丹佛商學院教授蜜雪兒・蓋爾芬德（Michele Gelfand）表示：「他們把對話帶往意想不到的方向。」

最能引發這種實驗的方法，是在討論中提出新主題和新問題，引進新的元素，直到對話出現的變化足以揭示新的可能性。「舉例來說，如果談薪水的時候卡住了，」蓋爾芬德表示：「就加進新元素：『我們一直在談錢的事，但如果不增加薪資單上的數字，改成給每個人更多天病假？如果允許員工在家工作呢？』」

「挑戰不在於消弭衝突，」費雪在《哈佛這樣教談判力》中寫道：「而在於轉換衝突。」我們所有人都會在日常對話中做這種實驗，而且經常不自覺。當我們講笑話、問深入的問題，或是突然嚴肅起來或搞笑，從某種角度來講，都是在測試同伴是否願意接受我們的邀約，一起嘗試看看。

如同利益性協商，「真正要談的是什麼？」對話能夠成功的前提，在於讓對話從爭奪主導權，轉變成某種合作、某種團體實驗，目標是找出每個人要什麼、共同的目標與價值觀又是什麼。在外人眼裡，我們似乎只是在討論由誰負責接小孩跟買菜，但我們（參與這場安靜協商的人）都意識到潛台詞與背後的波濤洶湧，這是一場正在發生的實驗。我們問開放性的問題（「我幫忙做這樣夠多嗎？」）與拋出新元素（「如果我負責買菜和洗碗，你負責接孩子和摺衣服？」），直到對話產生變化，足以釐清每個人真正的需求，以及我們都同意的原則：「我想尊重你的時間，工作很重要，所以如果我負責買外食，請亞文叔叔幫忙接孩子，這樣我們兩個人都能晚點回家呢？」

「真正要談的是什麼？」對話是一種協商——只不過目標不是贏過誰，而是協助每個人同意要談的主題，以及如何一起做決定。

• • •

鏡頭回到陪審室，波利完成「真正要談的是什麼？」的第一部分。他提出問題，嘗試瞭解其他每位陪審員要什麼。

波利聽著聽著發現，判決有罪的可能性愈來愈高。陪審團長表示他想判有罪，一名先前在觀望的陪審員跟著表示同意。消防員卡爾也跳進來支持，指出李德這次沒傷人，但下次誰知道呢？卡爾主張：「那就是為什麼世上要有法律，為什麼重罪犯不能持槍。」其他人也紛紛同意：「要是李德先生買了槍、射死無辜的路人，怎麼辦？」

法庭動力學研究顯示，陪審員的裁決通常會在這種時刻成形。就是在這一刻——有一、兩名陪審員採取堅定的立場後，其他人會因為自己無法決定或從眾效應，跟著採取相同的立場。此時，裁決有罪可能已成定局。

不過，學校心理師芭芭拉仍在猶豫。「我在想我們能不能找到一些空間。」她表示：「或許就「知道」的完整意義來說，李德並不**知道**自己是重罪犯，也不**知道**自己持有槍械。」

團長回應芭芭拉的發言：「我唯一感到困擾的事，」就是法官講了一句話，「意思大致是無知不是藉口。」於是對話開始升溫，音量愈來愈大。

此時，波利再度發言，但換了一種方式。他已經問完問題，現在該進入「真正要談的是什麼？」對話的第二部分：找出每個人想如何一起做決定。

首先，波利替對話加進新元素，想像自己如果是李德，是什麼感覺。

「我注意到一件事。」波利用輕鬆的語氣，打破愈來愈緊張的氣氛，聊起李德的槍：如果你們仔細看那把槍，「長得好像玩具。」波利天外飛來一筆。其他人困惑地看著他。「我賭要是我買了一把槍，」波利繼續講下去：「也有槍套，我會做的第一件事，就是把槍繫在腰上。」波利指著自己的皮帶。「然後在密爾瓦基耀武揚威，走來走去。你們知道的，只要每次我過橋、走地下道，或是經過什麼地方，就再也不用擔心有人會突然從街燈柱子後面衝出來，因為恁爸最大！老子請你吃土豆！」

其他陪審員都愣住了。現在是在講什麼？「土豆」是指什麼？大家只知道千萬不能讓波利拿到武器。

然而，波利不是真的在談槍的事，而是在談更大的事。他在做實驗。

「然而，你們也知道，」波利說下去：「李德實際上做的事，幾乎是把槍當聖物供起來，收好放進衣櫥，然後關上門。」波利告訴大家，那個細節很重要。「李德沒有把槍放進槍套或口袋，也沒繫在腰上，或是做任何類似的事。」

另一名陪審員順著波利的話講下去——在此之前，這位陪審員似乎被拉向有罪的那一邊。「對，」他附和：「他沒有把槍從盒子裡取出來。」

另一位陪審員也插話：「我們甚至不能說他知道怎麼開槍。」

這句話完全是憑空猜測。審理過程中，沒有證據顯示李德不知道如何開槍，但陪審員的腦中開始浮現一個故事情節：**或許李德不知道如何裝子彈，甚至不知道槍需要子彈**。幾分鐘內，就出現了一個新版的李德：這個人就算**持有**一把槍，或許也不**理解**自己有把槍。因此，法官的第三個問題「他是否知道自己取得槍枝？」被帶往全新的方向。

波利讓對話產生變化。他實驗一個想法，邀請其他陪審員想像新的可能性，以不同的方式分析手上的問題，重新架構這場討論。大家此時是在協商該如何**一起**做決定。

達成有罪裁決的動力慢了下來，但距離陪審團做出一致同意的選擇，仍有很長的路要走。

說服如何發生

「真正要談的是什麼？」這一類討論，通常分為兩種。在一些對話中，人們會發送自己處於務實心態的訊號：他們想解決問題或仔細思考某個點子。他們想決定該替那棟房子出多少價——以及對我們共同的生活來講，那個價格代表什麼意義？或是刊登徵人廣告後，決定要雇用誰——以及我們真的有必要多請一個人嗎？這些討論需要分析，還需要清晰的推理。心理學家稱這種思考為**成本效益邏輯**（logic of costs and benefits）。[21]當人們擁抱邏輯推理與務實的計算（也就是同意一起做決定時，理性的決策是最具說服力的方法），他們贊成去比較潛在的成本與希望獲得的效益。

然而，在某些「真正要談的是什麼？」類型的對話，目標並不一樣。有時人們想要一起做的決定，未必符合邏輯與理智。他們想要探索的主題超越冰冷的理性，希望做出共同的決定時，能夠發揮愛心，討論價值觀，探討是非對錯。他們想套用自身的經歷，即便不一定完全符合眼前的情境。

我們運用的是哪一種邏輯？

{ 成本效益邏輯 }　{ 相似性邏輯 }

在這樣的對話裡，事實的說服力就沒那麼強。有人說出自身感受的時候，另一半不該開始跟他們辯論，而該體諒他們的心情，一起笑、同仇敵愾或引以為傲。整體而言，這種類型的討論不是靠分析成本效益來做決定，而是依據過往的經驗，問自己：「遇到這種情境時，像我這樣的人通常會怎麼做？」我們會應用心理學家所說的**相似性邏輯**（logic of similarity）。這種邏輯非常重要，要是缺乏這種邏輯，當有人談到傷心或失望的經驗，我們將感受不到同情心、不知如何化解緊張的情勢，或是無法判斷對方是認真的，還是在開玩笑。相似性邏輯讓我們知道何時該拿出同理心。

這兩種邏輯在我們的腦中並存，*但通常是對立或互斥，也因此協商對話應該如何開展時（我們要如何一起做決定），我們是在問：每個

* 各位可能發現這和丹尼爾・康納曼（Daniel Kahneman）在《快思慢想》（*Thinking, Fast and Slow*）中談的不同類型的認知有相似之處。康納曼提到大腦有兩種系統：系統一（System 1）與直覺有關，和「相似性邏輯」一樣能瞬間帶來判斷。系統二（System 2）則和「成本效益邏輯」相似，比較慢，更為深思熟慮與理性。

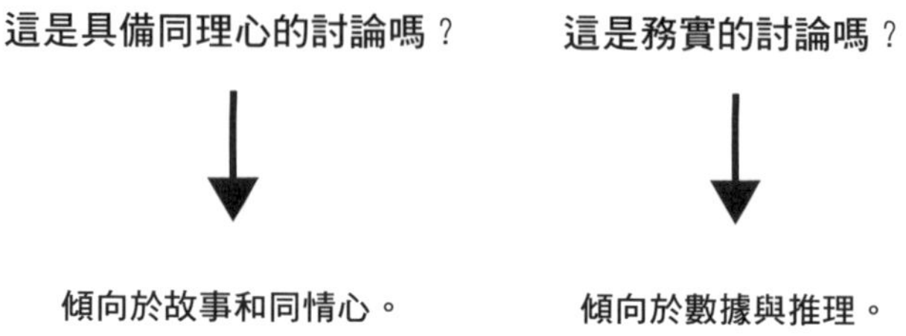
這是具備同理心的討論嗎？
傾向於故事和同情心。
這是務實的討論嗎？
傾向於數據與推理。

人覺得哪一種邏輯具有說服力？

對艾戴醫生來講，瞭解務實的「成本效益邏輯」與具備同理心的「相似性邏輯」的區別非常關鍵。有的患者帶著分析性問題來找他，想要得知數據。這種患者明顯處於務實的分析性心態——艾戴醫生因此知道要透過證據來說服他們：讓研究與數據上場。

然而，其他患者則告訴艾戴醫生自己過往的故事，以及他們的焦慮。這類型患者談論價值觀與信念，處於同理心態。艾戴醫生因此知道需要透過溫情與故事來說服他們。艾戴會告訴患者，他是外科醫生，他熱愛手術，但即便是他，也會建議自己的父親避免開這種刀。由於我們處於同理心態時會受敘事的影響，艾戴醫生會告訴這類患者，先前其他患者是怎麼做的。賓州大學的教授艾蜜莉・福克（Emily Falk）指出：「大腦直覺想找出可疑之處，而故事會繞過這種直覺。」我們會受到故事的吸引，因為**感覺**對了。

綜上所述，安靜協商的第一步是找出人們想從對話中得到什麼。第二步是判斷如何一起做決定——也就是判斷這是一場邏輯對話，還是同理心對話。我們要選擇透過分析和理性來做決定，還是透過同理心與敘事？

這部分很容易出錯。事實上，我就出錯過好幾次。有一次，我的堂弟講起瘋狂的陰謀論（「賣床墊的店面其實是洗錢場所！」）。我試圖用數據和事實說服他沒這回事（「事實上，大部分的床墊公司都是上市公司，上網就能查到他們的財報」）。接著讓我嚇了一跳的是，堂弟說**我被洗腦了**。他聽過菁英是如何利用他人，他依據那些故事的邏輯，得出「相似性邏輯」，認為我們應該對企業存疑，因為企業以前說過謊。我提出的合理論點，亦即我的**成本效益邏輯**，對堂弟來講毫無說服力。

其他的例子包括：你打電話向客服人員抱怨。你可能以為客服想聽你的故事（「我兒子玩我的手機。他不知道按下什麼，結果買了一千美元的樂高」），但你很快就發現，客服人員對故事不感興趣（「先生，請給我交易日期就好」）。客服人員不需要知道背後的故事。他們抱持務實的心態，只想找出解決辦法，繼續接聽下一通電話。

波利聽到其他陪審員說出人生故事，聊到正義與道德等概念，他意識到有些陪審員想要的對話超越分析與推理，處於同理心態。波利的回應方法是談論擁有一把槍是什麼**感覺**，想像李德在想什麼。波利開始說故事：「他幾乎像是把槍當成聖物供起來。」這不是什麼深刻或複雜的故事，只需要極少量的敘述，但足以讓其他人開始想像身為李德是什麼感覺，並講起自己的故事。一名陪審員評論：「我們甚至不能斷定他知道如何開槍。」

波利稍微變動了說話方式與他採取的邏輯，就足以讓其他陪審員認為這場對話尚未結束。

完成協商

陪審員在陪審室待了一個多小時後，有人建議該正式投票了。每人在一張紙上寫下自己的裁決結果，由團長負責統計。輿論發生了轉變：現在是九票無罪，三票有罪。[22]但不用說，陪審團的裁決必須全體一致通過才行，要不然都算無效審判。關於陪審團審議的研究顯示，當有一小群人大聲支持特定的裁決，正是危險的時刻。卡爾和團長這樣的人一旦強烈認為有罪，就很難改變心意。而只要有一名陪審員堅持被告該坐牢，結果就是審判無效。

陪審室裡，依然有三個人認為李德有罪。

但故事在每個人的腦中迴盪。

團長清了清喉嚨，宣布：「我有話要說。」

團長說他投了「有罪」，但聽了其他陪審員的發言，他開始想像自己處於李德的情境。團長後來告訴我，他特別記得有一次他開車被攔下，收到超速的罰單。「警察要我駛到路旁時，我抗議不該開單。這不公平，我才超速幾英里而已，沒有危害到任何人。」[23]

團長在抗議罰單的當下振振有詞，而今人在陪審室的他想到，李德也處於相同的情境，他沒有危害任何人，卻被指控犯罪。如果你買了一把槍，藏在櫃子裡，或許嚴格來講違法了，但就該被處罰嗎？這是否符合我們心中關於正義和公平的故事？

團長告訴其他人：「我可以理解為什麼你們有疑慮，儘管只有一點點。」團長改變了心意。

另一位陪審員也改變心意。他表示從李德的角度看事情後，他也重新想了一下。

有時我們聽到的故事，就足以協助我們透過他人的觀點看事情，同理以及重新思考。有時則是不為所動，理智獲勝。然而，唯有所有人都同意**哪種**邏輯最具說服力，才有辦法一起做決定。一旦達到一致，我們會更願意打開耳朵聽別人說話。

• • •

現在有罪只剩一票。再經過最後一場協商，陪審團的工作就結束了。

然而，那一票是卡爾。即便經過先前多次的來來回回，他依然深信李德應該被判有罪。

「我們太過深入想像李德心中的想法。」卡爾告訴其他陪審員：「我們全是在猜測而已，猜他在想什麼、知道什麼、不知道什麼。」對卡爾來講，李德就是一名買了手槍的重罪犯，只需知道這麼多就夠了。

卡爾在審議過程中，不曾提起自己的任何故事。其他陪審員在提出看法時，穿插了離題的發言，包括自己的生活與過往人生帶來的啟示，但卡爾沒有這麼做。卡爾後來在二〇〇〇年離世。他的兒子告訴我，父親是模範消防員，「永遠一絲不苟地遵守檢查表，是那種會遵從上級指揮的人。」卡爾要求自己仰賴務實與分析性的**成本效益邏輯**，因為在緊急情況下，這種思維能夠救命。

波利因此展開不同類型的協商。

首先，一名陪審員向卡爾提出開放性的問題：「我覺得你認為判定這個人有罪十分重要，非這麼做不可。如果你願意的話，能不能多分享一點你為什麼這麼認為。」

卡爾坐立難安。「我說不出來……」他停頓。「我沒受過你們那種教育和訓練，沒辦法像你們一樣思考。我不懂人類的心理，不曉得那是怎麼回事，也不知道人們在想什麼。」卡爾說：「看著這三個問題、然後說對，他們符合這項跟這項條件，感覺上很冷酷無情，過分簡單」，但他感到事情就是這樣，沒什麼好說的。

「問你一個簡單的問題。」另一位陪審員說：「你認為這個世上有例外嗎？」

「當然。」卡爾回答：「當李德先生人在那裡，我看著他，我感到他不會傷害任何人。我不認為他有不良的意圖，也不覺得他會危害社會。」

然而，卡爾解釋他們還得考慮更大的議題，在成本與效益之間取捨。如果陪審團停止執行法律，將導致無法無天。判李德無罪會鼓勵他人犯罪。

卡爾指出，要不是考慮到公眾安全，他會法外施恩，但他不認為李德的案子適用。

重點突然出現：卡爾透露了他最深層的渴望。他重視公共安全的程度勝過一切。那就是為什麼他鼓吹做出有罪的裁決——從他的務實心態來看，有罪的裁決得以維護法律與秩序，保障民眾的安全。

波利意識到這是一個機會，可以提出新的議題，實驗不同的作法。他提出不同的可能性，例如，判李德**無罪**反而更能讓民眾安全？

「你們知道的。」波利對所有人發言，不過他其實是在對卡爾講話。「我認為這是一條好法律，我不想因為我說的話，或是我做的任何事，讓人誤以為我沒認真看待這條法律。」波利表示即便如此，他卻感到沮喪。「我有部分的動機是，我有很多其他的事要做。現在是學校的期末週」，大學有很多工作要忙。此外，「我有學生是犯罪的受害者。一星期前，我教的班上有個女同學在上課途中被襲擊……我另一門課也有女生被攻擊、毒打並強暴。

「我的意思是，我也想盡公民的義務。」波利繼續說道：「我有很多事要做。我來到這裡，來到法院，結果地方檢察官分給我這個案子。儘管這個地方令人望而生畏，這裡的人面容嚴肅，講起話來頭頭是道，還有走不完的法律程序，我坐在這裡，心裡不禁想，這件事根本不值得這樣搞。我的意思是，我真的不覺得這個案子值得我花時間。」陪審員的時間可以用在把小偷送進監牢，或是把強姦犯或殺人犯繩之以法，大家卻在辯論萊羅伊・李德是否應該坐牢——一個對公共安全沒有實質威脅的人。「我考慮寄信給地方檢察官的辦公室。相信我，我會很樂意寄信給他們；信上會說：該死，我連在停車場走向自己的車子都害怕！我教的女學生被襲擊。她們挨揍，被強暴。男同學也一樣。他們被搶劫，然後你要我判李德的案子。」

波利告訴在座的陪審員，如果判李德無罪，他們等於在向警方與地方檢察官傳達一個訊息：請專注於真正的罪犯，確實保護民眾。裁決李德無罪，實際上是在**促進**公共安全。當然，這是在以跳脫的角度看這件事，但波利說之以理，對比潛在的壞處與預期中的好處。他運用務實的分析性邏輯，替對話增添新的選項。他同意卡爾的理念，但主張如果他們關心的是阻止犯罪，那麼放李德走反而是理性的選項。

卡爾說出：「李德絕對不該在這裡。」但還是沒有百分之百被說服。

波利於是提出最後的保證：「我高度敬重你對法律的重視。」他告訴卡爾：「你重視是非對錯，致力維護司法程序的完整性。」

波利知道，改變想法必須付出代價：我們得放下自尊。然而，我們也會獲得好處：做對的事會讓我們肯定自己，為自己感到自豪。

隨著對話持續進行，沒人說得準卡爾聽進了多少，但他在重新考慮了。

審議進行快兩個半小時，團長問：「我們來投個票？」

每一位陪審員拿一張紙，寫下自己的裁決：

無罪。無罪。無罪。無罪。無罪。無罪。無罪。無罪。無罪。無罪。無罪。無罪。

萊羅伊・李德將無罪釋放。

• • •

我們如何在「真正要談的是什麼？」的對話中連結？

第一步是嘗試找出每個人想從討論中得到什麼，我們希望這場對話能帶來什麼。如此一來，便能挖掘更深層的問題，而不是停留在表面。

波利因為明白每個陪審員要的東西不同，得以和他們連結。有的陪審員想討論正義；其他陪審員想專注於法律與秩序。有的陪審員實事求是；其他陪審員渴望同理。艾戴醫生詢問患者最重視的事，因此得以和他們連結。挖出這種渴望的方法是花時間詢問：「我們真正要談的是什麼？」

當有人說「我們能談談接下來的會議嗎？」或「那份備忘錄真是瘋了，對吧？」，當有人大聲說出擔憂──「我不確定他能完成這份工作」，他們是在邀請我們進入「真正要談的是什麼？」的討論，發送想要討論更深層議題的訊號。波利知道如何聆聽那種訊號，艾戴醫生則學到如何找出來。

我們知道人們想從對話中得到什麼之後，再來便要找出如何提供──如何參與安靜協商，以滿足別人的需求，也滿足自己的需求。此時需要做實驗，找出雙方如何一起做決定。此時，就輪到**匹配原則**上場了。我們意識到正在發生**哪一種**對話，努力走向對方，也邀請他們走向我們。波利和艾戴醫生知道匹配不是模仿；匹配不僅僅是看起來一臉關心的模樣，並重複對方所說的話。

匹配是瞭解某個人的**心態**——這個人認為哪種邏輯有說服力、哪種語氣與作法能打動他們，接著用他們的語言說話。此外，匹配需要明確解釋我們自己是怎麼想、怎麼做決定，方便其他人配合我們。當有人開始說故事描述私人的問題，他們在暗示想得到我們的同情，而非解決方案。如果有人用分析的方式指出所有事實，則是暗示他們對理性的對話更感興趣，不想談論感受。我們都能學著更加留意相關的線索，以及做實驗找出線索。

「真正要談的是什麼？」對話最重要的禮物，將是有機會得知其他人想談什麼、需要從討論中獲得什麼，並且邀請所有人一起做出選擇。此時，我們開始瞭解彼此，找出閉門造車永遠想不到的解答。

概念運用指南

第二部分：發問與留意線索

哈佛的研究人員在二〇一八年錄下數百人的對話，[1]談話對象包括朋友、陌生人與同事。研究人員希望回答一個問題：人們如何發送自己想談什麼的訊號？換句話說，我們如何判斷「真正要談的是什麼？」。

實驗參與者都是面對面談話或者視訊。他們拿到破冰的建議主題有「你從事什麼工作？」、「你有宗教信仰嗎？」，但可以偏離主題無妨。對話結束後，研究人員詢問他們是否享受這場討論。

許多人基本上並不享受。他們試圖改變主題，暗示想聊些別的事，一副百無聊賴的模樣，試圖換個話題。他們嘗試各種作法，另一方卻沒注意到。

研究人員發現，一旦知道該觀察什麼地方，想談別的事的線索其實很明顯。然而，忙著講話的當下，我們很容易忽略那些線索。當有人講了某件事、接著大笑（即便那件事不好笑），那是在暗示他們享受對話。如果有人一邊聽，一邊發出各種聲音（「沒錯」、「嗯嗯啊啊」、「有趣」），那是他們投入的跡象。語言學家稱為**回饋**（backchanneling）。人們如果追問（「什麼意思？」、「你覺得他為什麼那樣說？」），也是感興趣的線索。如果是改變主題的陳述（「讓我再問你關於這個主題的最後一件事」），則是暗示他們準備好進入下一階段。

「雖然人們會在對話時，加進自己偏好主題的資訊，」研究人員後來寫道：「他們的人類夥伴大都未能抓到（或忽視）許多線索，反應遲鈍。種種因素加在一起，我們的研究結果顯示，對話有充分的改善空間。」

當然，這項研究發現不令人訝異。我們都親身經歷過這種事。有時我們試圖發送訊號，但對方沒注意到，因為他們沒訓練自己留意，也沒學過要實驗不同的主題和對話方式。

不過，學著抓到線索並進行這方面的實驗，其實很重要，因為這涉及學習型對話的第二條規則：

原則二：說出自己的目標，也詢問其他人的目標。

有四種方法可以做到這件事，包括在對話前預做準備；提出問題；對話時留意線索；實驗並提出新的談話素材。

替對話做好準備

「真正要談的是什麼?」這一類對話,通常發生在討論的開頭,因此可以在對話開始前,先做一點準備。

哈佛等大學的研究人員探索過哪些準備工作有用。[2]有一項研究要求實驗參與者在開始對話之前,先寫下想討論的幾個主題。這件事大概只需要花三十秒;而且真正開始討論後,寫好的主題通常沒機會上場。

然而,研究人員發現光是準備好清單,對話就會進行得更順利。尷尬的停頓變少,焦慮減少,而且人們事後回報更有參與感。結論是對話開始前,可以花幾秒鐘想好幾件事:

- **你想討論哪兩個主題**?(廣泛的主題也可以,例如,昨晚的比賽與你喜歡的電視節目。)
- **你希望說出哪件事**?
- **你想問哪一個問題**?

替對話做好準備

> 聊一聊昨晚的比賽。
> 提到新工作。
> 要去哪裡度假？

寫下幾個要討論的主題。

這個練習的好處是，即便沒機會談論這些主題，一旦冷場就會有備用清單。此外，光是預期你將討論的事，即可強化自信。

這個練習成為第二天性之後（很快就會），你可以做更完整的準備：

- **你最想討論哪兩個主題？**
- **你想說出哪一件事，讓對方知道你想討論什麼？**
- **你想問哪一個問題，找出其他人要什麼？**

發問

「真正要談的是什麼？」對話的核心是安靜協商。這種協商出現在我們需要做決定或擬定計畫的時刻。有時一下子就會搞定——朋友說：「我們來談星期六的行程表。」你回答：「好！」協商就完成了。

如果是更有意義、更複雜的對話，協商時間會比較長、比較隱祕。我們有可能先寒暄一番，進入簡單的主題，譬如聊天氣或共同的朋友，最後才提到我們真正想要討論的事：「我在想，不知道你願不願意考慮投資我的新公司？」

不論這個協商如何開展，形式是共通的：有人提出**邀請**，接著，對話夥伴**接受**或提出**不同的邀請**。

有時我們會希望別人先回答。最簡單的方法就是提出開放式的問題，例如艾戴醫生和患者的對話。只要聚焦於以下幾件事，很容易找到開放式的問題：

- **詢問對方的信念或價值觀**（「你當初是怎麼決定要當老師？」）
- **請對方下判斷**（「你慶幸念了法學院嗎？」）
- **詢問對方的經驗**（「去歐洲玩是什麼感覺？」）

這類問題不會讓人感到隱私被侵犯——詢問「你當初是怎麼決定要當老師？」不會過度私人，但可以邀請對方分享對教育的看法，或是他們重視的工作元素。「你慶幸念了法學院嗎？」讓人回想起自己的選擇，不只是簡單地描述工作。開放性問題可以很淺，也可以很深，但如同下一章會解釋的，涉及價值觀、信念、判斷與經驗的提問，威力極為強大——而且比想像中來

發問

詢問價值觀、信念、判斷與經驗。

得容易。

留意對話中的線索

在其他對話中，與其等待同伴表達需求與目標，不如率先說出自己的需求。當我們提出邀請，「我們需要討論星期六的時程」或「不知道你願不願意投資我的公司？」，在這樣的時刻，對方如何回應很重要，也因此我們需要訓練自己留意言外之意。

重要的觀察事項包括：

- **對方將身體靠向你、有眼神的接觸、微笑、回饋（「有趣」、「嗯」）或插話？**

那些是人們想接受邀請的訊號（插話和我們以為的相反，通常代表對方想要補充訊息）。

留意線索

他們是否靠向你，表現出感興趣的樣子？
或者眼神飄向別方，面無表情？

- **他們是否安靜下來、面無表情、眼神停留在你的臉以外的地方？他們看起來是否過度陷入思考？他們是否接受你的評論，而沒有加上自己的想法？**

人們經常誤以為這些反應代表對方在聽，但通常不是（事實上，接下來幾章會解釋，聆聽遠比這更加動態）。這些其實是對方在拒絕邀請的訊號，他們想聊點別的。此時，你需要找下去並實驗，才能得知每個人要什麼。

這一類的反應很容易被忽略。有一部分原因是說話占去我們太多腦容量。然而，如果訓練自己留意這些線索，便更能回答「真正要談的是什麼？」。

拋出更多東西做實驗

有人拒絕我們的邀請時，我們或許會啞口無言，但是在這種時刻，別忘了利益性協商教過的事：記得要發揮創意。如同陪審員波採用新思路看待公共安全，讓卡爾願意重新考慮，你可以嘗試拋出新話題，另闢蹊徑，找出前進的道路。

留意以下幾件事，有助於找出有用的新話題和新作法：

- **對方是否說了故事或講了笑話**？有的話，他們處於拿出同理心的「相似性邏輯」心態。人們處於這種心態時，沒打算辯論或分析選項；他們要的是分享、將心比心與同理。
- **也或者，他們談論計畫與決定，或是評估選項**？他們是否提及政治或金融，或是選擇明年度假的地點？（「六月比較適合去緬因州，還是佛羅里達州？」）如果是的話，他們處於偏於務實的「成本效益邏輯」心態，你最好呈現分析的一面。
- **注意聽對方是否試圖改變話題**。人們會提起不相關的事物、喃喃自語或岔題——換句話說，**他們**透過實驗，告訴我們他們想討論什麼。如果有人換個方式問同樣的問題，或是突然強行提出新話題，那代表他們在想辦法讓大家有新元素可以討論，這時最好放手讓他們發揮。

帶來新東西

人們在說故事，還是在擬定計畫？
他們是否改變了話題？

- **最後是實驗**。講個笑話；問出乎意料的問題；提出新點子；或是試圖插進一句話，接著靜觀其變，看看對話夥伴是否配合。如果配合，對方便是在暗示他們想要如何一起做決定、願意接受哪些規則與規範。他們釋出希望這場對話如何開展的訊號。

你八成本能就會這麼做，但一時很容易忘掉。此外，不必一次練會所有的戰術，可以逐漸加進對話當中，直到能以自然的方式協商「真正要談的是什麼？」。

「我們有什麼感受？」對話

概述

情緒形塑著每一場對話，引導我們所說的話與聆聽的方式，而且通常發生在不知不覺的情況下。從某種角度來講，每一場對話都在討論「我們有什麼感受？」。

由於這種對話十分重要，接下來三章都會探討情緒對話。討論感受時，聆聽是最基本的。我們需要聽出對方的脆弱、聽出言外之意——同樣重要的是，我們必須**表現出**我們在聽。我們真正聽懂的時候，將不會停留在表面的意思，而是揭曉背後的新世界。

本書的第三章解釋如何更深入地聆聽，以及聽到有人說出深刻的想法時，我們應該做些什麼。第四章檢視如何更能聽到未說出口的感受——肢體、語調、手勢、表情所透露的訊息，跟我們講出口的話一樣多。第五章探索情緒如何讓衝突升溫或降溫，以及如何在線上和線下兩方面都建立足以討論不同意見的安全環境。

進行「我們有什麼感受？」的對話是連結的基本步驟。接下來三章，會探討如何表達我們的感覺——以及如何聆聽。

3 聆聽對策——流露情緒的對沖基金人士

康乃狄克州對沖基金的觀眾席人山人海，現場的男女嘉賓非富即貴，許多人穿著訂製西裝，手上的錶比有些車子還貴。眾人在等候這場邀請制活動開始時，閒聊近日買下的藝術品與不動產，或是抱怨塞席爾（Seychelles）或葡萄園島（Vineyard）等度假勝地人太多。也有幾個人走標新立異風，戴著宗教的卡巴拉珠串，腳踩限量款運動鞋。有個人下唇留了一撮稱為「靈斑」（soul patch）的小鬍子。

儘管部分嘉賓努力不落俗套，這些人過日子的方式大同小異——他們全是專業投資人，為數十間華爾街公司操盤，管理數十億美元的資金。平日的生活是和眾家執行長對談，與投資銀行家交流，研讀各種經濟報告。他們穿梭於產業大會的大廳，永遠在嘗試挖掘寶貴資訊，預測股票的漲跌。

然而，今天的活動不太一樣。他們即將見到尼可拉斯・艾普利（Nicholas Epley）。這位四十三歲的芝加哥大學心理學教授，專程搭機過來，向大家簡報如何聆聽。所有與會者都清楚，糟糕的聆聽技巧可能讓人付出昂貴的代價（許多人都親身遭遇過），例如在場的基金經理人A曾經一個下午就損失兩千萬美元，因為他沒能在啜飲兩杯馬丁尼的午餐聚會中明白過來，為何一起吃飯的股票經紀人B平日笑臉迎人、從容不迫，那天居然吼了餐廳的服務生，還不停離席接電話，即便每次回座他都提出合理的解釋。A事後才得知，B的公司出了大問題，他不幸沒抓到相關線索。光是一個小錯誤（沒在聚會時聽出某人語帶遲疑，或是沒注意到有人面對直截了當的問題卻閃閃躲躲），就能決定成敗。

當天的基金活動主辦人因此請來艾普利教授，協助每個人聽見容易錯過的事物。艾普利是非常合適的人選，[1]他的學術生涯主要就是在研究為什麼我們會**誤聽**彼此的話。舉例來說，為什麼有的人聽不出別人語氣中帶有的情緒？為什麼兩個人參加同一場會議，事後對於會上討論了什麼，兩人聽到的東西卻完全不同？

在場的許多基金經理人聽眾都以為，艾普利教授上台後會開始播放PowerPoint投影片，一一介紹各種聆聽的方法，例如：永遠保持視線接觸；頻頻點頭，表現出認真聽的樣子；或是不停微笑等等。換句話說，就是那些深夜的資訊型廣告或社群媒體帳號會提供的老生常談。

然而，艾普利的研究顯示，那一類作法反而不利於真正的溝通，尤其如果你是被迫裝出專心聽的樣子。隨時微笑並保持視線接觸，有時會讓人感到有點……過分熱情。此外，艾普利認為，關於如何認真聆聽，其實每個人都懂。「如果是有趣的播客或好笑的笑話，你不需要任何人來教你如何聆聽。」艾普利告訴我：「對話要是精彩，沒有人會漏聽。內容如果有趣，你不知不覺就會聽下去。」

艾普利想協助今天的來賓運用天生的聆聽能力。換言之，艾普利必須協助他們學習進行更有趣、更有意義的對話。艾普利認為方法之一就是讓每個人談論更私人的事物，尤其是自己的感受。我們在討論感受時會發生神奇的事：其他人會忍不住聽我們說話，跟著說出感受，連帶吸引我們更仔細聆聽。舉例來說，那位損失兩千萬美元的對沖基金經理人，如果他當初有問共進午餐的同伴的感受，追問情緒相關的問題，大概會聽出對方壓力很大，進而注意到事情不對勁的線索。

艾普利想鼓勵對沖基金經理人進入「我們有什麼感受？」的對話。「當你向人敞開心扉，」艾普利告訴我：「對方就會被吸引過來。」

然而，艾普利也知道，許多人迴避討論私人話題，或是與感受有關的主題，因為我們認為會很尷尬、顯得不專業，或是怕講錯話，對方反應不佳。我們太忙於揣測別人會怎麼想我們。

艾普利相信自己已經找到方法，有辦法避開以上的種種陷阱。展開「我們有什麼感受？」對話的關鍵，[2]就是教人們詢問特定類型的問題。那種問題表面上**似乎**和情緒無關，卻能讓人更容易意識到情緒。艾普利教人問這些類型的問題，已有十年之久。他想透過今日的活動瞭解，他的技巧是否也適用於對沖基金經理人，畢竟這群人士通常極力避免過分顯露情感。艾普利站在眾人面前，向大家講解接下來要做的事：每個人會分到一位不認識的夥伴，然後兩人要交談十分鐘。

艾普利揭曉每組人要互問的問題。一共有三題，第三題是：「你能否描述在別人面前哭泣的經驗？」

「媽啊。」一名前排的來賓脫口而出：「讓我死了吧。」

• • •

許多對話都會出現一種時刻，你當下必須決定：我要讓這場對話談論感受嗎？還是我要維持冷靜疏離的態度？

或許，你和朋友正在討論週末的計畫，講一講，朋友突然冒出一句：「我可能有事情要處理。」或是你跟同事聊到近況時，聽到煩惱的嘆息聲。有可能是對方家裡有急事，或是講到別人家的孩子很優秀。你是否要讓那一刻溜走，不追問怎麼了？還是你要表達自己發覺他們心裡有事，也以感性的方式回應？「我們有什麼感受？」的對話會在這種時刻開展——如果我們允許的話。

不論你決定怎麼做，可以確定的是，情緒**已經**在影響你的討論。大量的研究在在顯示，幾乎每次我們開口或聽別人說話，情緒都會產生作用，影響我們述說與聆聽的每件事。情緒已經透過那聲嘆息、一絲得意，或是其他千百種你幾乎不會注意到的方式，進入你的對話。從你坐下來，情緒就在發揮作用，影響你如何回應、如何思考，以及為什麼會來到這裡。然而，你可能沒聽見那聲嘆氣，或是沒去探究那股自豪。你可以盡量不去碰觸「我們有什麼感受？」，堅守在更安全的領域：不著邊際地打哈哈。

大多數時候，這樣的選擇會出問題：因為我們將錯過在數百萬年間演化出來、協助我們連結的強大神經流程。因為每個人都會感到不滿足，讓對話沒有完結。因為，如果我們意識到他人的脆弱，也跟著展現柔軟的一面，將能建立信任感、理解與連結。如果選擇擁抱「我們有什麼感受？」的對話，就能利用神經化學流程，強化最重要的關係。

「我們有什麼感受？」的對話很關鍵的原因，在於能夠透露我們心中所想，開啟連結之路。

問題的力量

很久很久以前，艾普利教授聽不進別人的話，人生甚至差點因此毀掉。艾普利在愛荷華州的小鎮長大，高中時代是人人追捧的美式足球明星，你可以想像他平日有多踐及剛愎自用。他十一年級的時候，某天晚上在派對上喝個爛醉，接著開車回家，蛇行於不同的車道。警察攔下酒駕的他，看到他穿著代表優秀校隊球員的外套，於是放了這個年輕蠢蛋一馬。警察沒有替艾普利上手銬，只是訓斥了一頓：如果你不改，以後不會有好下場。訓完就打電話給他父母，要他們來接兒子。

接下來幾星期，艾普利的父母不斷在他耳邊碎念，說他踏上的這條路有多危險。他們告訴艾普利：他們知道青少年階段不容易；他們懂得他想要在朋友面前逞能，測試自己的極限；他想要實驗，這些爸媽都懂。畢竟很久以前，他們也曾是青少年。然而，父母很擔心艾普利走岔路。艾普利幾乎充耳不聞，他告訴我：「我把那些話當成了耳邊風。」爸媽不過是在說大人該說的話。

幾個月後，艾普利再度因為酒駕被攔下。這次，另一名警察也用差不多的話把他訓誡一頓，然後打電話叫家長帶走。這一次，他的父母決定有必要尋求專業的協助。

艾普利去見了諮商師，準備聽到更多的訓斥與責罵，但諮商師和他的父母完全不同，更是不像艾普利見過的多數大人。她並未訓艾普利一頓，沒說他需要改過向善，沒說自己理解為什麼他會這樣，也沒給他建議，只簡單問了幾個問題：「你喝酒的原因是什麼？」「萬一你開車撞到人，你會有什麼反應？」「如果你被逮捕，或是發生車禍受傷、奪走別人的性命，你的人生會發生什麼事？」

「我得忍受那個過程。」[3] 艾普利告訴我：「我無法假裝不知道答案。」

那些問題本身沒有問及艾普利的感受，但他在回答時不免被挑起情緒。那些問題迫使艾普利談到自身的信念與價值觀，提及他有什麼感受、在焦慮什麼、害怕什麼。每次輔導時間結束，艾普利都會感到疲憊、羞愧、害怕、憤怒。最重要的是，他會感到一股不知所措的複雜情緒，通常要好幾天才能擺脫。那是他一生當中遇過情緒最激烈的對話，即便治療師從來不曾要他描述自己的感受。

此外，諮商時間似乎也解開了某種情結。艾普利開始跟父母講起自己的感受──也第一次聽到父母描述他們的情緒生活。父親提到幾年前，有一天艾普利沒先跟他們說一聲，一大早就出門。父母到地下室找他，發現家裡的槍不見了。兩人驚惶失措。兒子該不會自殺了吧？父親描述自己有多麼難過、害怕，但接著艾普利毫髮無傷地回到家，對父母的焦慮感到厭惡，怒氣沖沖地解釋自己只是跟朋友去打獵了。父親講起那天的事，艾普利回想起那一刻，腦中浮現父親那天有多擔心，但他當時覺得家長的反應太荒謬了，沒有理睬他們的恐慌。當時的艾普利聽不見爸媽試圖告訴他的話：他們希望兒子理解有人愛他。然而，愛還有附帶的責任，包括：你必須讓自己安全；出門時有義務跟家人說一聲，交代自己要去哪裡。你不能無視父母的擔憂。「那場對話改變了我們的關係。」艾普利告訴我：「我感到非常幸運，我終於可以把父親看成一個真實、複雜的人。」

艾普利第二次接受諮商後，就決定戒酒。接下來，他決定認真讀書，最後進入聖尤拉夫學院（St. Olaf College），對心理學產生興趣。大學畢業後，繼續到康乃爾大學念博士。

艾普利在康乃爾更深入地思考，自己當年差點被捕後，為什麼一開始依然不肯聽勸。「有時你回顧過往，也很奇怪**自己怎麼耳朵這麼硬**？」為什麼警察的訓話沒讓他嚇得痛改前非？為什麼爸媽諄諄善誘，苦苦哀求，誠心想幫助他，他還是一下子就置之腦後？

艾普利在二〇〇五年已經當上芝加哥大學的教授，結了婚，孩子接連出生。他很擔心等孩子進入青春期，不知道從哪天起也會把他拒於門外，不肯聽勸。艾普利想知道如何才能說服孩子聽他說話。

當時流行的心理學理論認為，如果要理解他人——說服對方聽進我們的話，就必須進行所謂的**換位思考**（perspective taking）：我們應該試著從他人的角度看事情，讓對方知道我們同理他們。心理學期刊指出：「若要有效溝通，我們在說與聽的時候，都必須採取另一人的觀點。」[4]教科書也教導，「換位思考不僅會促進更深的人際理解」，[5]也是「優秀談判人員必備的技能」。[6]

艾普利回顧高中的經歷，發現自己差點因為酒駕被捕後，爸媽以他們的方式嘗試換位思考。兩人試著從兒子的角度出發，想像兒子身上的壓力，嘗試建立連結。父母希望展示同理心後，兒子就會聽勸。

然而，對當年的艾普利來說，父母的換位思考只讓他深刻體會到他們一點也**不懂**他。他們試著表達對兒子的同情，分享自己在青春期所犯的錯誤，但艾普利聽到的只是大人完全不理解今日青少年的處境。

父母未能和艾普利連結的原因，是不懂他的**感受**，而他們之所以不懂，是因為他們從來沒有開口詢問。父母不曾問過艾普利，他為什麼憤怒、為什麼迷茫、為什麼需要用灌下哪些啤酒來證明自己。就算父母問了，艾普利當下也不會知道要回答什麼。他也不懂自己，不知道自己在想什麼，直到他開始和諮商師談。諮商師沒有試著從他的角度出發，只問了引發情緒反應的問題：「你做出這些選擇的原因是什麼？」「你想成為這樣的人嗎？」她聽艾普利回答，並以聰明的方式往下問。不知不覺中，艾普利開始想聽諮商師說話，接著聽自己說話，直到意識到自己有必要改變。

長大後的艾普利心想，該不會心理學課本寫錯了。[7]或許正確的作法不是嘗試「設身處地」，畢竟那是不可能的。或許最好的作法是發問，詢問人們的生活，問他們有什麼樣的感受、心中有哪些希望與恐懼，接著聆聽他們的掙扎、失望、喜悅與追求的目標。

聽人們描述情緒生活很重要，因為我們談論感受時，不僅在談自己發生什麼事，也會連帶解釋為什麼我們做出某些決定、我們如何理解這個世界。「當你描述自己有什麼感覺，就是在引導別人理解你在乎的事。」艾普利說道：「那就是為什麼我後來能和父母連結，因為我終於可以理解他們看重的事。我明白他們感到害怕與擔心，他們只是希望孩子能夠平安。」

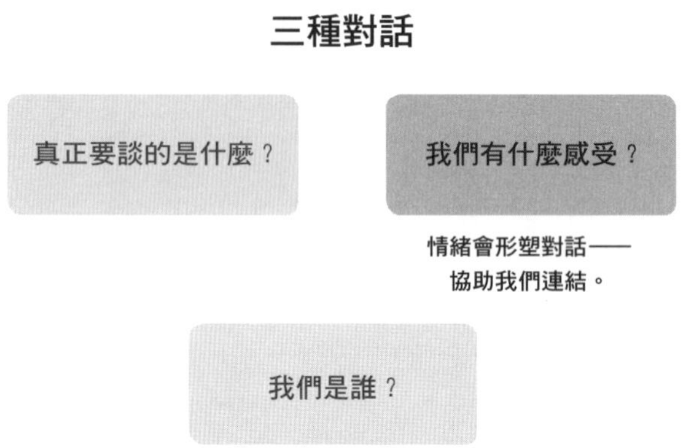
三種對話
真正要談的是什麼？
我們有什麼感受？
情緒會形塑對話——
協助我們連結。
我們是誰？

「我們有什麼感受？」的對話極度關鍵的原因，就在於此。每場討論都會受到情緒的影響，而當我們讓那些情緒浮出檯面——當我們分享感受，也邀請他人分享感受，我們就得以察覺如何貼近彼此。

艾普利開始揣想，除了換位思考，一定還有別的方法。或許有其他技巧能協助人們問問題，表達自己的感受？或許不需要**換成**別人的觀點，而是改成專注於**取得**別人的觀點，[8]請對方描述內在世界、價值觀、信念、感受，以及最重視的事物。艾普利感到問問題——正確的問題，似乎有潛力帶來真正的理解。

然而，要問什麼問題才對？

正確的問題

伊蓮與亞瑟・艾倫（Elaine and Arthur Aron）這對夫妻檔，是進行基礎研究的研究心理學家，任職於紐約州立大學石溪分校（Stony Brook）。一九九五年，兩人在一間沒有窗戶的房間，將兩張椅子擺在亮橘色的地毯上，接著請兩人一組的陌生人進入房間坐下，要他們輪流問對方清單上的問題。編號最終超過三百人的受試者，在進入房間之前互不認識，而且每一組只相處六十分鐘。研究人員事先列好問題清單，有的問題輕鬆自在（「你上次在心裡哼歌是什麼時候？」），有的問題則很深沉（「如果你今晚就會離開人世，沒機會聯絡任何人，你最後悔沒告訴某個人什麼事？」）。

實驗結束後，每組受試者便分道揚鑣；沒有人指示他們要保持聯絡。然而，研究人員在七週之後追蹤時發現，五七%的受試者在實驗過後幾天或幾星期，就想辦法找出他們的實驗夥伴。有三五%的受試者開始社交。其中一對共進了晚餐，看了幾場電影，然後在週末見面，接著放假時也見面。大約一年後，兩人結為連理，邀請心理實驗室的所有成員參加婚禮。「這場實驗帶來的影響，超出每個人的預期。」亞瑟．艾倫告訴我：「我到現在還很訝異。我們完全沒想到會有這樣的結果。」

艾倫夫婦展開研究的初衷，是想知道「在實務上，是否有產生親密感的方法」，[9] 也就是足以產生連結的技巧。他們尤其想知道能不能讓陌生人成為朋友。其他的實驗已經找出五花八門沒有影響的因子。研究人員得知，光是兩個人有著同樣的經歷或信念，比如上同一間教堂、都抽菸，或者都是厭惡香菸的無神論者，這些相似處本身還不足以促成友誼。研究顯示，不論是讓人們閒聊、一起拼拼圖，或是講笑話，都無助於製造親密感。光是告訴研究參與者，「我們花了很多力氣幫大家配對」[10]與「我們期待你和研究夥伴會喜歡彼此」，人們也不見得會產生好感。

事實上，艾倫夫婦測試的方法當中，只有一個確定能夠協助陌生人連結。兩人日後寫道：問一系列的三十六個問題，引發了「持久、逐步升溫、相互與私密的自我揭露」。[11]這套問題後來稱作**快速交友流程**（Fast Friends Procedure），在社會學家、心理學家，以及〈讓人相愛的三十六個問題〉（The 36 Questions That Lead to Love）等文章的讀者之間，愈來愈知名。＊

「快速交友流程」特別引人注目的地方，在於那三十六個問題是個大雜燴，至少一開始是如此。有的問題取自「非遊戲」（The Ungame，這款遊戲受到大麻人士和大學生的歡迎，艾倫夫婦有不少研究助理屬於這個族群）。其他問題則是在喝咖啡的休息時間想出來的，或是去酒吧時剛好聽到的鄰桌聊天內容。「我們最初尋找那些問題的方法，稱不太上是『嚴謹的科學』。」艾倫夫婦帶的研究生艾德・梅林納（Ed Melinat）告訴我：「我們一定有想出……我也不知道多少……兩百個問題吧，然後我們必須不斷測試，找出哪些效果最好。」

研究人員假設，最好先從比較淺的安全問題起步（「你想邀請誰共進晚餐？」），再慢慢進入較深的問題。「一下子就要人掏心挖肺說出心底的話，感覺很奇怪。」梅林納表示：「所以我們決定從簡單的問題開始。」

到了第七題（「你是否隱約有預感，自己將以什麼方式離開人世？」），受試者被要求說出心底最深的焦慮。到了第二十四題（「你如何看待你和母親的關係？」）與第二十九題（「和你的對話夥伴分享生活中一個尷尬的時刻」），實驗參與者被要求描述最親密的關係與最痛苦的回憶。第三十五題（「家裡所有人當中，誰去世你會最難過？」）讓人感到相當私密，實驗參與者在提問與回答這一題時，通常接近喃喃自語。最後一題則是開放式問題（「分享一個私人問題，並請對話夥伴提供建議」）；通常到了這個時候，一方或雙方都忍不住哭泣。

脆弱的重要性

石溪大學團隊試圖找出最合適的題目時，被一個看似簡單的問題難住：如何分辨情緒問題與非情緒問題？

有的問題兩種都說得通，例如「你想要出名嗎？」對有些人來講，這題的答案很簡單：想或不想。然而，有些人會打開話匣子，說出過去有哪些夢想，講起壯志未酬的經驗。那麼這題是可以穩定引發情緒自我揭露的邀請，還是閒聊題？

某個題目能否引發情緒回應，[12]研究人員最後摸索出推測的方法：如果是詢問日常經驗或

* 完整的「快速交友流程」題目，請見書末的註釋。

不具爭議的看法，例如「你上一次如何慶祝萬聖夜？」或「你收過最棒的禮物是什麼？」，那麼通常會持續帶來非情緒化（unemotional）的答案。

相較之下，鼓勵人們描述信念、價值觀或意義重大的經驗的問題，則傾向引發情緒的回應，即便問題本身似乎完全跟情緒無關。這類型的題目效果強大，通常會讓人透露脆弱的一面。[13]當有人問：「你最重視友誼中的什麼東西？」（第十六題）似乎沒有特別要引發情緒反應，但通常會得到出乎意料的回答。人們會提到被傷害或背叛的往事，或是說出對朋友的喜愛，或是其他的焦慮與喜悅。這種問題讓人很容易進一步追問（「他跟妳表明要分手之後，妳怎麼說？」）。

換句話說，淺顯的問題與有機會引發情感連結的問題，差別在於是否讓人展露脆弱的一面，而脆弱正是「我們有什麼感受？」的對話威力強大的原因。

情緒感染

艾倫夫婦認為，脆弱的重要性相當合理，其中一個原因是符合「情緒感染」（emotional contagion）這個心理學文獻大量記載的現象。[14]在一九九〇年代初期，一系列的研究證實，人類「自身的情緒一般會和身邊的人同步」。這種同步有時是刻意的，例如我們選擇同理某個人；更常見的現象則是在不知不覺中自動發生，造成不論我們想不想要，都會替別人流淚、憤怒或得意。

這種感染現象是「我們有什麼感受？」對話的根源，解釋了情緒為何會影響對話，即便我們並未意識到情緒。「情緒感染是相當原始的過程。」二〇一〇年發表的研究指出：「男性與女性傾向於『抓到』喜悅、愛、憤怒、恐懼與憂傷的表達。」學者認為，人類會演化出情緒感染的原因，在於能夠促成人際連結。情緒感染幾乎是一出生就開始了：研究發現，「十週大的嬰兒有能力且願意模仿母親快樂、悲傷與憤怒的面部表情。」[15] 我們的大腦演化出這種本能，在與他人連結時會出現美好感受——也因此更可能結盟，以及建立友誼、家庭和社會。

不過，情緒感染必須被某樣東西促發，而最可靠的促發因子是脆弱。當我們聽見別人表達內心深處的信念與價值觀（或是當我們說出自己的），也或者，當我們描述深具意義的過往經驗、透露可能招致批評的事件，此時更容易出現情緒感染。艾倫也依據這些因子，來區分深度問題與淺層問題。

換句話說，當我們分享讓人感到未經粉飾、可能遭受批判的事件，我們變得更容易出現情緒感染，也更容易影響他人的情緒。我們或許不在意別人的評價，或許聽過就忘，但是讓自己暴露於他人的檢視會引發親密感。我們必須展露自身的脆弱，才有辦法與人深交。「情緒愈大聲，就愈可能出現情緒感染。」哈佛的心理學研究人員阿密特・戈登伯格（Amit Goldenberg）

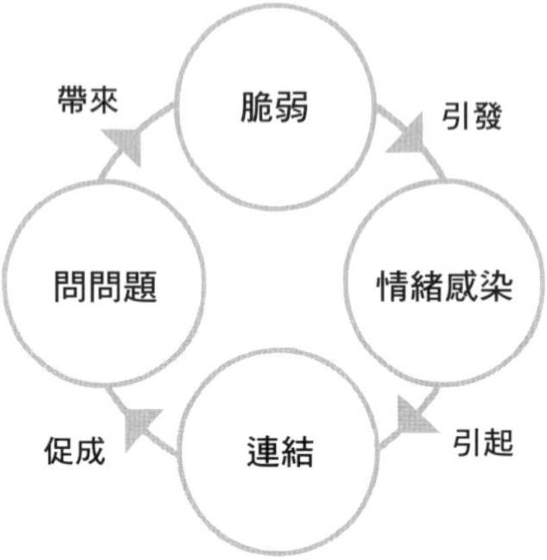

告訴我：「脆弱是我們最大聲的情緒。我們天生就會留意。」

這足以解釋「快速交友流程」為何如此有效，揭曉哪種類型的提問最可能協助人們出現相同的感受。這是一個循環：詢問關於感受、價值觀、信念與經驗的深度問題會引發脆弱，而脆弱會引發情緒感染，接著情緒感染又能協助我們連結。

隨著艾倫夫婦持續探索這方面的現象，兩人發現另一個值得關注的細節：唯有當受試者輪流問彼此問題，快速交友流程才會發生作用。在另一項實驗中，[16]每一位受試者必須一口氣答完三十六個問題（實驗夥伴負責聽），接著才換實驗夥伴講出自己的答案。自願者表示，整個體驗讓人感到尷尬又無聊。結束後，沒有任何人感受到親密感。不過，如果艾倫夫婦請受試者輪流回答，「與夥伴分享你的答案，接著也讓夥伴告訴你同一題他／她的答案」，人們便會開始連結。「你來我往是關鍵。」亞瑟・艾倫告訴我：「那是世上最強大的力量。如果沒有採取交流的形式，人們不會跟著彼此的情緒起伏。」

此時，**匹配原則**仍會發揮作用——溝通需要辨識目前正在發生哪一種對話，並加以配合。這三十六個問題之所以有效，[17]在於協助人們匹配彼此的情緒。一來一往之間，鼓勵每個人率先表露脆弱的一面，接著禮尚往來。此外，這可以解釋為什麼光是模仿還不夠。耶魯大學心理學教授瑪格麗特・克拉克（Margaret Clark）表示：「互惠是很微妙的事。」[18]如果有人說出自己遭遇的重大打擊，譬如令人害怕的診斷結果或者父母過世，另一人卻趁機講起自己的健康情形或過世許久的家人，那麼雙方不會變得更靠近。克拉克告訴我：「搶占鎂光燈不是理想的作法。」互惠的意思是**思考**如何展現同理心。有時很簡單，只需表達你知道對方的感受，你關心他們。克拉克表示：「互惠是在回應他人的需求。」

此外，在不同的情境下，脆弱會產生不同的意涵。舉例來說，科學家發現某些職場有著棘手的雙重標準。如果男性表達憤怒或不耐煩的情緒，會被視為自信心強的表現，甚至是優秀的領導能力。男性在工作場合流淚，則證明他們的真誠。然而，換成女性表達憤怒或難過等情緒，「則更可能承受負面的社交與專業的後果。」[19]一項二〇一六年的研究發現，「女性如果表達出男性化的情緒，會遭受社交懲罰與經濟懲罰……在此同時，女性如果表達女性化的情緒，會被視為歇斯底里，缺乏掌控情緒的能力，最終導致專業能力的口碑受損。」這一類的不平等標準，在在讓人感到展現脆弱並不安全。*

不過，儘管有種種複雜的情形，快速交友流程提供的洞見，再加上艾普利的研究，的確帶來實用的情緒連結架構：如果想和某個人連結，就詢問他們的感受，接著吐露你自己的感受。如果別人描述痛苦的回憶或快樂時光，我們也跟著說出自己的失望，或是透露哪些事令我們自豪，就能運用經過演化、得以增進親密感的神經化學物質，創造情緒感染的機會。

「我們有什麼感受？」這個對話工具的運用方式，就是鼓勵他人展現脆弱的一面，自己也禮尚往來。

情緒感染，
引發的方法是問深度的問題，
交流彼此的脆弱。

以上是有用的洞見，但實務上不一定是可行的建議。畢竟當你人在實驗室，很容易問深度的問題，因為科學家把題目清單都交給你了。然而，在真實的世界裡，如何才能深入交談？

快速深入

想像你剛認識某個人，譬如朋友的朋友、剛入職的同事，或是你參加了盲目約會。雙方自我介紹，提一下自己的背景，完成尷尬的「真正要談的是什麼？」寒暄之後，果然沉默下來，出現談話的空檔。

接下來要講什麼？

快速交友流程建議你問問題。然而，你無法三十六題全問一遍，現在又不是在做實驗，所以或許跳到第三題：「你平常打電話前，會先演練要說什麼嗎？」要是能聊的時間很短，直接跳到深入的第十八題：「你最糟糕的回憶是什麼？」

不需要是心理學博士，也知道聊天不是那樣聊的。在心理實驗室以外的地方問陌生人這類問題，可以確保接下來整個晚上，大家都離你遠遠的。在真實的世界裡，那三十六題不太能幫上什麼忙。

那我們該問什麼問題呢？

二〇一六年，一群哈佛科學家也想知道答案。他們分析快速約會等活動的數百場對話錄

＊ 關於誰被允許在不同的情境展現脆弱，這類不幸的不平等有著重要意涵。進一步資訊，請見書末註釋。

音，評估哪些對話成功了（例如活動結束後，當事人答應參加真正的約會）、哪些不成功（人們表示不想繼續聯絡）。研究人員日後寫道，他們發現在成功的對話中，當事人問彼此的問題，通常會引發表達個人「需求、目標、信念（與）情緒」的回答。[20]在不成功的對話中，人們大都在談自己，或是問淺層的問題。那樣的提問並未揭露對話夥伴的任何感受。

換句話說，如果你想跟某個人成功對話，你不必問他們最不堪的回憶，也不用問他們在打電話之前如何準備，只需要請他們描述對生活的**感受**，而不是問一些事實性的問題——接著順著他們的話，問大量的相關問題。

事實性的問題（「你住哪？」「你念哪間大學？」）通常是話題終結者，不會引導另一方談到價值觀或經驗，展露脆弱的一面。

不過，稍微換個方式問相同的問題（「你住的地方，你覺得哪一點很不錯？」「讀大學最棒的地方是什麼？」），就能鼓勵他人分享自己的偏好、信念與價值觀，描述導致他們成長或改變的經驗。那樣的問題更可以引發提及感受的答案，而且提問的人基本上也會禮尚往來，在對方答完後，說出自己為何選擇住在某一區、自己喜歡讀大學的哪件事——直到每個人都被對話吸引，你來我往。

「換個方式問問題，讓人展現脆弱的一面，聽上去很難。」艾普利告訴我：「一旦開始嘗試，其實很簡單。假設我在火車上和通勤族聊天，我會問：『你從事哪一行？』接著我會問：

『你喜歡那份工作嗎？』或『你夢想做些別的事嗎？』就這樣多問兩個問題，你就能瞭解對方的夢想。」

淺層問題……可以變得深入

你住哪？——**你住的地方，你覺得哪一點很不錯？**
你在哪工作？——**你最喜歡什麼工作？**
你讀哪所大學？——**讀大學最棒的地方是什麼？**
你結婚了嗎？——**你家裡有哪些人？**
你住這裡多久了？——**你住過最棒的地方是哪裡？**
你有任何嗜好嗎？——**如果想學什麼都可以，你會學什麼？**
你高中念哪所學校？——**你會給高中生什麼建議？**
你是哪裡人？——**在你成長的地方，最美好的事物是什麼？**

此外，我們被允許表達情緒的程度，除了男女有別，不同的族群也會碰上雙重標準。此時，這類深入的問題能協助對抗不公的情形，因為它們允許展現脆弱，但不加以強迫。人們不會感到被逼著說一些話，即使在辦公室等場合也不會顯得突兀，卻能破除雙重標準，鼓勵人們多想一下該如何回答。紐約大學研究性別與偏見的心理學教授梅德琳・海爾曼（Madeline Heilman）指出：「女性談論感受會被懲罰的原因之一，在於強化了刻板印象。」人類是一種認知懶惰的生物，仰賴刻板印象與假設，因為不必太燒腦就能下判斷。「女性說出感受不是好事，因為聽的人順理成章地假設刻板印象說得沒錯——女人就是太過情緒化。」然而海爾曼指出，研究顯示，當女性與其他弱勢族群提出深度的問題，「可以促使人們重新評估他們看待你的方式。」海爾曼解釋，當我們問有意義的問題，如「在這裡工作最好的地方是什麼？」，聽到問題的人在回答前將被迫動腦，「而那就足以讓他們質疑自己的假設，多聽進一點話。」[21]

哈佛的快速約會研究還得出另一項關鍵的發現：跟進式提問的威力特別強大。研究人員麥可・尤曼（Michael Yeomans）告訴我：「跟進式問題釋出的訊息是你認真在聽，你想多瞭解一點。」[22]而且，對話的雙方更容易展開互惠（「你大學最愛玩終極飛盤？我也是！你現在還愛玩嗎？」）。「跟進式問題能讓你也說出自己的事，但不會顯得自戀。」尤曼解釋：「對話得以順暢進行。」

在真實世界提出感受問題的方法就是那樣：先問某個人對某件事有什麼**感覺**，接著用你也能透露自身感受的問題追問下去。先前提到的情感連結架構也是一樣，只不過表面上存在些微差異：如果我們問的問題促使對方思考並談論價值觀、信念與經驗，接著我們也說出感受，雙方就會忍不住聽彼此說話。「最好的聆聽者不只是聽。」耶魯心理學家克拉克指出：「他們會透過問問題引發情緒，表達自身的感受，促使對方說出真心話。」

回饋的喜悅

「就跟剛才說的一樣，」艾普利告訴在場的對沖基金經理人：「各位會跟不認識的人配對，一起聊天十分鐘。」現場有許多人是搭機從外地過來，從未見過其他與會者。艾普利解釋自己在做實驗，每個人需要詢問並回答隊友幾個事先擬好的題目[23]：「如果有水晶球能預測你的未來，你想知道什麼？」「你最感激的事情是什麼？」「你能否描述在別人面前哭泣的經驗？」

艾普利其實可以在深入之前慢慢來，先問「你上次去哪裡度假」一類的問題。提出快速交友流程的艾倫夫婦便假設，有必要從較淺層的事物問起。

不過，艾普利懷疑那種假設有誤。[24]他認為相較於多數人的想像，揭露脆弱面的深入問題其實很好問——而且回答起來也比想像中來得開心。今天的活動剛好讓艾普利有機會測試他的理論。[25]

艾普利請大家在對話前，先拿出手機快速填寫問卷調查，評估自己預期這場討論的尷尬程度。數據紛紛傳來，答案很明顯：大家害怕做這項練習。艾普利告訴我，與會者認為「自己不會太喜歡對話的夥伴、不會太享受這次的經驗、絕對會非常尷尬」。

接下來，每個人開始和分配到的組員聊天。大部分對話內容，艾普利都聽不到，但幾分鐘後，他看見有人在拭淚。不久後，一男一女擁抱彼此。十分鐘後，他請大家停下來，但沒人聽他的。艾普利再度請大家停止。「不好意思，」他加大音量：「各位麻煩停止對話好嗎？」二十分鐘後，艾普利終於讓大家安靜下來。

在場的人再度掏出手機，完成另一項問卷調查，回答剛才的對話**實際上**讓人有多不舒服。艾普利趁著蒐集資料的空檔，請大家描述剛才發生的事。

來賓A表示：「好奇妙。」他解釋自己起初對這項練習不感興趣，但問到哭泣那一題時，發生了神奇的事：他盡量誠實回答，描述跟自己感情很好的表弟的葬禮。對話夥伴B靠向他，抓住他的肩膀，開始安慰他，告訴他沒關係的。那位夥伴也眼眶含淚。接下來，B在不經提示的情況下，透露自己的事——很親密、很私人的事。A說：「這是好幾個月以來，我有過最棒的對話。」

艾普利日後在二〇二一年的《性格與社會心理學期刊》（*Journal of Personality and Social Psychology*）報告那次的活動，以及他在其他場合重複做過的相同實驗。[26] 他寫道：「每一次，參與者都預料對話會很尷尬，實際上卻發生超乎想像的連結與幸福感。」艾普利讓學生、公園裡的陌生人、政治人物、律師、科技業員工，以及線上招募到的自願者，進行各種版本的相同練習。每次實驗的結果都一樣：數據顯示，人們光是詢問並回答幾個問題後，「便感到與深入對話的夥伴有很深的連結感。」因為「分享自己的事，說出過往的經歷、偏好或信念」所引發的脆弱，以及大聲說出「讓人覺得容易被放大檢視的事情」，讓受試者感受到「更多的連結」、「更關心他人」，並且「更認真聆聽」。艾普利告訴我，他檢視了男性與女性的體驗是否有所區別，結果沒發現重大的性別差異。艾普利表示，從最富有的金融家到最遙遠的線上陌生人，「我們都渴望真實的連結。」我們都想要進行有意義的對話。

猶他大學、賓州大學與艾文理（Emory）大學等機構進行的其他數十項研究發現，[27] 在對話中大量提問的人——尤其是會引發脆弱回應的問題，更受同儕的歡迎，也更常被視為領袖。他們的社會影響力較大，更常是人們尋求友誼與建議的對象。不論另一方是室友、同事或剛認識的人，我們幾乎都能在任何場景或對話中這麼做，只需要詢問人們的感受並互惠即可。別人向我們展露脆弱，我們也誠心回應。

有一項實驗，是研究人員讓受試者詢問陌生人與朋友問題，例如「你曾經犯罪嗎？」。研究人員發現，「人們還以為，詢問敏感問題會讓對話的另一方感到不安，破壞雙方的關係，但實際上我們持續發現，這兩項假設都錯了。」[28] 問深入的問題，其實比多數人想像的更簡單，好處也超出預期。

情緒對話最難匹配

我首度為了本書電訪艾普利的時候，準備了一份很長的主題清單，全都想問——從他的研究，一直到**他本人**上次在別人面前掉淚是什麼時候（艾普利告訴我，答案是前一天，他在午餐時談到自己的孩子）。

然而，過沒幾分鐘，艾普利就改變我們的對話方向。他拋出一個又一個問題，變成他在引導。艾普利詢問我為什麼決定成為新聞工作者、我為什麼對這個主題感興趣，還有我在疫情期間的加州居住體驗。我一直試圖把對話導回**我的**問題清單：直接和他的工作相關的實務問題，但艾普利問個不停，愈挖愈深，直到我把自己的事坦白以告，包括我的家人、我哥碰上的法律問題，還有我希望這本書能協助人們更瞭解彼此一點。我滔滔不絕講著自己的事——這不是記者該做的事。

「抱歉，我問了這麼多問題。」艾普利中途告訴我：「我無意浪費你的時間。」不過，我不認為那是浪費。這場對話感覺很重要。

我們目前為止已經知道，找出眼前正在進行哪種對話很關鍵，有必要在討論的開頭就奠定基本原則，判斷雙方要用哪種邏輯一起做選擇。

不過，光是做到那點，還不足以建立真正的持久連結，情感上也得跟著連結才行。情緒對話的重要性，在於協助找出我們是在跟誰說話，對方在想什麼、最重視什麼。「我們有什麼感受？」的對話乍聽之下令人焦慮，畢竟相較於跟著傾吐衷腸，有時假裝聽不出別人聲音中的情緒，或是面對真心話裝糊塗，人生會比較簡單。然而，人類就是透過情緒連結的。

幾年前，我父親過世。我提到自己剛參加完葬禮時，旁人安慰了幾句，但幾乎沒人再多問，而是快速轉移話題。老實說，我很想跟別人述說我經歷了什麼。我想聊我的父親，我想說悼詞內容飽含著我的悲傷，但也充滿驕傲。我還想講，一想到以後有什麼好消息，再也無法打電話向父親報喜，我心中的那種感受。父親離世是我這輩子最重要的人生事件——感受最深，意義也最深。如果當時有人問我一句「您父親是什麼樣的人？」，我將十分感激。然而，除了關係最近的親友，沒人問我任何事。有可能是因為不曉得該從何問起，或者是覺得問了不禮貌，或是不知道我希望聊一聊。也可能是人們擔心，如果我真的回答，不曉得要如何接話。

十九世紀的思想家李維斯（Pierre-Marc-Gaston de Lévis）曾經寫道：「如果要判斷一個人，別看他的回答，要看他問的問題。」只可惜李維斯沒詳談該問什麼，不過科學替我們指出了方向：詢問對方的信念與價值觀；詢問對方的經驗與改變他們的時刻；要問感受而不是問事實；努力換個方式提問，讓問題更深入。此外，當對方展露脆弱的一面，你也要聊聊自己的事。這麼做令人不自在的程度，其實沒有想像中來得高，效果卻很神奇，可以帶來真正的連結時刻。

不過，感受有時很難用言語表達，因此我們不是透過話語，而是藉由肢體語言、音調變化、嘆息、笑聲來傳達訊息。人們沒有明說時，我們該如何聰明地聽出情緒？當人們無所不談、就是**不談**感受，要如何聽出脆弱的一面？

4 沒人大聲說出口的時候，如何能聽出情緒？
——《宅男行不行》

《宅男行不行》最終成為史上最成功的情境喜劇，不過製作人最初在推銷點子的時候，想法很簡單：我們來做一齣劇，講一群不善社交的天才。他們唯一能交流的人，只有會講克林貢語（Klingon）的科幻迷，或是喜歡量子力學笑話的人。

《宅男行不行》的創作者比爾．普拉迪（Bill Prady）與查克．洛爾（Chuck Lorre）在二〇〇五年的腦力激盪時間，想出這齣劇的點子。普拉迪誤打誤撞進入好萊塢。他和人稱「情境喜劇之王」的電視老手洛爾合作之前，原本是軟體工程師。有一天，兩人替新節目發想點子。普拉迪提到自己在當電腦程式設計師的時候，結識了各種有趣的怪人，例如有個人很擅長寫程式，但人際互動是他的死穴。每次大家去吃午餐，他都會花上一百年猶豫要給服務生多少小費。[1]「他會碎碎念：『這個嘛，那個女服務生對我微笑，我猜我該把她的小費增加二％，但她只幫我倒了一次水，應該要扣三%，不過她似乎撩了我一下，但又忘記我的名字，我不知道這樣到底該如何加減。』」普拉迪表示：「這個人付帳每次要花上二十分鐘。每件事和人有關的部分，他都無法理解。」

「我從沒看過電視上有這樣的角色。」洛爾告訴他：「或許這是個好題材？」

兩人開始構思情節與人物，接著決定電腦程式設計師太無聊，整天只會盯著螢幕，那就改成一群年輕的物理學家好了。[2]這群主角能夠輕鬆解釋波恩－歐本海默近似法（Born-Oppenheimer approximation）與薛丁格的貓（Schrödinger's cat），[3]約會對他們來說卻難如登天，或是如果有人在播《星際大爭霸》（*Battlestar Galactica*）的時候，占了他們最喜歡的椅子，他們會覺得天都要塌下來了。

劇中每位物理學家各有怪的地方。主角謝爾頓的個性一板一眼，凡事都要分析，屬於情感絕緣體，幾乎無法讀懂他人的任何感受，也無從表達自己的感受。謝爾頓的室友雷納德則渴望交到女友，但太不會社交，邀請女性吃印度料理會特別解釋：「咖哩是天然的瀉藥。」另一個角色拉傑每次只要有女生在場，就會說不出話來。第四位角色霍華德則是工程師，不是物理學家——也因此被其他人看不起。不過，他會講克林貢語和一點精靈語，還會隨口拋出誇張的搭訕台詞。最重要的是，這幾個人物都有一個相同特質：極度不善社交，老是誤判別人的情緒，也無法溝通自己的感受。這齣劇集講的正是即使智商最高的天才，碰到人也可能當機。

洛爾與普拉迪連第一版的劇本草稿都沒有，就向電視製作公司的老闆推銷這個點子。每個人聽了都覺得太棒了，這些是超級原創的角色！電視公司下訂試播集，但編劇寫下最初的劇本時，踢到了鐵板。普拉迪告訴我：「情境喜劇受歡迎的前提是觀眾能體會劇中人物的感受。」情境喜劇的步調很快，接連拋出笑話，劇情不斷轉折，也因此一齣劇要成功，要讓觀眾一看就懂。每個人物一上場，觀眾立刻明白他們的情緒狀態。此外，「你必須讓觀眾看出人物之間的情感關係。」普拉迪指出：「觀眾要能知道，電視上兩個人在吵架的原因，到底是痛恨彼此，還是愛著對方，還是兩人因為在偷偷談戀愛，不想讓人知道，於是假裝討厭對方。」情緒是電視劇最重要的元素。普拉迪告訴我：「你必須設計得很明顯才行。」換句話說，即便沒大聲說出來，仍要讓觀眾「聽見」角色的感受。

對《宅男行不行》來說，這會有問題，因為劇中人物的重要**設定**，就是不善於表達感受。舉例來說，謝爾頓認為情緒是不必要的麻煩。如果你要安慰朋友，最好的方法就是指出：「反正你還有一生的糟糕決定在前方等著你。」[4]雷納德有辦法解釋 $E=mc^2$，但無法理解為什麼他讀了別人的私密日記，對方會不高興。無法理解人類的感受是這部喜劇的核心笑點。然而，如果你的人物無法表達感受，如何才能寫出吸引人的劇本？

有個方法很簡單，就是讓劇中人物說出自己的感受——不展示，直接講（to tell, not show）。然而，這種作法會有問題。「你可以在劇本安排那種對話，例如：『你晚餐遲到了，我很生氣！』」普拉迪告訴我：「然而，在真實生活中，沒有人會那樣講話。」人們不會明講自己的情緒，而是表現出來。『人們會大吼：我替你煮了晚飯，不客氣！』這樣你就知道他們在生氣。」心理學家稱這種溝通為**非語言的情緒表達**（nonlinguistic emotional expressions）。我們在日常生活中表達感受的時候，有很大一部分是透過這種方式。「人們很少把情緒化為口頭的文字。」[5]心理學家丹尼爾・高曼（Daniel Goleman）寫道：「憑直覺知道他人感受的關鍵，在於有能力解讀非口語的溝通管道，包括語氣、手勢、面部表情等。」

洛爾與普拉迪遭遇很大的難題：他們不能讓劇中人物宣布自己正在感受什麼情緒，因為真實世界的人們不會那樣講話，這樣做出來的電視劇會很難看。此外，洛爾與普拉迪也不能要求人物表現出感受，因為人物設定就是他們極度不擅長流露情緒。編劇因此嘗試用對照組的方式處理，將物理學家和其他更能展露情緒的角色擺在一起。他們塑造出凱蒂這個角色。凱蒂是主角們的鄰居，剛分手，心情很糟，她的憤世嫉俗剛好可以襯托主角的歡樂。此外，為了強調劇中人物渴望找到伴侶，編劇還安排了對性事開放的女物理學家吉爾達，用以襯托男主角的沒經驗——她在試播集說出自己曾經穿著道具服，在《星艦迷航記》（*Star Trek*）大會上和人上床。

編劇寫好劇本，甄選演員，拍好試播集，[6]交給電視主管。電視主管找來試看的觀眾，請他們回饋。不過，這部分主要是走個過場，每個人都篤定觀眾會愛死這齣劇集。

結果，觀眾完全不買帳。他們很討厭劇中的人物，尤其受不了吉爾達與凱蒂，覺得她們尖酸刻薄。然而，最重要的是觀眾感到一頭霧水，不確定應該對劇中人物抱持什麼**感受**。那幾個物理學家到底是純潔如處子，還是四處找人上床？[7]他們是可愛的神童，還是隨時會被騙的呆子？觀眾指出劇中似乎沒有一個人跟其他人有火花。他們不曉得到底該如何看待這齣戲。

「情境喜劇不能讓觀眾不知道該作何感想。」普拉迪告訴我：「你不能只是放二十二分鐘的笑話，但沒有串起所有的情緒。」

《宅男行不行》沒能引起試看觀眾的興趣，不過電視公司主管決定再給洛爾與普拉迪一次機會：如果他們願意改寫劇本，就讓他們重拍試播集，再試一次水溫。洛爾接到消息後，跑去找普拉迪。「我告訴普拉迪：『我們必須深入研究這些與眾不同的可愛怪咖，想辦法讓觀眾看到他們真正的樣貌。』」

太空人被冷凍乾燥保存的感受

我們從嬰兒時期開始，甚至尚未牙牙學語，就在努力學習如何從行為推論他人的情緒，包括肢體語言、音調變化、瞥視、鬼臉、嘆氣、笑聲。[8]然而，隨著我們愈長愈大，這種能力反而退化了。我們開始把更多的注意力放在人們說了什麼，而不是他們做了什麼，以至於沒注意到非語言的線索。口語帶來的資訊太過豐富，我們很容易忙著聽而忽略了暗示，[9]例如對方其實心裡不高興——**交叉雙臂、皺眉、視線往下**，我們卻把注意力放在他們嘴巴上說的：**沒事，我很好**。

有的人則有過人的情緒感知能力，不用講他們也懂。這樣的人士展現極高的情商，似乎能聽見沒說出口的訊息。我們都認識這樣的人：即便我們沒說什麼，有些朋友似乎直覺就知道我們心情不好；有些主管知道何時該加油打氣，何時該拿出鐵腕，協助我們克服工作上的難關。我們很容易假設這樣的人有著過人的觀察能力，或是比常人來得敏銳。有時確實是這樣，不過多年的研究顯示，任何人都能培養這樣的技能。我們有辦法學會留意真實情緒帶來的非口語線索，利用線索帶來的暗示，明白某個人的感受。

一九八〇年代，美國國家航空暨太空總署（ＮＡＳＡ）的精神科醫師泰瑞斯・馬奎爾（Terence McGuire），[10]就在思考這件事。他想知道是否有可能測試某個人，比如應徵工作的人，看看他們能否察覺他人的感受。馬奎爾尤其希望能夠判斷，哪些ＮＡＳＡ太空人的人選有過人的情緒溝通能力。馬奎爾是ＮＡＳＡ載人機的精神科醫師長，每年負責篩選數千位申請成為太空人的男男女女。他必須評估人選在心理層面上，是否準備好面對太空生活的壓力。

當時的ＮＡＳＡ在面臨新型的挑戰。ＮＡＳＡ過去載人機的航行時間都相對地短，[11]一般僅一至兩天，通常不會超過一週半。然而，雷根（Ronald Reagan）總統於一九八四年下令要ＮＡＳＡ設置國際太空站，[12]太空人將在上頭生活最長一年的時間。馬奎爾感到這代表

NASA需要新型的太空人——連帶需要新型的心理評估。馬奎爾在一九八七年向上級報告：「太空站的時代降臨後，太空人將得在擁擠的環境中，一次待上至少六個月，中途沒有喘息的時間，我們因此需要更重視性格因子。」[13]

NASA在挑選太空人時，原本已經設定超高的標準，包括申請人必須通過嚴苛的體能測試；具備理工學位，並具備駕駛戰鬥機等出任務的經驗；身高不能太高（超過一九三公分的人塞不進太空衣），也不能太矮（不足一四二公分有可能腳不著地，肩帶鬆脫）；還得證明自己能保持鎮定（有時會進行測試，確認血壓在水下演練時保持穩定），而且在零重力的飛機上模擬時能承受壓力（最好不會嘔吐）。

然而，新任務出爐後，馬奎爾認為NASA必須開始篩選另一項條件：情商。當時耶魯有兩名科學家剛定義出情商的概念，主張有一種「社會智力，涉及有能力監測自身與他人的感受與情緒」。[14] 情商高的人知道如何建立關係，同理一起工作的人，還能調節自身與周遭人的情緒。「這樣的人，」耶魯研究人員在一九九〇年的《想像、認知與人格》（*Imagination, Cognition and Personality*）期刊上寫道：「他們會意識到自己與他人的感受。他們接受正面與負面的內在體驗，有辦法說出那是什麼感覺，並在恰當的時機溝通感受……情商高的人通常相處起來很愉快，能讓其他人的心情好起來。不過，高情商的人不會一味追求快樂，而會關注成長道路上的情緒。」

太空航行近年來發生的幾起事件，凸顯出情商的重要性。蘇聯在一九七六年中途取消太空任務，因為太空人集體出現幻覺，抱怨有奇怪的氣味，後來證實是子虛烏有。此外，在執行太空任務的期間與完成任務後，美國與蘇聯都有太空人診斷出憂鬱的情形，有可能導致成員之間的爭吵、妄想和防衛。[15]

不過，NASA最擔憂的是溝通破裂。一九六八年的一起事件讓NASA心有餘悸。阿波羅七號的成員在飛越大氣層時，和任務控制中心發生爭執。那場爭執一開始有明確的起因：三名太空人抱怨被趕鴨子上架，且指令不明確。然而，吵著吵著演變成無端的怒氣，太空人發洩對整體狀況的不滿，小事也能引發對抗，例如：食物品質、NASA要求他們在接下來的電視廣播中露面、廁所設計不良難以使用、任務控制中心的說話語氣。[16]太空船上的指揮官華爾特・舒拉（Wally Schirra）讓爭執愈演愈烈。他原本是美國海軍試飛員，在此之前都是模範人員。NASA的心理學家日後指出，由於任務帶來的情緒壓力，加上舒拉當時正在哀悼近期死於座艙起火的另外三名太空人，隨著這趟旅程的進展，他變得好鬥、多疑。阿波羅七號返回地球後，舒拉與船上的其他太空人不曾重返太空。

NASA需要的人才即便碰上壓力節節升高、人被困在距離地球數百英里遠的小罐頭裡，照樣能控制住自身的情緒，也能敏銳感知他人的情緒，與同僚連結。馬奎爾被招募進NASA的時間點，大約就是在阿波羅七號碰上問題的期間。接下來二十年間，他在篩選太空人人選時，特別留意容易憂鬱或好鬥的跡象。然而，隨著太空任務的預定時間延長，馬奎爾感覺還需要加上其他條件：ＮＡＳＡ招進來的太空人，除了不能有心理弱點，甚至要能反過來擁抱脆弱：當你每次必須和同僚在外太空待上好幾個月，狹小的太空艙同時是工作區兼生活空間，外頭則是真空世界，不免會出現緊張、無聊、爭論與焦慮的時刻。太空人必須擁有足夠的情商，在那樣的時刻還能與同僚相處。

然而，馬奎爾也知道找人的時候，要篩選此類特質有多困難。最大的問題是幾乎每位申請人的心理評估結果，看起來基本上一模一樣。不論馬奎爾採用哪種測試法、問哪些題目，他都無法挖掘到申請人的大腦深處，有辦法得知在六個月的太空任務期間，或是在外太空碰上緊張的時刻，他們將出現什麼行為。每位申請者似乎都知道面試時該說些什麼，事先練習過如何描述自身最大的弱點與最遺憾的事件。每個人都能完美解釋自己如何處理壓力。馬奎爾的心理篩選無法分辨哪些應徵者真的具備情商，哪些則極度擅長偽裝。「我和前輩一樣，運用一系列無懈可擊的心理測試。」馬奎爾向ＮＡＳＡ的上司報告：「但我對結果感到失望。」

馬奎爾因此重新檢視過去二十年的面試錄音，尋找遺漏的線索：能區分具備情商與否的訊號。馬奎爾取得人事紀錄，得知選中的人當中，哪些人日後成為優秀的領導者，哪些人最終因為不合群而被淘汰。

馬奎爾回顧從前的面試，在聆聽錄音的過程中，發現一件他先前沒注意到的事：有的申請人**笑的方式**和其他人不同。

針對不有趣的事情笑

從笑聲看情商，乍聽之下是奇怪的切入點，但笑能點出情緒溝通的基本事實：光是聽出別人的感受還不夠，重點是**展現**我們聽到了，而笑是一種證明方法。

比馬奎爾尋找新的太空人測試法還早幾年，一九八〇年代中期，馬里蘭大學的心理學家羅伯特．普羅文（Robert Provine）開始深入研究人類什麼時候會笑、原因是什麼。[17] 普羅文和一群助理跑到購物中心觀察民眾、在酒吧偷聽、戴著隱藏式錄音機搭公車，最終蒐集到一千兩百份第一手觀察資料：「自然發生的人類笑聲。」[18]

普羅文最初的假設理所當然：人們會笑，原因是碰上好笑的事。但他很快就發現這個假設並不正確。「與我們的預期相反，」普羅文在《美國科學家》（*American Scientist*）這份期刊上寫道：「我們發現大部分的對話笑聲，不是在回應有架構的幽默，譬如笑話或故事。在我們的樣本中，不到兩成的笑是在回應試圖展現幽默的努力。」

人們之所以笑，其實是想和講話的對象連結。普羅文寫道，絕大多數的笑「似乎接在相當平淡無奇的話語後面」，例如「有人有橡皮筋嗎？」、「我也很高興見到你」、「我好了」。

普羅文的結論是，「大部分自然發笑的社會情境，特徵是相互的玩心、內團體感受與正面的情緒語調——而不是喜劇。」普羅文提到笑帶有力量，因為笑會感染，「立即、不由自主，涉及人與人之間最直接的溝通便是：大腦對大腦。」[19]

換句話說，我們用笑來告訴某人，我們想要與他連結——對方也報以微笑，表達他也想與我們連結。這樣的互惠，能替「快速交友流程」帶來動力，屬於情緒感染的例子。換言之，光是聆聽他人的感受，還不足以展現情商，我們還得**表現出**我們聽到了。笑跟其他非語言的表達，如倒抽一口氣、嘆氣、微笑、皺眉，全是**匹配原則**的表現。我們藉由配合行為來溝通，直到大腦開始同步。

然而，我們**如何**匹配彼此是重點。普羅文在回顧錄音時，發現一件值得留意的事：如果兩個人同時笑，但其中一人捧腹大笑，另一個人只是輕笑一聲，這兩人笑完通常不會感到更親近。一起笑的時候，不僅是笑本身很重要，關鍵是強度也得類似——那是渴望連結的證據。如果我們笑得前俯後仰，對方卻只是呵呵兩聲，我們八成會感到他們不是很熱情，認為那暗示著雙方並不一致，「那是支配／臣服或接受／拒絕的訊號。」普羅文寫道。如果有人講笑話，我們只隨便笑了一下，那個人自己卻笑到快瘋掉，雙方都會感到頻率對不上——更糟的是，一方太努力，一方太不努力。

笑能協助我們判斷別人是否真心渴望連結——這個觀察很重要的原因，在於點出**匹配原則**

情商……

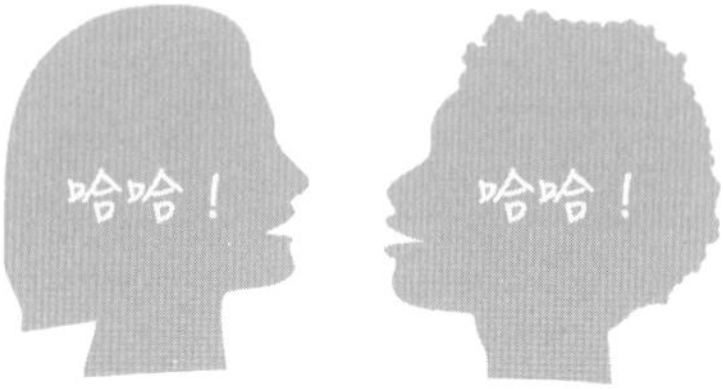

……來自向人展示我們聽見他們的感受。

如何作用：光是跟著別人笑，或是模仿別人使用的字詞或表情，還不足以讓雙方更靠近，原因是那種模仿並未真正展現任何事。單純模仿不足以證明真心想理解對方。如果你笑出聲，而我只是嘴角上揚，不會帶來我想與你建立關係的感覺，而是我不感興趣，或是態度居高臨下。重點不是說類似的話、做類似的動作，而是用能夠傳達**渴望**心連心的方式，向彼此靠攏。

二〇一六年發表的研究顯示，受試者聆聽一秒鐘的人類笑聲錄音，就能準確分辨是朋友一起笑，還是陌生人努力配合發笑。如同許多非語言的表達，笑聲有用的原因是很難假裝。我們可以聽出某人不是真心在笑。光是情境不明的一秒鐘錄音，受試者就知道當事人是否有默契，或者八成是硬擠出來的笑。[20]某個笑話或許不好笑，但如果雙方同意以相近的方法笑出來，就是在向彼此發送渴望連結的訊號。

心情與能量

那麼我們要如何發送訊號，讓別人知道我們試圖連結？如何讓對方知道我們聽見他們的感受，不只是在單純模仿他們所說的話跟動作？

答案要從人類大腦演化出的系統講起：一種我們通常會不知不覺中用來快速評估他人情緒溫度的方法。每當我們遇到其他人，這個系統會活躍起來，促使我們留意對方的「心情」（mood），或是心理學家所說的**價性**（valence），[21]以及他們的「能量」（energy）或**激發程度**〔arousal〕）。*

當我們看到有人展示情緒行為，如大笑、皺眉或微笑，我們留意的第一件事通常是他們的心情（**這個人的情緒是正面或負面**？），[22]以及他們的能量狀態（**他們屬於高能量或低能量**？）。舉例來說，如果你碰到有人皺眉（**負面**）與安靜（**低能量**），你有可能假設他們感到難過或沮喪，但不會視為威脅。你的大腦不會發布「快逃」的警訊。

然而，如果他們皺眉（**負面**），加上吼叫與瞪視（**高能量**），你會推測他們正處於憤怒或暴

＊任何讀過心理學期刊的人都知道，研究者對於「心情」與「能量」等詞彙，有著相當特定的定義。本章的用語解釋，請見本書末的註釋。

能量 \ 心情	正面	負面
高	樂觀、熱情、開心、興奮	生氣、憤怒、受辱、暴怒
低	無憂無慮、滿足、感激、滿意	懊惱、不滿、暴躁、沮喪

力的狀態，你會開始謹慎小心。你的大腦會產生輕微的焦慮，讓你準備好逃離。我們只需留意某人的心情與能量狀態，就能夠預測，快速評估那個人的感受。

你可能沒全然意識到，遇到某人時，你已經注意到他的心情與能量。這種事可能發生在無意識層面，感覺像是直覺，但大腦的演化其實已能利用心情與能量的資訊，評估對方是敵是友。[23]這種能力的好處是我們能瞬間判斷他人的情緒狀態，瞄一眼就夠了，甚至不需要對這個人有任何認識。留意心情與能量，能讓我們立刻判斷該逃跑還是留下，對方是潛在的朋友或敵人。這種能力派上用場的時機，舉例來說，包括嘗試判斷眼前的陌生人究竟是懊惱迷路了，需要我們的協助，還是這個人情緒不穩定，正在抓狂，有可能害我們碰到無妄之災。

心情與能量通常會透過非口語的線索顯現。聖路易華盛頓大學的組織行為學教授希拉蕊・安格・艾佛拜恩（Hillary Anger Elfenbein）指出，這樣的線索很重要，因為如果能一眼看出，某個人究竟是在生氣還是在懊惱，那很好，但確切是哪一種情緒，其實「很難、很難以任何的準確度解讀」。如果有人皺眉頭，那是因為焦慮，還是只是專心的緣故？人們笑是因為很高興見到我們，還是有點**過度**興奮，讓人感覺毛毛的？即便我們真心想知道並匹配另一個人的情緒，也不容易做到，因為我們無法準確得知他人的感受。

我們的大腦因此演化出快速行動、檢視心情與能量的系統，以瞬間評估某個人的整體情緒狀態。通常那便足以判斷要如何配合，以及應該感到安全，還是提高警覺。

研究人員在探討笑的時候，發現一件值得留意的事：人們發自內心一起笑的時候，他們的心情與能量幾乎是一樣的。如果有人輕笑（**正面**、**低能量**），同伴也以類似的方式笑，兩人通常會感覺心意相通。如果一個人爆笑（**正面**、**高能量**），同伴也跟著爆笑，笑的音量、節奏與力度都一樣，兩人同樣會感受到連結。

然而，倘若一個人真的在笑，另一人只是禮貌性地配合，你也有辦法判斷他們沒有連結，因為即便聽起來差不多，雙方的心情與能量值**不**匹配。沒錯，兩個人都在笑，但一個人很大聲，另一人只以輕笑回應。在沒專心聽的人耳中，兩個人聽起來很像。然而，只要認真聽，就能明顯發現兩人的音量與節奏，亦即能量與心情，並不同步。笑聲或許有幾分相似，如果慣性與激發程度不同，雙方顯然沒有心心相印。

展現情商的方法就是向人展示我們聽見他們的感受——方法是留意對方的心情與能量，並禮尚往來。心情與能量是產生情緒連結的非語言工具。匹配某個人的心情與能量，便是展露想要加入的渴望。[24]我們有時會想跟對方一模一樣：你開心大笑，我也開心大笑。其他時候，我們則想展現我們看見對方的情緒（「你似乎很難過」），但沒有轉換成完全相同的情緒，只是提供協助（「什麼事會讓你開心起來？」）。不論是哪一種，我們都是在發送訊息：我聽見你的感受。這種想要連結的明確渴望，是強化感情的基本步驟。

這種模式也會出現在其他非口語的行為。當我們哭泣、微笑或皺眉，其他人也用類似的能量與心情來回應，我們就相信自己的心情被聽見了。他們不需要跟著一起哭，但需要匹配我們情緒的激發程度與價性。我們因此相信他們懂得我們的感受。如果表面上看起來他們的行為與我們類似，心情與能量程度卻不同，則會感覺有些不對勁。艾佛拜恩表示：「你們的面部表情一樣，說的話也大同小異——幾乎每件事都相同，但如果價性不一樣，你會知道你們沒有相同的感受。」

超級溝通者之所以擅長抓到他人的感受，一個原因是他們習慣留意他人的手勢、聲音大小、講話速度、節奏與情感。超級溝通者會注意某個人的姿勢是否暗示著心情沮喪，或是幾乎壓不下的興奮之情。超級溝通者允許自己配合那樣的能量與心情，至少說出自己懂，清楚表明想要同歡或同悲。超級溝通者透過肢體與聲音，協助我們看見並聽見自己的感受。他們配合我們的心情與能量，明確表達出他們嘗試連結。

想聽太空人笑話嗎？

馬奎爾認真鑽研心理學期刊。此外，NASA的工作需要他定期參加學術會議，有機會聽到普羅文等學者分享最新的研究。馬奎爾因此在回顧二十年間的太空人面試錄音時，留意到關於非語言表達的新興研究，以及心情與能量的重要性。他心想，不知有沒有什麼洞見，可協助他透過應徵者的嘆氣、咕噥、輕笑與語調，評估他們的情商。馬奎爾開始一邊聽錄音，一邊盤點申請人如何用說話以外的方式表達情緒。

馬奎爾最後注意到面試錄音的一個面向：有時他會在面試時發出笑聲，而有些申請人（最終成為優秀太空人的那幾位）往往會匹配他的心情與能量。馬奎爾輕笑時，那些申請人也輕笑，即便馬奎爾沒講什麼好笑的話。馬奎爾捧腹大笑時，他們也在大笑。馬奎爾沒有感到那些笑是在奉承，因為實在太自然、太隨機，聽起來像是誠摯的反應。此外，馬奎爾還記得那些時刻，他感到放鬆與被理解，拉近了與申請人的距離。

此外，另一些申請人（其中許多後來成為NASA較不成功的選擇），錄音中馬奎爾在笑的時候，那些人也跟著笑，但心情與能量程度相當不同。馬奎爾笑得很厲害時，他們只是輕笑。當馬奎爾只是笑一下，他們則大笑出來。馬奎爾重聽錄音時，不禁感到那是在拍馬屁。他們知道該跟著笑（這是基本的社交禮儀），但只是做做樣子。

馬奎爾列出清單時發現，除了笑以外，其他所有類型的情緒表達也出現相同的模式。在某些錄音中，當馬奎爾提及某種情緒，申請人的非語言表達會匹配或背離他的情緒——包括語調的變化、語氣與語速、哼哼哈哈等聲音。這一類的「語氣詞、語調、姿勢、手勢與面部表情」，馬奎爾日後向NASA的長官報告：「可能是資訊的金礦。」非語言線索是訊號，暗示某人是否真心想要連結、是否擅長連結，或是不認為情感連結是重要的優先事項。馬奎爾推測，如果人們面試時有辦法以這種方式連結，也將擅長在太空中和同伴齊心協力完成任務。[25]

馬奎爾因此決定在下一輪面試嘗試新的作法。他將在每一場面試中，刻意表達更多的情緒，接著請申請人描述自己的情緒生活。此外，馬奎爾將變換自己的心情與能量值，好觀察申請人是否跟上。

• • •

幾個月後，馬奎爾走進房間，準備面試太空人申請人A。A年約三十五，頭髮整齊，制服筆挺，體能合格，擁有大氣化學的博士學位，還有十五年的海軍模範服役紀錄。換句話說，這是個挑不出毛病的NASA太空人人選。

馬奎爾走進房間時，假裝不小心把手上的文件撒得滿地都是（他是故意這麼做），撿起文件時，提到自己的領帶是兒子送的——一條圖案是五彩氣球的亮黃色領帶。馬奎爾解釋，兒子堅持他今天一定要戴，「搞得我像小丑！」馬奎爾說完後大笑。A面露微笑，但沒跟著大笑。

在面試過程中，馬奎爾請A描述人生中的困難時期。A說大約在一年前，他的父親死於車禍，全家人大受打擊。他向牧師傾訴自己有多難過，逐漸發現所有他懊悔沒告訴父親的事。A替這一題提供完美的答案，既真誠又脆弱。他探索自己的情緒，但不會沉溺其中。這個回答完全符合NASA尋覓的太空人特質。如果是早幾年，馬奎爾會給他打高分。

然而這一次，馬奎爾繼續試探，講出自己的姊姊也意外過世。馬奎爾一邊講，聲音開始顫抖。他聊起姊弟小時候的相處，講姊姊對他有多重要，明顯表露難過的情緒。

幾分鐘後，馬奎爾請A描述自己的父親。

「他人很好。」A回答：「他對每個人都很親切。」

A只說了那些，就等著回答下一題，沒有進一步闡述或描繪父親的人格特質，也完全沒問及馬奎爾的姊姊。

A最後沒選上太空人。馬奎爾告訴我：「我感到他顯然不是最具備同理心的面試者。」或許A不喜歡談論個人生活。或許父親才剛去世，他的心太痛，還沒準備好聊這件事。這兩種可能都算不上是性格缺陷——但顯示出A較不常與人產生情緒連結。此外，也不光是這樣就造成A落選，「這只是一部分原因。」馬奎爾表示。NASA掌握大量的合格人選，有挑挑揀揀的餘裕。「我們需要菁英中的菁英，也就是說，我們需要情商特別高的人。」

幾個月後，另一位申請人B來面試。馬奎爾走進房間時，再次讓文件散落一地，又講了同樣的領帶笑話。B跟著馬奎爾一起大笑，還立刻起身幫忙撿文件。馬奎爾請B描述人生中的困難時刻，他講起某位朋友過世了，但又說自己在人生其他方面都算幸運：雙親還健在。此外，他十九歲結婚，至今仍深愛著妻子，幾個孩子也健健康康。接下來，馬奎爾提到姊姊過世的事。B開始問他問題：你們姊弟感情很好嗎？你的母親受到什麼樣的影響？直到今日，你還會想起姊姊嗎？B描述朋友過世好幾個月之後，他還會夢到兩人在聊天。馬奎爾告訴我：「他顯然想知道我經歷了哪些事，也分享自己的經驗。」B後來選上了太空人。

馬奎爾最終設計出面試時要注意的檢查表：應徵者如何回應讚美？如何回應質疑？他們如何描述被拒絕與孤獨的經驗？馬奎爾把題目設計成評估應徵者的情緒表達：他們什麼時候最快樂？有沮喪的時刻嗎？馬奎爾仔細觀察應徵者回答時的肢體語言與面部表情，留意他們的姿勢看起來是緊繃或放鬆。應徵者看起來在邀請他進入自己的世界嗎？他們是否**展現**連結的意願？

每次馬奎爾詢問相關問題，在應徵者回答之後，他自己也會回答同樣的問題——表達開心或後悔之情，而且一定會展現憤怒、喜悅或不確定。接下來，他仔細觀察應徵者是否試圖匹配他。是否跟著微笑？有沒有安慰他？「幾乎所有的太空人人選都具有強大的認知基礎。」馬奎爾日後寫道：「然而，僅有少數人在情感層面具備強大的覺察或敏銳度。」

太空人人選實際上展現了哪一種情緒，重要性不如他們是**如何**表達的。有的人一下子便很熱情；有的人則偏文靜，但最重要的是，他們是否留意到馬奎爾的情緒展現，表現出相同的能量與心情。對有些申請人來講，這有如吃飯、喝水一樣自然；其他人則是學著這麼做。還有些人根本沒做到。這樣的差異協助馬奎爾篩選並猜測，哪些人容易與人產生情緒連結，哪些人則在壓力升高時，可能封閉自己，或是容易武裝起來、增強敵意。馬奎爾向NASA的指揮部報告：「有些人具備的敏感度與同理心，讓他們搶先意識到人際問題，也更能有效地處理。對這樣的人來講，長期待在擁擠的太空艙裡，整體而言壓力較小。」

NASA選出一九九〇年梯次的太空人時[26]——一共五女十八男，其中有七名飛行員、三名物理學家、一名醫師，馬奎爾已經知道自己在尋找什麼特質：申請人是否明確展現**試圖**配合他的心情與能量？如果是的話，這名申請人八成會認真對待情緒溝通。

對於沒有要徵選太空人的我們來說，這套架構也能派上用場。某個人到底在生氣、苦惱、沮喪或被惹毛，還是這些情緒全部混雜在一起，我們很難百分之百地準確判斷，可能連當事人也不知道。

也因此，與其試圖解讀某個人的確切情緒，還不如留意他的心情（**這個人感到正面或負**

面？），以及能量狀態（**他們處於高能量或低能量**？）。接下來，再專注於匹配這兩種特質——或是萬一匹配只會讓緊張的情勢雪上加霜，那就展現你聽見對方的情緒，你懂他的感受。你要明確表達你在努力理解他的情緒。此外，表達自身情緒時，也要留意對方如何回應。他們是否嘗試匹配你的能量與心情？這項技巧威力強大，已有客服中心正式採用。為了協助打電話進來的顧客感覺被聽到，有的客服中心會訓練接線人員配合顧客的音量與語氣。Cogito公司開發的軟體藉由螢幕彈出的視窗，提示客服接線員加快說話速度或慢下來，讓聲音興奮一點，或保持跟顧客一樣冷靜（採用這套軟體的企業告訴我，接聽客服電話變得更順利——只要打電話的顧客不知道，其實是電腦告知接線員該如何講話）。

當我們匹配或承認另一個人的心情與能量，便是在展示我們想理解他的情緒生活。這樣的好意會轉變成同理心，更容易討論「我們有什麼感受？」。

宅男的（情緒）大爆炸

洛爾與普拉迪得知他們獲得第二次機會，可以重寫劇本，再拍一次試播集，但距離他們第一次拍攝，已經過了好幾個月。洛爾說：「我差點要拿起電話說：**我不玩了**。」[27]

不過，他們強烈感到再試一次好了，但原本鎖定的演員已經開始尋求其他的演出機會，所以普拉迪與洛爾動作得快。兩人立刻做出重大決定：拿掉厭世的鄰居凱蒂。勇於嘗試性事的《星艦迷航記》粉絲吉爾達也砍掉，換成潘妮這個新角色。潘妮性格友善，立志當演員。大紅大紫前，一邊當餐廳服務生，一邊到處試鏡。「我們換方向，讓潘妮這個角色開朗大方。」普拉迪告訴我：「潘妮不是很會讀書，但她對人很有一套。」

然而，問題在於要如何建立潘妮和一群「閉思」物理學家的關係。原本的難題依然存在：既得明確讓觀眾得知劇中人物的感受，又得保留謝爾頓與雷納德不擅長溝通情緒的人物設定。洛爾與普拉迪在製作新的試播集時，設想物理學家與潘妮第一次見面的場景。兩人必須決定，潘妮搬到他們的公寓對門會發生什麼事。謝爾頓和雷納德會抓狂、緊張？還是冷漠、事不關己？兩種設定好像都不太對。

最後，不同的作法出爐：如果不要專注於謝爾頓和雷納德的特定情緒，而是讓每位演員簡單地輪流說「嗨！」，用基本上相同的能量與心情，一遍又一遍試探？別的不說，這種場景會很搞笑。此外，或許還能讓觀眾看出，即便主角社交技巧拙劣、手足無措，這一幕的每個人都試圖連結。當然，編劇在寫這一幕的時候，並未特別想到能量與心情的理論——電視編劇「不是那樣思考的」。普拉迪告訴我：「我們對心理學的認識，大都來自心理醫生的沙發上。」不過，他們的作法恰巧符合我們對情緒溝通的認識：只要劇中人物明確展現出對連結的**渴望**，觀眾直覺就能明白他們的感受——即使人物本身很不擅長表達情緒也一樣。

開拍時，最後的劇本長這樣：

（謝爾頓與雷納德從敞開的門，看見漂亮女孩潘妮。）

雷納德（問謝爾頓）：新鄰居嗎？

謝爾頓（回答雷納德）：顯然是。

雷納德：比上一個好多了。[28]

（潘妮看到走廊上的兩人，報以微笑。）

潘妮（開朗大方）：喔，嗨！

雷納德（相同的音量和語速，但焦慮）：嗨。

謝爾頓（相同的音量和語速，但遲疑）：嗨。

雷納德（開始驚慌）：嗨。

謝爾頓（疑惑）：嗨。

潘妮（納悶現在是什麼情況）：嗨？

一分鐘後，謝爾頓與雷納德打算回到潘妮的門前，邀她共進午餐：

雷納德：我去邀她過來。我們好好吃一頓，聊一聊。

謝爾頓；聊一聊？我們這種人不聊天的，至少線下不聊。

（雷納德敲潘妮的門。）

雷納德（遲疑）：嗨……我們又來了。

潘妮（相同的音量和語速，但雀躍）：嗨！

謝爾頓（後悔）：嗨。

雷納德（驚慌）：嗨。

潘妮（受不了了）：嗨——

幾個月後，他們在現場觀眾面前拍攝這一幕，觀眾非常喜歡。演員每一次說「嗨」，都用上不同的語氣、手勢與擠眉弄眼，明顯表達出困惑、遲疑或急切之情，但同時也看得出他們鼓起勇氣，努力認識新朋友。只要演員的能量與心情向彼此靠攏，觀眾就能看懂這在演什麼：每個人物都試圖拉近彼此的關係，只是在情感這一塊，他們太沒經驗，不曉得該怎麼做。普拉迪告訴我：「那場戲聽起來像是真實的對話。」他們最後反覆拍攝那一幕，每次有新版本出來，觀眾便笑得更大聲。「我們有預感這部戲會成功。觀眾完全懂人物的心理。」

該集的導演詹姆士・布羅斯（James Burrows）表示，訣竅是「如果劇中人物用相同的聲調講同一個字，就算他們的出發點南轅北轍，你照樣知道他們對彼此有好感。如果其中一人改說『哈囉』，而不是『嗨』一個字而已，或是其中一人大聲說話，但潘妮講話變得跟蚊子一樣小聲，那一幕就不成立了」。因為觀眾會滿頭霧水：潘妮是害怕這兩人，想要逃離嗎？還是她覺得他們很噁心？

反過來也一樣。謝爾頓與雷納德認識潘妮幾分鐘後，這個手法被反過來運用，明顯傳達出人物之間**未能**連結：

（潘妮坐在雷納德與謝爾頓的公寓沙發上。）

謝爾頓（大聲與粗魯）：嗯，潘妮，那是我的位子。

潘妮（溫柔與迷人）：來吧，你坐我旁邊。

謝爾頓（大聲與急促，指著那個位子）：不對，我要坐那裡。

潘妮（慢慢地、輕聲地）：有什麼差別？

謝爾頓（非常急促）：有什麼差別？在冬天，那個位子離暖氣夠近，身體可以保暖，但又沒近到會熱出汗。在夏天，那裡和那裡的窗戶打開時，那個位子就在對流造成的微風路線。那個位子沒有正對電視機，跟別人交談不會不方便，但角度也沒斜到會導致視覺失真。我還可以講下去，但我想我講得夠清楚了。

潘妮（愣住）：你要我換位子？

謝爾頓（欲言又止）：這個嘛……

雷納德（聽不下去）：你就換個地方坐就好！

拍攝這一幕時，「觀眾笑瘋了。」[29]洛爾說：「他們喜歡謝爾頓的神經兮兮。我站在舞台上，看著導了我們兩次試播集的布羅斯，布羅斯也看著我。我們對視，臉上掛著大大的笑容。我們知道這部戲會成功。那是會起雞皮疙瘩的時刻。」

編劇終於破解難題：人物可以笨手笨腳，很不會社交——但只要他們明顯試著配合彼此的心情與能量（或是刻意不匹配），就能看出他們什麼時候成功連上線，什麼時候跟人說不通。觀眾能理解他們的感受，替他們加油打氣，在他們成功連結時歡呼。每件事最終圓滿解決時，觀眾會出現美好的感受（劇透預警！——雷納德和潘妮在幾季後結婚了）。

大受歡迎後

二〇〇七年九月二十四日，《宅男行不行》在CBS首映，收看人數超過九百萬人。通常對這種劇集沒好感的評論家，這次也展現不尋常的熱情。《華盛頓郵報》（*The Washington Post*）稱之為「本季新上檔的情境喜劇中最幽默的一齣」。另一位影評家告訴美聯社（Associated Press），這齣劇會成功是因為「你喜歡並相信那些人物。他們荒謬到搞笑，但不會像機器人一樣。雖然從頭到尾一板一眼，卻不會讓人感到像樣板人物」。[30]

到了第三季，《宅男行不行》每集的收看人數達到一千四百萬人。到了第九季，達到兩千萬人。這部戲最終拿下五十五項艾美獎提名，榮登史上最長壽的節目排行榜，超越《歡樂酒店》（*Cheers*）、《六人行》（*Friends*）、《外科醫生》（*M*A*S*H*）與《摩登家庭》（*Modern Family*）。二〇一九年大結局播出時，有兩千五百萬人收看。

洛爾和普拉迪從頭到尾全程參與。我問洛爾是否跟演員聊過匹配能量與心情的重要性，他說沒那個必要性。演員知道如何一邊說出台詞，一邊運用肢體、抑揚頓挫、手勢與表情，表達言外之意。演員懂得如何讓觀眾聽見每件事，包括沒說出口的情緒。這也是為什麼在即興表演中，演員遵守的指令是順著彼此的話說下去，回應：「是的，還有就是……」（Yes, and...）高超的政治人物在告訴群眾「我能體會你們的痛苦」時，就是在做這件事。

「我認為這部戲成功的原因是人物角色很可愛。」洛爾告訴我：「編劇喜歡他們。觀眾喜歡他們。他們讓表達出那份喜愛是ＯＫ的。」

當我們明確讓別人知道，自己嘗試瞭解他們的心聲；當我們真心試著匹配或承認對方的心情與能量，彼此就會開始互惠與同步，產生連結。

然而，萬一你和某人起了爭執，或是雙方的價值觀落差很大，又該怎麼辦呢？如果彼此的意識形態對立？如果談心是我們最不想做的事，又該如何討論「我們有什麼感受」？

下一章會解釋，矛盾的是，在這樣的時刻反而必須表達我們的感受。

5 在衝突中連結——和對立方談論槍枝

內華達州拉斯維加斯十一年級的梅蘭妮・潔芙蔻（Melanie Jeffcoat）站在學校走廊，一旁的教室出現砰－砰的聲響，她心想：**有人的書掉下來嗎**？一名學生從她身邊衝過，接著又一個，接二連三有人跑過，眼睛瞪大、一臉驚恐。

一瞬間，尖叫聲四起。所有人湧入了走廊，大喊大叫，朝禮堂跑去，沒人真的知道發生了什麼事。混亂中，只聽見斷斷續續的：**有槍……皮戈特**（Piggott）**老師被射中……我球鞋上有血**。當時是一九八二年，距離科倫拜（Columbine）校園屠殺事件及各地的多起悲劇，還有好多年。**大規模槍擊者**（active shooter）與**封鎖演習**（lockdown drill）等詞彙，尚未成為美國校園的日常用語。

在接下來的歲月，潔芙蔻一直試圖理解當天發生的事：一個心情不好的學生，開槍射中歷史老師和潔芙蔻的兩個同學。最後老師回天乏術，學生被救回。事後回想起來，令人感到不可思議，就好像那只是她聽過的故事，而非親身經歷。然而，後來的數十年間，美國愈來愈多學校發生類似的慘劇，包括傳承高中（Heritage High）、布爾小學（Buell Elementary）、維吉尼亞理工大學（Virginia Tech）、桑迪胡克小學（Sandy Hook）。潔芙蔻開始明白，她經歷過的校園槍擊事件只是發生的年代較早，絕非特例。

潔芙蔻日後當了媽媽。二〇一四年，白天在學校上課的十一歲女兒，突然傳簡訊過來，說學校被封鎖，因為懷疑有槍手。[1]女兒那節上的是體育課，學生搶棒球棍自保。她在簡訊上告訴媽媽：「我只拿到高爾夫球桿。」

潔芙蔻當時人在診所。當年的感受——恐懼、驚慌、無助，一瞬間全回來了。她跳上車，衝到女兒學校。當時封鎖已經解除，只是虛驚一場，但潔芙蔻還是找到女兒，載她和三個朋友回家。潔芙蔻在車上聽著幾個孩子嘰嘰喳喳聊個不停：「我們原本全班都會死，因為老師叫我們待在教室不要動。」「我們班的老師打開窗戶，要我們跳出去。」「我們躲進了置物櫃。」潔芙蔻嚇壞了。「我的心好痛，孩子們講的好像這是正常生活的一部分。」潔芙蔻發出質疑：「這個世界怎麼能這樣？」

一、兩個月後，潔芙蔻帶女兒去看電影，[2]但她從頭到尾盯著戲院出口，滿腦子想著萬一有人闖進來開槍，該如何逃跑。散場後，潔芙蔻發現自己想不起電影演了什麼。

潔芙蔻決定自己得做點什麼。「我不能坐以待斃。」她說：「如果我不採取行動，恐懼會吞噬我。」潔芙蔻因此加入抗議槍枝暴力的地方團體。她清楚自己加入的活動不受歡迎。「我們住在美國南部。」潔芙蔻告訴我：「大部分的鄰居家裡都有槍。」即便如此，潔芙蔻還是在週末參加集會，並在地方團體成為領袖，日後又活躍於區域性組織，最終加入全國協會。潔芙蔻成為呼籲管制槍枝的公眾人物，[3] 被派去遊說立法人員，媒體平日會引用她的話。「我的生活就是在做這些事。」潔芙蔻解釋。

潔芙蔻順理成章接到邀請：一個公益組織團體請她到華盛頓特區參與槍枝討論。據說這場活動將聚集正反兩方的支持者，但目標不是辯論，雙方甚至不必找到共通點。主辦方其實是為了做實驗，看看痛恨彼此立場的兩方人馬，能否來一場文明的對話。

潔芙蔻對這個目標不是太有信心。她平日抗衡槍枝愛好者，太清楚狂熱分子的模樣。跟那種人對話，怎麼文明得起來？不過話說回來，她已經投身這個議題好幾年，但學校槍擊事件並未消失，甚至變得更常見。如果出席這場活動，至少能多瞭解一些對方的論點，對她的遊說會有所幫助。潔芙蔻於是回信同意參加。

衝突中的對話

在過去幾個月，你八成也碰過棘手的對話。或許是你得在同事的績效評估中，講些不好聽的話，或是跟另一半吵架。你有可能跟別人吵政治，或是和兄弟姊妹爭論，過節時究竟誰應該把媽媽接到家裡。事情有可能發生在網路上，你和以前沒見過面、以後也不會再見到的人唇槍舌劍，爭論疫苗、運動賽事、子女教養、宗教，或是《Lost檔案》（*Lost*）最後一季到底是很好，還是最差的一季。[4]以上的例子，每個主題都會遇到衝突，包括對立的信念、價值觀、意見，你和其他人打開天窗說亮話，最後可能皆大歡喜（或是單純當酸民抬槓）。

那樣的對話是如何開展的？你跟配偶是否冷靜地輪流提出事實與主張，接著認真聆聽對方發言？同事是否承認自己做不好的地方，接著你也溫和細數自身的缺點？當兄弟姊妹暗指你棄養母親，你是否完全不帶情緒地考量他們的看法？在推特（Twitter）上互罵後，是否每個人都改變了主張？

還是說（當然，發生以下情形的機率高很多），那場對話從頭到尾都是一場混戰，搞得大家心情很不好，劍拔弩張。每個人都想要保護自己，但卻誤解滿天飛？

不用我說，大家也知道我們生活在嚴重兩極化的年代。過去十年，說自己對另一個政黨感到「深深憤怒」的美國人激增，快占選民的七成。大約有一半的國民認為，政治理念和自己不同的人「道德有問題」、「懶惰」、「滿口謊言」與「無知」。[5]大約十分之四自認是自由派的民眾，[6]以及十分之三自認是保守派的民眾，曾經因為看到別人在社群媒體上的發言，解除好友或封鎖對方。超過八成的美國工作者表示，他們在工作地點遇過爭執。[7]

當然，衝突從古至今都是生活的一部分。我們會在婚姻與友誼關係中爭論，在工作時爭辯，還會和孩子吵嘴。辯論與異議是民主的一環，是家庭生活的一部分，也是每段有意義關係的一部分。人權行動主義者桃樂絲．湯瑪斯（Dorothy Thomas）曾寫道：「和平不是因為沒有衝突，而是有能力處理衝突。」[8]

然而，今日的情形讓人感到我們忘記如何在爭論中與他人連結。怒火與對立有時似乎蒙蔽了我們的雙眼。如同前幾章所述，掙脫這種困境的方法是提問和傾聽感受。然而，起了嚴重的爭執時，光是問和聽有時還不夠。

所以，當歧異似乎完全無法化解時，我們能夠如何連結？

• • •

潔芙蔻同意參加的華盛頓特區活動，由全國最大的媒體公司Advance Local贊助。[9] Advance Local和記者團體、公民倡議團體合作，看看能否以更好的方式，面對一觸即發的對話。活動的主辦方希望進行一場實驗[10]：如果將一群看法不一的人聚集起來，教他們明確的溝通技巧，他們能否在不帶仇恨的情況下，討論彼此的差異？如果以正確的方式進行正確的對話，能否協助克服彼此的鴻溝？

然而，哪一個敏感主題最適合拿來做這場實驗？正當籌辦人試著決定，又發生一起學校槍擊事件：在佛羅里達州帕克蘭（Parkland）的瑪喬麗斯通曼道格拉斯中學（Marjory Stoneman Douglas High School），一名十九歲的前學生，拿著AR-15型步槍走進校園，開槍射死十四名學生與三名成人。發生那起攻擊事件後，實驗的主辦人員決定把討論的核心放在槍枝。如同協助設計這個計畫的約翰·薩羅夫（John Sarrouf）告訴我：這個議題是「典型的對話不良」。薩羅夫帶領的「必要夥伴組織」（Essential Partners）致力減少兩極化的情形，多年來追蹤關於槍枝的辯論。薩羅夫指出：「大量資料顯示，每個人對槍枝的看法，其實很多是一樣的。」舉例來說，絕大多數美國人都支持購槍前先做背景調查。[11] 大多數民眾也支持禁止購買高容量的彈匣與突擊型武器。[12] 然而，儘管有這樣的共識，幾乎不可能讓民主黨與共和黨合作，更別提其他團體，例如「全國步槍協會」（National Rifle Association）與「替每個城鎮帶來槍枝安全組織」（Everytown for Gun Safety），甚至讓雙方一同坐下來都不可能。「每個人都把力氣放在替自己的立場辯護。」[13] 薩羅夫表示：「我們在想，如果能讓兩方齊聚一堂，教他們進行不一樣的對話，或許能讓人看到某些事。」

主辦人在網站上貼出邀請，同時聯絡潔芙蔻等槍枝管制的行動主義者，以及持槍權的支持者。超過一千人回覆，其中數十人受邀前往華盛頓特區參加訓練課程和對談。後續的對話則將轉移到網路上，一百多人受邀在臉書（Facebook）上參與。

因為看到網路廣告得知這項活動的強·加弗瑞（Jon Godfrey）表示：「一開始，我覺得辦這個活動根本是瘋了。」加弗瑞在軍中服役二十年，日後又從事執法工作，持有三、四十把槍（他告訴我，最近沒仔細算過）。加弗瑞和實驗主辦人接觸的時候，告訴他們或許不該邀他加入對談，因為他不打算扔掉自己的武器。此外，他懷疑主辦方是想藉機羞辱保守派的自由派。

主辦人回應，還是希望他前往華盛頓特區，費用他們全包。「老實講，我不覺得會有什麼用。」加弗瑞告訴我：「但剛好那個週末我沒事做，所以答應參加，結果竟是我參加過效果最明顯的活動。」

培養優秀的溝通者

這場活動的主辦方在設計實驗時，有部分是依據席拉．西恩（Sheila Heen）等人的研究。西恩是哈佛法學院的教授，一生致力瞭解人們如何在衝突中連結。[14]

西恩的父親是律師，從小教她辯論的技巧。西恩有時感到生活裡的每一件事都得經過協商，譬如：吃甜筒、騎馬、可以晚點回家，以及違反門禁時間時請求原諒。也因此，西恩到了大學住校時，已是打遍天下無敵手的辯士。接下來，她進入哈佛法學院，向剛寫下《哈佛這樣教談判力》的費雪拜師，開始研究五花八門的主題，從引發內戰的抗爭到公司內鬥都有，最後自己也成為哈佛的教師。

不久後，西恩開始促成賽普勒斯（Cyprus）的對談，以及阿拉斯加原住民的對話。她訓練白宮政務官與新加坡最高法院的法官，還擔任皮克斯（Pixar）、NBA與聯準會的顧問。西恩在穿梭各界時發現，自己早期犯了常見的錯誤：還以為討論衝突和參加辯論的目標是贏，並且打敗另一方，但那種想法有誤。真正的目標是找出衝突存在的根本**原因**。

交戰者，不論是吵架的配偶或互鬥的同事，都必須判斷為何會出現爭執，哪些因素在火上添油。此外，還得找出每個人是怎麼告訴自己，為什麼這場衝突無法休止。所有人都需要一起判斷是否有任何的「協議區」（zones of possible agreement），針對這場爭論為何需要達成共識，找出能讓事情落幕的方法。雖然光是相互瞭解，也不保證就能達成和平，但要是連瞭解都做不到，就更別提和平了。

那麼如何能瞭解彼此的狀況？第一步是意識到每場爭執當中不只包含一種衝突，至少有兩種：一是表面上導致不和的問題，二是背後的**情緒衝突**。「假設有一對夫妻在吵要不要生二胎，」西恩告訴我：「那麼最上層的衝突是：**你想再生一個孩子，我不想**——乍看之下，這解釋了為什麼兩人在吵架。」然而，其實還有更深層的情緒議題：**「我氣你把孩子看得比我的職涯還重要」、「我擔心要是再生一個，我們會破產」**，或**「你似乎不關心我要什麼，讓我很沮喪」**。那些情緒衝突有時若隱若現，很難說得清，但威力無窮——因為帶有太多的憤怒與失望，一路導致爭論沒有和解的可能性。「此外，我們知道那些情緒一直都在，」西恩指出：「因為每當這對夫妻吵架，不論他們做了多少理性分析，似乎永遠得不出結論。」

西恩有時會加入政治人物的協商，或是調解企業內部的糾紛，聆聽當事人描述很容易解決的問題，但接著就會看到人們的情緒挾持對話，直到所有辦法都走進死胡同。人們火冒三丈、疑神疑鬼，感到被背叛——但很少會向另一方承認那些情緒，甚至也不肯對自己承認。當事人不再嘗試理解為什麼會發生這場衝突，轉而想著如何報復，滿腦子都是我要擊敗對方，證明自己才是對的。

當然，這一切都很正常。每場衝突都包含各種自然的情緒——焦慮、沮喪、渴望報復。然而，這些激情會導致無法以有生產力的方式討論問題。「此外，如果你不承認情緒，你永遠不會明白自己為何要對抗。」西恩指出：「你永遠不知道自己是為何而戰。」[15]

西恩發現關鍵是讓人表達情緒，進行某種版本的「我們有什麼感受？」對話，雙方得以表達讓爭執雪上加霜的心痛與猜忌，但問題是我們通常痛恨在爭執中談論感受。「人們喜歡假裝自己是分析機器人。」西恩解釋：「但是當然沒人能做到，結果就是你的情緒會以其他方式跑出來。」另一種可能是人們意識到自己的情緒，但不願意攤在陽光下，認為這會讓另一方處於優勢，或是被視為軟弱。他們擔心展現脆弱是把武器交到敵人手中。更別提吵架時通常會感到壓力很大，不是討論感受的理想環境。

許多衝突會持續下去就是因為這樣：不是因為缺乏解決的辦法，也不是因為人們不肯讓步，而是因為當事人根本不曉得自己**為什麼**要吵。他們沒討論推波助瀾的深層主題——也就是情緒議題。他們不想討論情緒，也不想承認自己在生氣、難過與擔心。[16]換句話說，他們不想談「我們有什麼感受？」，即便那是最重要的對話。

發生衝突時，
我們透過「討論情緒」，
得知為什麼要吵架。

當然，不是每件事都有辦法透過討論情緒來解決。有時一方想生孩子，另一方不想。不論再怎麼分享情緒，也無法兩全其美。「然而，如果不多少談談自己的感受，」西恩表示：「你們會永遠在爭執同樣的事。」

所以，到底如何才能讓人們安心說出感受？這個任務很困難，尤其若是大家爭論的主題已經吵了數十年，每個人都深信自己是正義的一方，而立場不同的人都是壞人，都錯了——槍枝議題就是這樣一個例子。

在華盛頓特區談槍枝

潔芙蔻和她的槍枝管制行動主義夥伴，以及人數勢均力敵的持槍權熱情擁護者，在二〇一八年一個溫暖的三月天抵達華盛頓特區。眾人在國會山莊的新聞博物館（Newseum）大廳集合。同一個週末舉辦的還有「為我們的性命遊行」（March for Our Lives）集會，主辦人是瑪喬麗斯通曼道格拉斯中學槍擊案的倖存者。就在博物館門外，以及全美各地超過八百個城鎮——學生與家長正在遊行，抗議槍枝暴力。數百個持槍權團體為了回應，也策畫了反抗議的活動。同一天，預計有兩百萬民眾上街頭，譴責或支持在美國取得槍枝的容易程度。

潔芙蔻等與會者走進館內時，聽得見外頭有成千上萬人在吶喊。「氣氛很動人。」潔芙蔻向我形容：「真的很令人振奮，那些人都在為一個更美好的世界抗爭。接著，我走進會議室，和家裡有四十把槍、號稱需要AR-15步槍來獵鹿的某個人一同坐下。」

所有人到齊後，主辦方解釋他們的目標：「不論你們是否同意外頭的活動，我認為每個人都能意識到，我們的國家在這一刻，正試圖進行史上最困難的對話。」薩羅夫告訴在場的人：「這場對話將談論槍枝與安全。美國人已經試圖談這件事，談了兩百多年，而談不攏的時間，也差不多是兩百多年。」薩羅夫指出，關於槍枝的討論通常會變成互相謾罵與指控，更糟的是根本不討論，因為人們選擇待在同溫層。「那種情形會危及民主。」薩羅夫告訴與會者：「如果我們無法討論歧異，便無法一起做決定。」這場聚會的目標，就是開誠布公討論槍枝，「展現我們能以不同的方式，進行這個議題的對話。我們認為能證明，即便立場不同，還是有可能在深思熟慮後，彬彬有禮地討論這個議題，向彼此學習。」

不過薩羅夫解釋，大家首先需要來一點訓練。

這個訓練很重要，因為主辦方還有第二個同等重要的目標。[17]他們知道幾乎在場的每一個人都很熟悉關於槍枝的發言，隨時能引經據典，侃侃而談。關於每一種論點和反駁方式、該怎麼擊敗對手、如何設下修辭陷阱，雙方都一清二楚。

然而，主辦方希望進行不同的對話。他們想先讓每個人分享自己的故事，說出和槍枝與槍枝管制的淵源、他們的信念背後的情感與價值觀，看看這麼做能否改變辯論的氛圍。換句話說，主辦方想促成「我們有什麼感受？」的對話，希望不要跟一般的槍枝討論一樣，搞得烏煙瘴氣，惡言相向。

不過，主辦方無法直接要求與會者透露內心深處的感受。那種要求會顯得太怪異，尤其雙方陣營都視彼此為敵人。主辦方因此另闢蹊徑，先教每個人一項聆聽技巧：如果要讓人更安心地說出感受，祕訣是**證明**你們在聽彼此說話。

情商來自向某人展現我們聽見他的情緒，但在爭執或吵架的時候，光是展現那一點通常還不夠。在那樣的時刻，每個人都疑神疑鬼，無法信任對方：**他們聽到了嗎？還是只是準備反**

驗？此時還需要多一點東西，多進一步。如果要在爭論當中讓對方相信我們真的在聆聽，就必須證明我們聽到了，努力在理解，我們想從對方的觀點看事情。

二〇一八年的一項研究指出，人們證明自己在聆聽時，能夠營造出「心理安全感，因為〔聽的人〕讓說話的人相信，自己的主張至少會被納入通盤的考量，依據真正的價值來評估。」[18]當人們相信其他人試圖理解自己的觀點，會更有信任感，更願意「表達自己的想法與念頭」。相信對方真心聆聽所帶來的「安全、尊重與接受的感受」，讓我們更願意露出脆弱與不確定的一面。如果你想讓某個人透露情緒，最重要的步驟是讓他相信你有仔細聽他說話。[19]

發生衝突時，
「證明」自己真的在聽，
能讓人說出感受。

然而問題是，大部分的人不知道如何證明自己在聽。他們會試圖注視說話者的眼睛，或是點頭表示同意，希望對方會注意到。然而，說話的人其實通常不會留意。倫敦帝國學院（Imperial College London）的教授尤曼表示：「我們講話時，很難分神注意到別人。」我們說話時，注意力通常太過集中於自己所說的內容，無暇顧及聽眾的一舉一動。聽眾試圖發送他們有

發生衝突時，

利用「理解迴圈」，證明自己在聽。

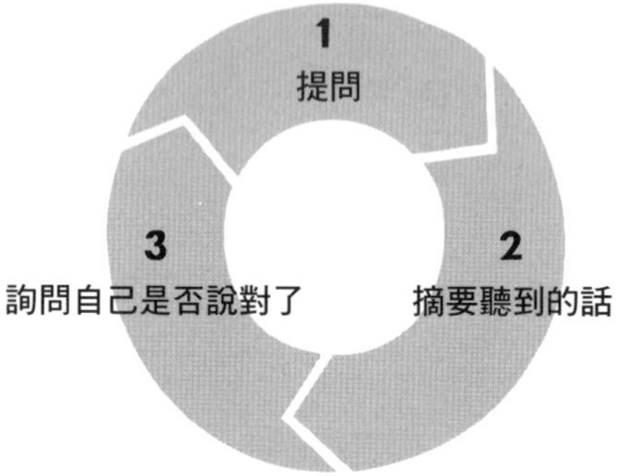
1
提問
2
摘要聽到的話
3
詢問自己是否說對了

重複這個循環，直到每個人都同意你懂了。

跟上的訊號，但我們會錯過那些訊號。

所以說，如果聽的人想證明自己在聽，得等對方**說完了**再證明。如果我們想向某個人展示我們專心聆聽，需要在對方一停止說話，就證明我們吸收了他們所說的內容。

此時，最好的辦法就是用自己的話，重述剛才聽到的內容——接著詢問是否無誤。

向說話者提問，回顧剛才聽到的事，向對方確認你的理解——這個證明有在聽的技巧雖然相當簡單，但研究顯示，若要證明自己想要聆聽，這是最有效的方法。這個公式有時稱為**理解迴圈**（looping for understanding）。*[20]目標不是逐字逐句複述對方剛才說過的話，[21]而是用自己的話去蕪存菁，證明你努力理解了，從對方的觀點看事情——接著重複這個過程，一遍又一遍，直到每個人都滿意為止。二〇二〇年的研究發現，「在對話的開頭」運用類似**迴圈**的技巧，「能防患未然，不讓衝突升溫。」[22]這麼做的人被視為「更好的隊友、顧問」，以及「未來更想合作的夥伴。」

薩羅夫在新聞博物館的大廳，將大家分組並提供指示：由一個人（說話者）描述，「自己有一次接下挑戰，不確定能否成功，但最後克服萬難，替自己感到自豪。」接下來，負責聽的組員發問。問完問題後，聽的人要摘要聽到的內容，詢問發言的人摘要是否準確。

新聞博物館很快就迴盪著數十人的**理解迴圈**交談聲。來自阿拉巴馬州的大衛・普瑞斯頓（David Preston）支持持槍權。他向組員描述自己才十一個月大，母親就自殺了。「在我人生的頭五年，每個人都覺得我很可憐，不管我要什麼都可以。」普瑞斯頓告訴組員：「從不拒絕孩子不是好事，孩子會被慣壞，變得自私自利。再加上我哀悼一個我甚至沒有記憶的人，結果更慘。」普瑞斯頓開始邊講邊哭。「後來我成長了許多。」他告訴大家：「我感到自豪，如今我建立了自己的生活，有我愛的人，我有辦法向他們表示我愛他們。我以前不懂如何愛人。」

普瑞斯頓的組員按照**迴圈**的指示，開始問問題：他今日對母親有什麼感受？他如何向人們表示他愛他們？他從這場悲劇中學到了什麼？

＊ 這個精彩技巧的進一步資訊，請容我推薦亞曼達・瑞普立（Amanda Ripley）的《修復關係的正向衝突》（*High Conflict*）。

接下來，大家摘要自己聽到的事。一名自由派的紐約女性發言。她屬於槍枝管制的行動主義者陣營。「我聽到你在大部分的人生中感受到大量的痛苦。你一直不善表達內心的那股痛，因此拒人於千里之外。」

「你完全說對了。」普瑞斯頓說：「如果你在南方長大，你會被教導避免分享感受，不能抱怨，不能軟弱。但如此一來，不管什麼情緒，你都悶在心裡，只有怒氣會跑出來。」

「而你現在想放開那個痛苦。」女人說。

「沒錯。」普瑞斯頓回答：「聽到妳那麼說，我感到釋然。」普瑞斯頓握住她的手。「謝謝妳聽我說話。」

普瑞斯頓事後告訴我，那是他這輩子有過最有意義的對話，即便對方基本上是個陌生人，而且對方的意識形態，他幾乎每一方面都不認同，但是「聽到她那麼說，我感到被重重地認可」。普瑞斯頓告訴我：「就好像我被人聽見，或許這是我成年以來的第一次。似乎我能談這件事，而人們真的想瞭解。我感覺我能誠實地說出想法。」

西恩解釋，**理解迴圈**等方法有效的原因，在於即便人們過著很不同的人生，大家通常能發現彼此的情緒是共通的。西恩告訴我：「我們都體驗過恐懼、希望、焦慮與愛。」即便平日習慣視彼此為對手，如果能建立一個環境，邀請人們討論感受，接著向彼此證明自己想理解對方，還是能培養出信任感。

西恩向哈佛法學院的學生傳授**理解迴圈**的方法，[23]因為在出現爭議的對話或談判中，偏向情緒面的深層議題會導致觸礁，而理解迴圈是找出那些議題的最佳技巧。「每個人心中都有一個故事，解釋他認為雙方為了什麼起衝突。」西恩告訴我：「而每個人的故事都不一樣。即便我們自以為清楚，卻通常不瞭解別人心裡面在想什麼。」迴圈讓我們聽見別人的故事，還能證明我們聽到他們的話。「當你們開始瞭解彼此的故事，就能開始談論真正發生的事。」

• • •

鏡頭回到華盛頓特區的活動。主辦方終於請每個與會者開始討論此次的主題：槍枝。然而，對話以意想不到的方式開展。[24]與會者必須分享一則個人的故事，解釋為什麼他們如此重視槍枝這個議題。規則如下：與會者應該講出親身的經歷，不能是聽來的故事，也不能是網路上看到的。此外，不能說教，只能講出回憶、感受與觀點。聽的人可以提問，但必須是開放式的問題，而且真心想知道答案。不可以假裝在發問，實際上意在反駁；也不能問心中已有答案的問題。

潔芙蔻聽到女性A描述，她因為親戚在自家被襲擊，隔天第一次前往靶場，而且此後睡覺時都把手槍擺在床頭櫃。「那麼做讓我知道，我永遠不會讓同樣的事情發生在自己身上。」A告訴在場的人：「我永遠不會讓自己成為受害者。」潔芙蔻問A，會不會擔心槍被偷，或是被拿去亂用。A說不會，她採取了預防措施，加裝了扳機鎖，而且家裡沒有孩子。「那把槍讓我感到安心。」A表示：「而當人們說他們想拿走那把槍，等於是在說，他們想讓我再次感到無能為力。」

有人出聲摘要剛才聽到的話：「妳認為妳的槍象徵妳永遠不會讓任何人傷害妳。我說對了嗎？」

「那證明了我有權感到安全。」A回答：「我跟任何人一樣有權待在這裡。」

另一名與會者描述他很自豪能帶孩子去打獵，順便在途中教導生態的觀念與家族史。還有一人住在國界附近，有時會碰上毒品走私。有一次他揮舞著步槍，趕跑一名入侵者。潔芙蔻說出高中碰上校園槍擊的故事，以及她對女兒的擔憂。所有人問彼此問題，摘要聽到的故事，直到每個人都同意大家講對了。

「聽到每個人的故事，讓我感到很訝異。」潔芙蔻告訴我：「我覺得自己好天真，還以為有槍的人，都是我在集會看到的憤怒白男。」

到了兩天活動的尾聲，主辦方的兩個目標都達成了：與會者參與真誠的槍枝對話，討論並未演變成互罵。此外，大家學到如何**展現**傾聽的態度，誠心發問，敞開心房流露感受，幸運時還找到情緒上的共鳴。

「整個週末令人振奮。」潔芙蔻告訴我：「我離開時心想，如果能大規模推廣，我們將能改變世界。」每個人離開華盛頓特區時，承諾會保持聯絡。主辦人成立了私人的臉書群組，方便大家繼續討論。此外，主辦方額外邀請一百多人參與線上座談，由群組主持人負責引導數位對話。新加入的成員未能受惠於在華盛頓特區舉辦的訓練，但主辦方希望他們會從群組主持人，以及在新聞博物館受訓的參與者那裡，瞭解新的溝通技巧。

事情沒那樣發展。

前警察加弗瑞說：「我回家後上網，可能只過了四十五分鐘左右，就有人叫我『穿軍靴的納粹』。」潔芙蔻更是感覺事情瞬間亂了套：「我搭機返家後，一登入臉書，就看到所有人吵成了一團。」

愛的心理醫師

為什麼對話會突然變調？為什麼我們有時感到已經和另一人建立真正的連結——接著一換環境，或是小矛盾擴大時，雙方瞬間又離得很遠？

一群年輕的研究心理學家，在一九七〇年代開始思考這一類問題。他們尤其感興趣的是配偶發生衝突時，如何處理彼此的關係。出乎意料的是，在那之前，學術界很少關注這一塊。伴侶問題「常是牧師與朋友在處理的事」。丹佛大學的心理學教授史考特・史丹利（Scott

Stanley）指出：「婚姻不是什麼優先研究的項目。」

那群年輕的心理學家，來自北卡羅來納大學教堂山分校（Chapel Hill）、德州農工大學（Texas A&M）、威斯康辛大學、華盛頓大學，以及其他十多所學校。他們成年時，正好碰上一九六〇年代的文化變遷，離婚、避孕藥與性別平等成為主流。婚姻的概念，以及人們對配偶的期望，正在轉變。一切的一切讓研究人員開始好奇：為什麼即便遇到社會變遷，有些已婚人士照樣維持幸福數十年，其他人原本深信彼此是靈魂伴侶，卻成為爭吵不休的怨偶？

這群心理學家不曾有過正式的名稱，也沒有正式的會員名單，不過有人稱他們為「愛的心理醫生」（Love Shrinks）。他們的早期研究以錄影訪談為主。夫妻被帶到實驗室，描述兩人的婚姻、性生活、對話，以及研究人員特別感興趣的爭執。科學家用攝影機錄下配偶的吵架情景，幾年內記錄了超過一千場爭執。

早期的研究揭露一些值得留意的模式：許多夫妻擅長傾聽彼此，甚至會證明自己在聽。「這有點像是婚姻的最低要求。」史丹利表示：「如果你無法向另一個人展現你在聆聽，你大概一開始連婚都結不成。」夫妻或許沒有向彼此進行**理解迴圈**，但不論是直覺就會，或是聽取建議，他們找出辦法證明想要瞭解彼此。

然而，儘管懂得聆聽，美國的離婚率仍不斷飆升：一九七九年，超過一百萬對夫妻選擇結束婚姻——那是僅僅十年前的三倍。科學家感到不解：如果夫妻如此擅長聆聽彼此，也證明聽見了，為什麼還是會分開？

研究人員開始挖掘手中的資料，最後有兩項發現。首先他們證實，沒錯，幾乎每對夫妻都會吵架。有的夫妻經常吵——大約八％的已婚美國人一天至少吵一次，[25]其他夫妻僅偶爾吵。但不論吵架的頻率為何，幾乎每段婚姻都有某種程度的衝突。

第二項發現是，對有些夫妻來說，衝突與爭執似乎沒有造成太多持久的影響。有的夫妻不論多常起爭執，照樣表示滿意婚姻，滿意所選的配偶，沒有離婚的念頭，吵架後沒有殘留的恨意。這一類夫妻的爭執，有如來來去去的暴風雨，只留下蔚藍的天空。

然而，有些夫妻不是這樣。即便是小矛盾，也通常鬧得很不愉快。從隨口爭論幾句，變成大吼大叫。和好不過是持久戰的暫時休兵，不久又會引發心痛與憤怒。不幸福的夫妻表示自己經常動離婚的念頭，每隔一段時間就威脅要離婚，還想像真的分開時要怎麼告訴孩子。[26]

研究人員尋找幸福與不幸福的夫妻之間的差異。他們尤其想知道，這兩組夫妻是否以不同的方式吵架。他們的第一個假設是，這兩組人爭論的事情不一樣。科學家猜想，不幸福的夫妻吵的事情比較嚴重，如金錢問題、健康危機、藥物與酒精使用。幸福的夫妻吵的則是小事，譬如要去哪裡度假。

然而，研究人員發現這個假設並不正確。整體而言，幸福與不幸福的夫妻吵的事情都差不多。[27]兩組人都會為了金錢而關係緊張，碰上健康問題，以及爭論度假等瑣事。

下一個假設是幸福的夫妻更擅長解決意見不合。或許他們比較快讓步？也許他們一下子就懶得吵了？

又錯了。兩組都沒有特別擅長解決衝突，或是比較肯讓步。此外，研究人員仔細觀察幸福的夫妻，發現其中有幾對解決問題的**能力很差**。他們會吵來吵去，不曾有任何結論，但仍然享受已婚的身分。

此外，有的夫妻會用「正確」的方式吵架。他們讀遍談論關係的書，還尋求大量的建議，但最後還是相看兩厭。洛杉磯加州大學婚姻與親密關係實驗室（Marriage and Close Relationships Lab）的主持人班傑明・卡尼（Benjamin Karney）指出，[28] 有些夫妻用正確的方式做每一件事，但「最後還是以離婚收場」。

研究人員因此開始尋找其他變因，想解釋幸福與不幸福婚姻之間的區別。他們注意到許多夫妻（幸福和不幸福的都有）被問到吵架時，有時會提到爭奪「控制權」。「他永遠想**控制**我。」一名女性在訪談時告訴科學家：「他想讓我落入陷阱，讓我說出不想說的話。」那名女性解釋，兩人會開始吵架通常是為了那個原因。「因為我想要自己做決定，而他想要主導。」

夫妻之間的掌控焦慮，還會以其他方式顯現。研究人員注意到，多起離婚發生在重大的人生變故之後，部分原因是變故引發了失去掌控的感受。有時是生了孩子，或是新工作壓力很大，讓人更難掌控自己的時間與焦慮。有時是疾病，例如失去對自身健康的掌控，或是重大的改變，譬如退休或孩子離家讀大學，讓未來顯得不再那麼可測。種種變化都讓人感到疲憊、孤獨、焦慮，彷彿失去對日子與身心的主導能力。

當然，人人都有掌控的欲望。一段浪漫關係的成敗，其實受到許多因素的影響，其中一項是這段關係讓我們感到更能夠或更不能掌控自身的幸福。[29]在一段關係中，雙方自然會爭奪控制權，因為人就是這樣平衡各自的需求、欲望、角色與責任。然而，研究人員在觀看實況錄影時，注意到先前漏看的動態：幸福與不幸福的夫妻在吵架時，似乎用很不同的方式處理「掌控」這件事。

幸福與不幸福的夫妻在爭執時，同樣會爭奪控制權。有時，先生會限制他們願意討論的話題（「那件事沒得商量！」），或是太太會替對話加上任意的時限（「我只給你五分鐘！」）。

然而，科學家觀察到幸福與不幸福的夫妻，用非常不同的方式尋求掌控。如果是不幸福的夫妻，想要掌控的欲望通常表露在試圖掌控對方。在研究人員錄下的影片中，[30]有一段是男人在吼妻子：「妳需要閉嘴，現在就給我閉上！」妻子吼回去：「你不要一直工作，一直忽視你的孩子，因為你自己白天過得不順，就把氣發洩在我們身上！」接下來，妻子一一細數自己的要求，每一項都在試圖掌控先生的行為：「你晚餐時要出現，停止批評我，還有該死的，你偶爾也要問我一天過得好不好。」接下來四十五分鐘，夫妻二人都在試圖掌控對方的語言（「不准用那種語氣跟我說話！」）、控制可以討論的話題（「別談那件事」），以及控制什麼動作可以做

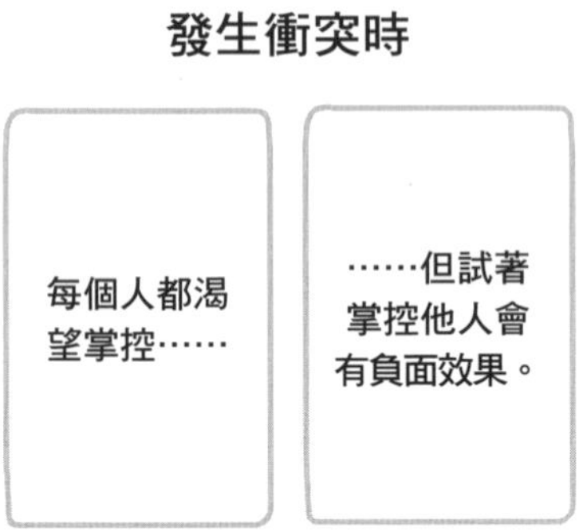
發生衝突時
每個人都渴望掌控……
……但試著掌控他人會有負面效果。

（「你再翻一次白眼，我就走」）。

兩人在九個月後離婚了。

然而，幸福的夫婦想要掌控的欲望，以相當不同的方式顯現。他們不會試圖掌控對方，而是專注於掌控自己、掌控兩人的環境，以及衝突本身。

舉例來說，幸福的伴侶花很多時間控制自己的情緒。怒氣上升時，會先暫停、深呼吸，努力冷靜下來。他們會透過書寫抒發感受，不會大吼大叫。有的人則仰賴習慣——在沒那麼生氣的時候，使用「我如何如何」（“I statements”）的句子；列出他們喜歡彼此的地方、回想快樂時光等等。這樣的人通常講話速度較慢，萬一不小心說出難聽的話，有辦法即時打住。他們更可能透過改變話題或開玩笑，化解緊張的氣氛。「幸福的夫妻明白事緩則圓。」卡尼表示：「他們動用比別人多出許多的自制力與自我覺察。」

此外，幸福的伴侶更專注於掌控自身環境，不會一發生衝突就開始吵，而會暫緩困難的討論，等到處於更安全的情境再

發生衝突時

專注於掌控

1 你自己

2 你的環境

3 衝突的範圍

說。爭執有可能發生在凌晨兩點，每個人都很累，嬰兒在哭鬧，此時幸福的伴侶不會吵下去，而會等到早上再說，等每個人都休息過、孩子沒在鬧的時候。

最後，幸福的夫妻似乎更專注於掌控衝突的範圍。卡尼指出：「幸福的夫妻在爭論時，通常會試著讓規模愈小愈好，不會牽扯不相關的事。」不幸福的夫婦則會全部混在一起，從一件事吵到其他每一件事。「他們一開始爭論：『過節去我家還是你家？』沒多久就演變成：『你這個人太自私。你從來不洗衣服。我們沒錢就是因為這樣。』」（婚姻治療稱之為「從盤古開天開始抱怨」〔kitchen-sinking〕。這種爭吵模式的害處特別大。）

掌控自己、掌控環境、掌控衝突的範圍——專注於這三件事的好處在於，幸福的配偶可以**一起**找到兩人能控制的事。雖然還是在吵架，還是意見不同，但在掌控這方面，兩人站在同一陣線。

解釋為什麼有的婚姻能成功、有的會觸礁，夫妻尋求掌控的差異只是因素之一，但是在緊張時刻，專注於能一起掌控的事，比較不會發生衝突。如果我們專注於控制自己、周邊環境與衝突本身，吵架通常會變成對話。此時的目標是理解，而不是得分或傷害對方。當然，控制不是唯一的重點。如果夫妻並不覺得是兩人一起掌控，爭論就很難結束，或是關係很難變好。

這個洞見放在其他領域也有其重要性：不論是工作場合的辯論或網路上的吵架，舉凡任何爭執，渴望控制是人性。有時，那股渴望會促使我們掌控最明顯的目標：與我們爭論的人。如果想辦法強迫對方聽進去，他們終究會聽見我們在說什麼。倘若強迫他們從我們的觀點看事情，他們會同意我們說得對。然而事實上，那類方法幾乎不會奏效。試圖強迫某個人聆聽，或硬要某人從我們的觀點出發，只會雪上加霜。

更理想的作法是收住掌控的渴望，能夠合作，一起想辦法讓衝突降溫，大事化小。那樣的合作通常還會外溢到對話的其他部分，直到雙方並肩找出解決辦法。

這足以解釋**理解迴圈**的效果為什麼如此強大：當你向某個人證明你在聆聽，你其實是在提供部分的對話掌控權。這也是為什麼**匹配原則**同樣作用強大：當我們跟隨別人起的頭，他們談情緒，我們也談情緒；當他們發送處於務實心態的訊號，我們也跟著實事求是，這是在分享對話進行方式的控制權。

我們除了證明自己在聽，還得找對掌控的目標——愛的心理醫生發現了這一點，再配合其他大量的洞見，開始改造婚姻治療的作法，推廣「綜合行為伴侶療法」（integrative behavioral couples therapy）等新方法，把重點放在接受伴侶的缺點，而不去試圖改造他們。十年內，就有數千名治療師採用愛的心理醫生的技巧。丹佛大學的研究人員史丹利表示：「婚姻治療師起先認為他們的目標是協助伴侶解決問題，但今日的婚姻諮商更專注於傳授溝通的技巧。」

「有很多衝突其實是無解的。」史丹利告訴我：「但每個人都覺得有主控權的時候，衝突有時會自行消失。你說出你的心聲，另一半聽到了。你們找到辦法一起努力，原本的問題就不再那麼讓人感覺是大事。」[31]

槍枝對話上網後

支持槍枝管制的潔芙蔻、支持持槍權的加弗瑞，以及其他和兩人同陣營的行動主義者回家上網後，事情卻一下子升溫。他們的私人臉書群組大約有一百五十人，其中許多人夜以繼日發送訊息，四週內就出現了一萬五千則貼文。大多數人都是後來才加入，沒參加華盛頓特區的特訓。也就是說，他們沒學過主辦方傳授的任何溝通技巧，也沒機會在真實生活中見到彼此。

這個臉書專區有時會出現真實的連結，但也有大量的酸言酸語。[32]一名成員講另一個人：「我不知道哪個比較汙辱人：被你看得起或被你看不起。」另一名成員問道：「所以你擅長給孩子洗腦關於自由的危險？」人們互罵白痴、納粹、法西斯主義者，[33]譏諷有的人「腦殘到無法理解我的主張。我猜是因為你在大學沒學會如何思考，只忙著吸毒和打砲」。

群組的主持人接受過訓練，負責「示範好奇心、禮貌與用心聆聽」，[34]致力「建立對話規範」，但是他們發現那些方法在網路上有時行不通。主持人試著強調各種聆聽的技巧，訓練大家講話要有禮貌。[35]然而事實證明，相較於在華盛頓特區面對面的場合，同樣的方法在網路上效果不彰。

他們的臉書群組出現網路溝通會有的常見問題：反諷的句子被錯誤解讀；寫的人無意冒犯，卻被斷章取義；有的人覺得沒問題的貼文，在別人眼中是在引戰。此外，有個問題一直出現，就跟婚姻研究者在怨偶身上看到的一樣：臉書上的人試圖控制彼此。[36]爭奪控制權不是對話破裂的唯一原因——但出現這種情況時，對話就會走樣。

舉例來說，有些臉書參與者試圖控制別人可以說什麼、提哪些意見、表達哪些情緒：「你因為鄰居有槍，所以害怕，講這種話也太可笑了。」有人這樣告訴另一人：「你怎麼可能那麼認為。」

有些掌控方式較不明顯，例如有人提出一個議題，另一人立刻建議解決的辦法，或是回覆很長的一段話，讓原來的貼文作者感到對方在規定對話的走向與氣氛。有時，人們會貶低某個議題的重要性——有人提到他感到困擾的槍枝訓練課程，結果有人回覆：「我不認為在這種情況下，這有什麼大不了的。」這種留言令人感覺在試圖操控哪些關切合理、哪些很可笑。

人們有時甚至沒意識到自己在試圖掌控，例如一名女性寫道：「我看見相同的幾個男性反覆貼出相同的言論，都是同一套冗長的槍枝話術，真的很令人反感。」那名女性的本意是表達沮喪之情，卻令人感覺是在限制誰可以發言：「我更有興趣聽到其他女性發言。」她寫道：「我對於男性怎麼想，一點興趣也沒有。」有時我們試圖操控，但沒有意識到自己在操控，只是在發表意見或提供建議，不明白在別人眼中，這是在嘗試強制規定對話的走向。

另一名參與者寫道：「這裡愈來愈像在結黨結派。」群組主持人因此和婚姻諮商師一樣，催促大家專注於一起掌舵。每當快吵起來的時候，主持人會傳送訊息，鼓勵每個人專注於自身的需求與情緒——這是拜託大家拿出自制力的禮貌講法。「當你感到被刺激或生氣，那就吸氣。」一名主持人貼出文章：「如果你感到有必要反擊，請暫時抽身。」群組主持人催促大家思考自己的用語所製造的環境。如果有人使用英文語境中會引發爭議的詞語，如**警察國家**（police state）、**自由戰士**（freedom warrior）、**攻擊性武器**（assault weapon），群組主持人會請大家改用較不兩極化的語言，如**法治**（rule of law）、**持槍權支持者**（gun-rights advocate）、**戰術步槍**（tactical rifle）。群組主持人鼓勵大家控制衝突的範圍，一次專注於一個主題。「我想提醒大家，這不是一場為了得分的辯論。」群組主持人告訴大家：「我在想，大家能否冷靜一下……我們都暫停一下會比較好。」

主持人鼓勵網友控制自己、環境與衝突範圍，這個方法發揮了作用。對話有所改善，變得溫馨一點，彼此攻擊的情形減少了。「自從加入這個群組，我的槍枝立場不曾改變。」有人寫道：「但我進行槍枝對話的方式絕對改變了。我想坐下來談，展開這些困難的對話。」

接下來，出現出乎意料的事。前警察加弗瑞寄私訊給潔芙蔻，說他注意到一直有人叫她在網路聊天中閉嘴，他想幫忙。兩人因此商量好一個計畫。隔天早上，潔芙蔻發布文章，支持「紅旗法」（Red flag law）這個兩極化的議題：允許警方取走人民家中的槍枝。潔芙蔻知道這篇文章將引發憤怒的回應。

然而，加弗瑞在一旁等著，搶在所有人之前回覆潔芙蔻：他身為警察與持槍權的支持者，多次碰上有人有可能危及自己或他人的性命，他希望取走那些人的槍。加弗瑞接著寫道，關於這個特定的槍枝議題，他希望聽到其他人的經驗。加弗瑞營造討論的環境，立下衝突的界線。人們開始分享故事，有的是從親戚手上取走槍枝，有的是自己的槍枝被拿走。潔芙蔻並未替自己的立場辯護，只是開始應用**理解迴圈**，在留言區摘要其他人說的話。很快地，有數十人說出自己的故事，承認這個議題有多複雜，充滿灰色地帶。「有時人們不知該如何聆聽。」一群組的主持人布麗特尼・沃克・佩蒂葛魯（Brittany Walker Pettigrew）告訴我：「他們還以為聆聽是為了辯論。如果你讓別人成功提出有力的論點，代表你有地方做錯了。然而，聆聽的意思是讓別人說出自己的故事，即便你不同意他們的看法，仍試著理解為什麼他們會那麼覺得。」

臉書上的討論如火如荼進行時，另一位槍枝管制行動主義者賀林・科恩・布拉曼（Helene

Cohen Bludman）參加了賓州的地方討論，策畫她居住的城市布林莫爾（Bryn Mawr）接下來要舉辦的反槍枝遊行。她出席時，自願者正在製作標語，上頭寫著「全國步槍協會（NRA）是魔鬼」。布拉曼感到沮喪。「也不過一、兩個月前，我也會舉著那種標語。」她告訴我：「但NRA的成員還包括加弗瑞這樣的人，他是好人。我們不能那樣講他。」

衝突通常不會迅速解決。「很難單靠一場對話，就改變另一個人的觀點。」[37]西恩告訴我：「這種事需要時間，所以我們常常必須重啟對話，一次又一次，直到聽見每個人說的每件事。」然而，如果我們感到不安全，或者其他人無心聆聽，試圖控制我們能說什麼，這個重來的過程很容易變調，痛苦與憤怒會偷偷鑽進心中，滋生怨氣，衝突開始加劇。不管怎麼說，當我們把目光鎖定在能一起控制的事，將更容易看見前進的道路。

• • •

促成禮貌討論槍枝的實驗，大約在六週後按照計畫結束，主辦方關閉了臉書群組。從某方面來講，結果有好有壞：不是每個人都戰勝了心中的仇恨，不是每個人都找到連結的方法。有些人被管理員逐出群組，有些人則是自行退出。「我開始對這個群組失去興趣。」[38]有成員在一、兩個星期後寫道：「沒人有興趣改變自己的想法。你要不相信最基本的人權——有權保護自己、家人、社區與國家，要不就堅決否認那個最基本的權利……我知道我心意已決，你們大概也是……我猜最後大家就在投票箱前見吧。」即便是覺得對話有意義的人士，也對其他成員有著矛盾的感受。潔芙蔻告訴我：「裡面有一個人，如果我這輩子再也不會跟他講到話，也沒有關係。」

不過，也有人在巨大的分歧中找到真正的連結，認為這個體驗很深刻。計畫結束六個月後，主辦方舉辦意見調查，有參與者寫道：「我把這些技巧運用在生活的其他領域。」[39]另一個人也說：「我和觀點不同的人講話時，變得更寬容了。我以前受不了抱持極端立場的人，〔但〕我現在有辦法和這些人對話，聽他們說話，同時也傳達我的觀點。」[40]

這個計畫深深改變了加弗瑞。加弗瑞告訴我，他依然擁有數十把槍，也兩次都投給川普（Donald Trump），部分原因是他相信川普將保護憲法的第二條修正案（譯註：該法案保障民眾攜帶武器的權利）。加弗瑞在參與實驗前，一般會將抗議槍枝的人士和共產黨或全素主義者歸在同一類——那些不懂真實世界如何運作的人。

然而，加弗瑞重新思考了一些事。計畫結束後，他養成每一、兩個月打電話給潔芙蔻的習慣，聊聊近況，聽她如何看待一些新聞事件。

「你知道嗎？這個世界很複雜。」加弗瑞說：「如果你想弄清楚究竟是怎麼回事，你需要一些想法與你不同的朋友。」

概念運用指南

第三部分：生活中與網路上的情緒對話

不論我們是否察覺，情緒影響著每一段對話。即便我們不承認，那些情緒依舊存在——而情緒被忽視時，很可能妨礙連結。

因此，任何有意義的討論的關鍵目標，是讓情緒浮出檯面，也就是學習型對話的原則三。

原則三：詢問其他人的感受，接著分享自己的。

許多對話都會出現一個時刻，像是有人真情流露，說出某件事；或是我們透露自己的感受；我們想知道為什麼吵個不停；我們希望親近某個疏離的人。如果我們允許，此時可能會出現「我們有什麼感受？」的對話，而展開這種對話最好的方法，就是提出**深度問題**。

深度問題請人描述信念、價值觀、感受與體驗，揭曉寶貴的資訊，特別能引發親密感。此外，脆弱會引發情緒感染，讓雙方更能站在同一陣線。

深度問題有可能很輕鬆，例如：「你認為美好的一天是什麼樣子？」也可能很沉重，譬如：「你最後悔的事是什麼？」乍聽之下，深度問題不一定挖得很深，例如隨口就能問「你家是什麼樣子？」或「你今天怎麼看起來這麼高興？」，但照樣能夠深入，因為這類問題鼓勵人們解釋為什麼自豪、擔憂、欣喜或興奮。

幾乎任何問題都能換個方式問，成為深度問題。關鍵是把握深度問題的三個特點：

一、**深度問題會詢問對方的價值觀、信念、判斷或經驗——不會只問事實**。不要問：「你在哪間公司上班？」改請對方描述感受或經驗：「你的工作最棒的地方是什麼？」（二〇二一年的研究找到輕鬆提出深度問題的方法：在開口前，想像是跟好友講話。你會問什麼問題？）

二、**深度問題會詢問對方的感受**。有時很簡單，只需要問：「你對……有什麼感覺？」或是提示對方描述特定的情緒：「如果……你是否會開心？」也可以請某個人分析某個情境的情緒：「你認為他為什麼生氣？」或是拿出同理心：「如果是你發生那樣的事，你的感覺是什麼？」

三、**詢問深度問題要像在分享**。問深度問題時，感覺有點像在透露私事，而這種感覺會讓人猶豫，不過研究顯示，人們幾乎永遠很高興被問到深度問題，回答之後也很愉快。

我們拋出深度問題後，必須仔細聆聽其他人如何回答。傾聽不只是注意表面上說了什麼。如果要真正聽見，還得留意**非語言的情緒表達**——人們發出的聲音、手勢、語氣與節奏，以及擺出什麼樣的姿勢與表情。

最後這一條能夠提供線索，協助判斷眾人想從對話中得到什麼。此外，我們有辦法學著找出人們的感受，但由於很容易誤判，譬如把沮喪當成生氣，或是把安靜當成難過，因此要設法調頻，留意兩個面向：

- **心情**：這個人是歡樂或憂愁？你會如何描述他的表情？他在大笑，還是大叫？心情好不好？
- **能量**：他處於高能量或低能量？沉默寡言，還是講個不停？如果他看起來開心，是冷靜自持的欣喜（**低能量**），還是興奮得快要衝到門外（**高能量**）？如果他不開心，是難過（**低能量**）或激動（**高能量**）？

觀察心情與能量，評估情緒……

心情

能量	正面	負面
高	積極向上	憤怒
低	無憂無慮	沮喪

……接著調頻到對方的狀況，證明你在聽。

心情與能量值通常足以讓我們知道，如何調頻到對方的情緒。有時情緒匹配不是最好的作法：如果有人在生氣，我們也跟著生氣，只會拉開彼此的距離。然而，如果我們承認對方的心情與能量：「你似乎心情不好，怎麼了？」就能開始站在同一陣線。

回應情緒

一旦讓情緒浮出水面，接下來要做什麼？

情緒溝通最重要的一點，就是向對方**展示**我們聽見他的情緒，做到**你來我往**。

此時，可以採用**理解迴圈**的技巧，方法如下：

- 問問題，確保你瞭解對方說的話。
- 用你的話重複一遍聽到的事。
- 詢問你是否說對。

……透過「理解迴圈」，證明自己在聽。

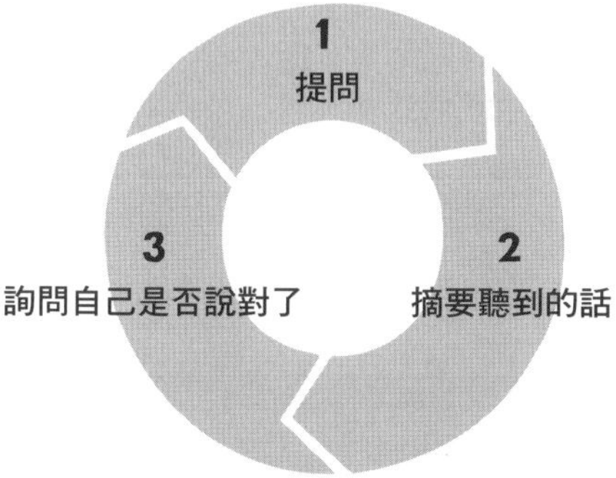
1
提問
2
摘要聽到的話
3
詢問自己是否說對了

重複這個循環，直到每個人都同意你聽懂了。

・持續這麼做，直到每個人都同意我們瞭解了。

迴圈的目標不是鸚鵡學舌，而是用自己的話摘要別人的想法，讓對方知道你努力明白他們的觀點。接下來，重複這個流程，直到每個人都同意就是這樣沒錯。

迴圈有兩個好處：

首先是協助確保我們聽見彼此。

第二點是證明我們**想**聽。

第二個好處的重要之處，在於建立**相互的脆弱**（reciprocal vulnerability）。情緒互惠（emotional reciprocity）不只是簡單描述自己的感受，還要提供「同理支持」。互惠的時候要小心。如果有人透露他們得了癌症，此時我們互惠的方式，不該是討論我們自己的病痛。那不是在支持——而是試圖把鎂光燈轉移到自己身上。

如果改說：「我知道這有多令人害怕，說說你的感受。」這樣講是在展示，我們拿出同理心試圖理解。

輪流展示脆弱的方法如下——

- 展開**理解迴圈**，直到你瞭解對方的感受。
- **找出對方要什麼**：他們想獲得安慰？同理？建議？有人推他們一把？（如果不知道答案，繼續進行**理解迴圈**。）
- **獲得對方的同意**。「我可以告訴你，你的話如何影響我嗎？」「如果我分享自己的人生故事，你介意嗎？」或是「我能不能分享我看到別人如何處理這種事？」
- **禮尚往來**。這部分簡單就能做到，比如描述你的感受：「聽到你這麼痛苦，我很難過」、「我太為你感到高興了」、「我很自豪能當你的朋友。」

回饋的重點不是脆弱對脆弱，難過對難過，而是提供情緒支持，聆聽對方的感受與需求，接著分享自己的情緒反應。

發生衝突時，哪裡不一樣？

發生衝突時，可能很難分享感受。如果吵了起來，或是談話對象抱持不同的價值觀與目標，這種時候似乎很難連結——甚至不可能。然而，由於情緒驅使太多的衝突，爭辯時更應該討論「我們有什麼感受？」，找出如何才能跨越雙方之間的鴻溝。

研究人員發現，發生衝突時，**證明我們在聽**與**分享脆弱**的作用會特別強大——而且可以透過特定的技巧證明我們在聽。

當我們跟人起衝突——

- **首先，表示理解**。方法是進行理解迴圈並應用「讓我確定我瞭解了」等句子。
- **第二，找出明確同意的點**。找出你能說出「我同意你」或「我認為關於……你說對了」的地方，提醒每個人大家或許有不同之處，但**想要**齊心協力。
- **最後，削弱你的砲火**。避免講以偏概全、一概而論的話，如「每個人都知道那不是真的」或「你們那邊老是弄錯」，改說「有點」或「或許……」，以及談明確的經驗（「我想跟你談昨晚的碗盤為什麼放在水槽沒洗」），而不全面掃射（「我想談為什麼你該做的家事，卻從來不做」）。

此時的目標是展現這場對話的目的不是獲勝，而是理解。沒有必要避免爭論，或是把自己的意見看作不重要。你可以說出想法、支持自己的信念，甚至提出論點挑戰彼此——只要你的目標是理解與被理解，而不是吵贏。

上網時，哪裡不一樣？

人類已經和彼此說話超過一百萬年，透過書面語溝通超過五千年。我們在那段期間發展出基本的規範，以及接近無意識的行為——我們接電話時會語調上揚；我們會在信件的尾聲附上對收件人的誠摯祝福，種種行為都讓溝通變得更容易。

相較之下，我們從一九八三年起，才開始在網路上溝通。網路對話該有的規範與行為，相對而言尚在萌芽期。

當然，線上討論最大的問題，在於缺乏通常由聲音與肢體提供的資訊，包括我們的語氣、手勢、表情，以及講話會有的節奏與能量。即便是寫信，我們往往也會琢磨一番，刪刪減減，思考該說什麼。

相較之下，線上溝通一般會快速進行，不假思索，想到什麼輸入什麼，有時會發生誤解。線上溝通缺乏聲音提供的線索，或者少了正式通訊的字斟句酌。

然而，線上溝通已是今日的潮流，所以我們需要知道哪些事？

研究顯示，有四件事能改善線上的對話。

在網路上發言時，記得要——

・**特別重視禮貌**。大量的研究顯示，[1]如果至少有一方從頭到尾保持禮貌，就能減少網路上的戾氣。有研究發現，在一連串的網路辯論中，單單加上**謝謝**與**請**，其他的保持不變，就能舒緩緊張的氣氛。

・**少一點諷刺**。我們用幽默的語氣說話時，聽的人通常知道我們在反諷。然而，假使在網路上打出諷刺的留言，我們一般會在自己腦中聽到相同的諷刺語氣——但閱讀留言的人聽不到。

・**多表達感激、尊重、問候、道歉，以及願意聆聽多方的意見**。研究證實，當我們表達感激（「那則留言教了我很多事」）或熱切期盼（「我很想聽你們的想法」），或是在評論前先打招呼（「嘿！」）、事先致歉（「希望你們不會介意……」），或是說明自己只是「一家之言」（「我認為……」），線上溝通會更順暢。

- **避免在公共論壇批評**。在另一項實驗中，研究人員發現在線上給予負面回饋的副作用，遠大於真實生活。線上批評會導致人們寫下更多負面的話語，漸漸更常批評他人。在網路上公開批評他人，將導致不良習慣成為數位常態。[2]

當然，面對面說話時，以上也是實用的技巧。其中好幾項不用多說，我們小時候就學過，但上網時容易忘掉。我們飛快打字，在會議的空隙傳簡訊，沒重讀一遍自己寫了什麼，沒想一想讀起來是什麼感覺，就按下「送出」或「張貼」。在網路上多留意一點、多思考三秒鐘，小付出會有大收穫。

「我們是誰？」對話

概述

在有意義的對話中，參與討論的不只是我們這個人本身，還包括影響著「我們之所以是我們」的每一件事：在我們身上發生過的事與成長背景、我們的親友、我們相信的理念、熱愛或反對的團體。換句話說，我們會把自己的社會認同帶進對話中。許多對話的焦點就明顯放在這樣的身分認同上：我們共同認識的人、社群裡的人際關係、如何看待自身的人際關係，以及人際關係如何影響我們的生活。

社會正義運動，以及過去十年發生的悲劇暴力事件，讓我們痛苦地意識到不平等與偏見影響許多人的人生——有些特別嚴重。如果要克服這些不幸，討論彼此的不同很重要。

接下來的兩章將探索社會對話，以及如何在不安中，依然成功地對話。第六章檢視人類的演化直覺是「相信跟自己相像的人、不相信跟自己不像的人」，以及如何反過來運用，即便碰上背景與信念不同的人，仍然能夠連結。第七章將檢視，如果能多加思考**如何**對話，那麼連最困難的對話也會有所進展，例如系統性的不正義。

「分隔我們的，不是我們之間的差別，」行動主義詩人奧德雷・洛德（Audre Lorde）寫道：「而是我們無法認可、接受與讚揚各式各樣豐富的人類面貌。」「我們是誰？」的對話，能探索社會認同如何形塑我們，讓世界變得更多彩多姿。

6 社會認同形塑我們的世界——幫反對疫苗的人打疫苗

傑伊．羅森布魯（Jay Rosenbloom）於一九九六年醫學院畢業後，到亞利桑那大學擔任小兒科實習醫生。他知道自己新來乍到，沒人願意做的工作都會丟給他。即便他已經在奧勒岡健康與科學大學（Oregon Health and Science University）取得醫學士與博士學位，實際到醫院執業後，第一年大部分的時間都在做無聊的「健兒」檢查（well-baby exam）。每一天，焦慮的家長接踵而來，羅森布魯會詢問餵奶時間與尿布疹的情形，接著示範使用嬰兒包巾的技巧與拍嗝的方法。

那不是什麼帥氣的工作內容，不過每次門診的尾聲，羅森布魯終於有機會施展醫療技巧：他會做好準備，協助接種各式各樣的疫苗。美國兒科學會（American Academy of Pediatrics）建議在新生兒出生三個月內，開始施打預防小兒麻痺與百日咳等疾病的疫苗。多數父母都會積極幫寶寶打好針。

然而，有些父母不是很想打。他們聽說疫苗會導致自閉症、身體畸形或不孕。他們擔心疫苗是賺錢的陰謀，害孩子**更**容易得病，這樣藥廠就能售出更多藥物。也有家長反對打疫苗，只因為不喜歡政府建議的任何事。羅森布魯知道這些都是無稽之談，但也束手無策。

「所以我請教資深的醫生，我該跟拒絕打疫苗的家長說什麼？」羅森布魯告訴我：「結果前輩說，你就告訴他們：**我是醫生，我比你懂。**」

雖然羅森布魯是醫院最菜的菜鳥，他也知道這麼講不太好，所以他趁沒值班的時間，自行設計傳單，發給家長，上頭寫著疫苗救過多少人的命。羅森布魯影印醫學研究，四處尋找教學影片，在健檢時播放。羅森布魯告訴家長，他很遺憾沒打疫苗的染病孩子被送進醫院，那些危及性命的疾病原本很容易預防。羅森布魯絞盡腦汁，能試的方法都試了——但通常一點用也沒有。「我提供的資訊愈多，家長就愈堅持己見。」他說：「有時我會分享我的研究，讓他們帶著一堆圖表和資料回家。那些父母會感謝我，然後一星期後，我發現他們換到別家醫院。」

一天早上，一名父親帶著十二歲的女兒來看診，羅森布魯問他要不要打疫苗。「當然不要！」那個父親說：「誰想給自己注射毒藥。你想害死我們是不是？」羅森布魯醫生沒有堅持。「那種人說服不了。」他告訴我：「因為他整個人的自我形象，都建立在好騙的人才打疫苗。醫生不是白痴，就是狼狽為奸。」

羅森布魯完成實習後，到奧勒岡波特蘭（Portland）執業，依舊碰上一樣的事。接下來二十年間，他已經習慣在推薦打疫苗後，聽到有些病人解釋打疫苗為什麼很危險，或是某種陰謀論。到最後，不論聽到多離譜的理論，羅森布魯都見怪不怪。他唯一感到奇怪的地方只有反對打疫苗的人也太形形色色。「自由派的人拒絕接種疫苗，理由是他們只吃有機食物。保守派的人拒絕，因為他們認為打疫苗是政府的暴政。支持自由意志黨（libertarian）的人說，比爾・蓋茲（Bill Gates）想把晶片放進我們的身體。這幾派的人一般都痛恨彼此，但在疫苗這件事情，每個人有志一同，同仇敵愾。」

研究人員也感到匪夷所思。拒絕打疫苗的人，似乎沒有太多共同點，不是那種典型的陰謀論者看了小眾網站，或是跟想法奇特的親戚談話後，就相信了。疫苗反對者的論點，似乎集中在社會如何不假思索地擁抱藥物。[1]隨著學界開始研究抗拒疫苗的心理學，許多學者逐漸認為，疫苗反對者的反感跟他們的「社會認同」有關：也就是我們所屬的團體、交友對象、加入的組織，以及接受或排斥的過往，相加在一起後得出的自我形象。

•••

上一章帶大家看過棘手的對話——槍枝的辯論很棘手，因為意識形態與政治立場讓民眾分裂。不過，還有一種分裂也會讓人們很難連結。這種分裂源自我們的社會認同[2]、社會如何看我們，以及作為社會的產物，我們如何看待自己。這樣的不同與衝突——有可能源自我是黑人，你是白人；我是跨性別者，你是順性別者；我是移民，你不是。在這樣的情境裡，即便我們希望連結，也無法光憑**理解迴圈**或證明我們想理解就能辦到，需要採取不一樣的作法。

心理學的教科書解釋，社會認同是「自我概念的一部分，來自我們在社會團體中的成員身分、我們賦予這個成員身分的價值，以及這個成員身分對我們的情感意義。」[3]我們的社會認同攙雜來自四面八方的影響，包括我們選擇的朋友、我們念的學校、我們進入的職場，各種人事物帶來的自豪或防衛感受。由於我們的家族傳承、成長方式、敬神的場所，讓我們感受到的義務。我們所有人都有個人認同（personal identity），[4]也就是除了社會之外，我們如何想自己。此外，所有人也有社會認同（social identity），亦即身為不同族群的成員，我們如何看待自己，以及認為別人如何看待我們。

無數的研究在在顯示，社會認同以深遠的方式影響著每個人的思考與行為。[5]一九五四年一項著名的實驗，將一群夏令營的十一歲男孩任意分為兩組[6]——孩子們自稱為響尾蛇隊（Rattlers）與老鷹隊（Eagles），光是這樣，他們就強烈效忠於自己所屬的小組、妖魔化另一組，最後演變成撕毀彼此的旗幟，丟石頭互砸腦袋。其他實驗也證實，[7]在社會情境裡，人們有可能對自己的過往說謊、願意用高度溢價買下產品，或是單純為了融入，即使發生犯罪事件也假裝沒看到。

我們都擁有各種社會認同，例如：民主黨／共和黨、基督徒／穆斯林、黑人／白人、白手

三種對話

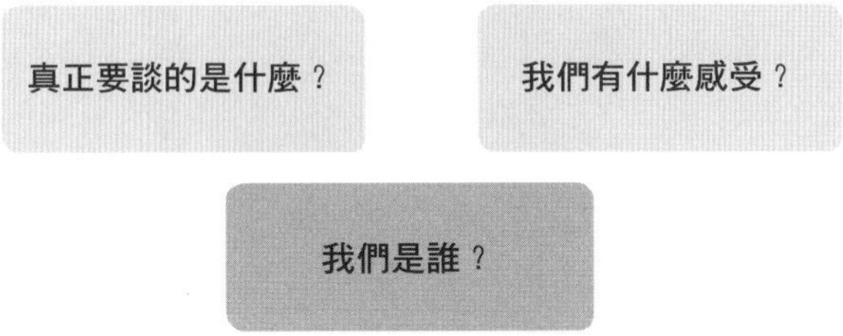

**我們都有社會認同。
社會認同影響著我們的
說話與聆聽方式。**

起家的百萬富翁／工人階級。那些認同會以複雜的方式交會[8]：**我是在南方長大、投票給自由意志黨的同性戀印度裔電腦工程師**。曼徹斯特大學的研究人員在二〇一九年寫道：各種身分認同促使我們與他人做出假設，悄悄造成我們「誇大不同族群之間的差異」，[9] 過分強調「同一族群內的相似性」。我們的社會認同促使我們想也不想就認為，與我們相像的人（心理學家稱為「內團體」〔in-group〕）道德感較強、頭腦更聰明。至於和我們不同的人（「外團體」〔out-group〕），我們則認為可疑、道德有問題，還可能具有威脅性。社會認同能協助我們將心比心，但也會導致揮之不去的刻板印象和偏見。

社會衝動（social impulse）不論好壞，八成源自我們的演化過程。「我們人類如果沒在很久很久以前，就培養出對歸屬感和社會互動的深度需求，這個物種早就滅絕了。」紐約大學的心理學教授喬書亞·

阿朗森（Joshua Aronson）告訴我：「如果嬰兒沒有社會直覺，或是母親不在乎孩子，嬰兒就活不成了。所以傳下來的特徵包括：關心內團體、想保護同一國的人，以及想辦法成為團體的一分子。」

渴望成為團體的一分子是「我們是誰？」對話的核心。[10] 每當我們談論自己在社會裡的連結，就會發生這種對話。當我們討論組織內最新的小道消息（「我聽說會計部每一個人都會被裁掉」）、暗示自己所屬的團體（「我們是這個家族裡的尼克隊迷」）、找出社會連結（「你念柏克萊大學？那你認識特洛伊嗎？」），或是強調社會差異（social dissimilarity，「身為黑人女性的我，對這件事的看法與你不同」），這種時候都是在參與「我們是誰？」的對話。

這類型的討論通常有助於建立連結：當我們發現雙方高中都打籃球，或是都參加過《星艦迷航記》大會，我們更可能信任彼此。雖然「我們是一國的」會有一些副作用，像是看不起運動神經差的人，或是笨蛋才不懂劇中人物史巴克的好，但也有明顯的好處：當我們發現彼此有同樣的社會認同，會更容易連結。

然而，不是所有的社會認同分量都一樣。光是我們兩人替同一支運動隊伍加油打氣，不代表當我得知你家有十六把突擊步槍，或是你認為吃肉有罪，我還會信任你，尤其是在醫療診所等場景，有的身分認同（例如作為醫生）的影響力大過其他認同。[11]

換句話說，社會認同會隨著我們身處的環境而變化，影響力也隨之變大或變小，或是變得

突出或不突出。假如我參加街坊的烤肉活動，這一區的每個人都投給歐巴馬（Barack Obama），那麼我穿著支持歐巴馬的T恤，八成不會引發特別強烈的親切感。然而，如果我穿著那件T恤，參加全國步槍協會的集會，碰到也穿那件T恤的人，兩個人會覺得找到盟友了。不同的身分認同具備的意義——性別vs.種族vs.政治立場vs.我們支持的超級盃球員的重要性，會隨著我們的環境與身旁正在發生的事，變得突出或不突出。

•••

這些年來，羅森布魯醫生遇到愈來愈多家長拒絕幫孩子打疫苗。他開始感到他們的拒絕與社會認同有關：**我們不信任醫療機構**或**我們不喜歡被政府命令**。羅森布魯醫生猜測，部分原因跟疫苗討論發生的環境有關：患者人在**他的**診療室。他在那個空間被賦予的角色是專家，民眾則被迫扮演尋求建議的拜託者。這種動態很容易引發憤恨。二〇二一年發表的研究顯示，這一類的權力不平衡與其他因子，造成「近五分之一的美國人至少在某些時刻自認反對疫苗，而且許多人認為這是他們重要的社會認同標籤」。[12]研究顯示，抗拒疫苗的人士自認比一般人聰明，更擅長批判性思考，也更注重自然的健康狀態。二〇二一年的研究指出，反對疫苗提供了「心理益處」，包括「自尊提高與獲得社群感」。自認懷疑疫苗的人，「更可能把主流的科學與醫療專家，也就是支持推廣疫苗的人，視為具威脅性的外團體。」

波士頓大學的麥特・莫塔（Matt Motta）是該論文的共同作者。他告訴我這種態度很難破除，因為「你等於在要求對方放棄價值觀與信念，放棄他們對自己的核心看法」。莫塔指出：「如果成功說服的前提是強迫他們表示：我至今相信的每一件事都是錯的」，你將永遠無法讓人改變行為。

不過，羅森布魯感到這不只是他的病人會碰上的問題。醫生也同樣受社會認同的影響。羅森布魯回想他的導師，比如叫他告訴病人「我比你懂」的那位醫生。羅森布魯意識到這種傲慢的態度，來自變調的社會認同。那位醫生自認高人一等，因為他隸屬於專家團體。不論醫生和病人有多少共通點，就算住在同一區，孩子念同一所學校，一旦病人拒絕接受醫生的建議，醫生就會把對方視為無知的一群人，而無知的人活該被鄙視。羅森布魯很不願意承認，他有時也有這種衝動。「一穿上白袍，你開始認為自己屬於無所不知的一群人。」他告訴我：「接下來，若有病人不同意你的看法，你就認為他們愚昧無知。」

如果羅森布魯希望和抗拒疫苗的民眾談疫苗，他需要更擅長講他們的語言，讓對方知道他理解他們關切的事。換句話說，羅森布魯需要展開「我們是誰？」的對話。

然而，展開這種對話需要做到兩件事：

・首先，羅森布魯醫生需要找出如何處理他腦中，以及其他醫生腦中的刻板印象。那種刻板印象讓他們認為，不肯打疫苗的人無知又不負責任。

- 第二，他需要在對話時，讓病人感覺受尊重。每個人都感覺屬於同一國。

接著在二〇二〇年初，羅森布魯醫生聽說中國武漢出現新型的侵襲性冠狀病毒。沒多久，這個病毒就在全球肆虐，各國關閉國界，開始封城。同年六月，[13]美國出現超過兩百萬個COVID-19病例，聯邦政府宣布，最終會提供疫苗給每一個人。國家衛生院（National Institutes of Health）預估，大約需要有八五%的美國人接種疫苗，全國才能達到群體免疫。[14]

羅森布魯聽到消息的第一個念頭？**絕不可能成功。不可能有那麼多人願意打疫苗。**

「然而，我知道我們必須試試看。」他告訴我：「如果我們無法想出辦法與反疫苗人士連結，會有數百萬人死亡。」羅森布魯醫生就是在此時開始思考，有一條路不知可不可行：「如果我們能讓每一個人重新想像和疫苗對話？如果我們能讓他們重新想像自己？」

讓我們腦中的偏見安靜下來

此次踏進實驗室參與實驗的女性，至少有一個共通點：她們的數學超強。她們大都是密西根大學的大一和大二學生。所有人的SAT數學分數都在前一五%，以及至少在兩堂大學程度的微積分課取得高分。她們還告訴研究人員：「數學對她們的個人與職業目標來說很重要。」[15]這群受試者中攙雜了男性，不過研究人員把注意力放在女性，因為研究人員猜測，這些女性處於幾乎無人知曉的劣勢，就連學生本人也沒發現。

這項實驗的種子在幾年前種下。華盛頓大學的心理學教授克勞德．史提爾（Claude Steele）研究大學生的成績模式。整體而言，他觀察到的現象符合他預期看到的事：高中成績好的學生，更可能在大學成績表現好。SAT是拿來預測大學表現的考試。在SAT拿高分的學生，一般會比SAT分數低的學生，獲得稍好的大學分數。

然而，有個模式令人不解：史提爾如果挑出SAT分數差不多的黑人學生與白人學生（至少依照SAT這個標準化測驗的結果來看，兩群人準備好上大學的程度是一樣的），接著比較兩者的大學成績單，黑人學生的分數就是比較低。史提爾告訴我：「我想不透為什麼會發生這種事。」他日後在《韋瓦第效應》（*Whistling Vivaldi*）一書中寫道：「SAT入學成績的每一級，即便是以最高一級的分數入學的黑人學生，他們的大學分數也比其他學生低……英文、數學、心理學，不論哪個科目都一樣。」[16]史提爾還提到：「不只黑人如此，這種現象還發生在更多的族群。在大學的進階數學課程、法學院、醫學院與商學院，拉丁裔、美洲原住民與女性學生也出現這種現象。」

史提爾起先懷疑，會不會是授課老師的問題。[17]或許教授帶有種族歧視或性別歧視？或是無意間被刻板印象影響？

然而，隨著史提爾進一步研究，他覺得或許還有其他原因。資料顯示，黑人學生與女學生的數學課程分數比較低，主要受一個因子影響：他們在計時的任務表現比較差。他們懂的知識似乎和同學一樣多，努力程度也一樣，但如果碰上有時間限制的考試，例如計時一小時的測驗，他們似乎會浪費寶貴的考試時間懷疑自己的答案。

史提爾因此沒有把研究焦點放在老師身上，轉而研究學生。那些學生是否自尊心低落？好像沒有。他們是否在考試一開頭便假設自己會考不好，所以他們表現不佳是自我實現的預言？沒有那方面的證據。事實上正好相反：這些學生知道自己替考試做好了準備，迫不及待要證明自己。看來還發生了別的事。史提爾猜自己知道是什麼事：這些學生被社會認同絆住，[18]包括他們所屬的團體（女性、黑人學生），以及他們知道那些團體遭受的偏見。

史提爾親身體驗過社會認同以多深刻的程度，影響人們的人生。史提爾生於芝加哥，父親是黑人，母親是白人。在他出生的年代，美國的許多州仍禁止跨種族婚姻。史提爾有遭受種族歧視的親身經驗。他的父母參與民權運動，抗議投票歧視，以及學校與住房的種族隔離。史提爾長大後，以不同的形式參與行動主義：他離開芝加哥，在俄亥俄州取得心理學博士學位，開始鑽研偏見心理學。史提爾以不尋常的過人速度，在全美最頂尖的大學一路竄升，待過猶他大學、華盛頓大學、史丹佛大學、哥倫比亞大學。他在職涯中期來到密西根大學，開始設計實驗，檢視他所發現令人困惑的學生成績模式。

史提爾和同事史蒂芬・史班塞（Steven Spencer）合作的第一項研究，於一九九九年發表，研究對象是擅長數學的女性。史提爾從問卷調查中得知，主修數學的女性感到「必須時時刻刻證明自己。人們會質疑她們的職涯投入程度」。女性實際上意識到外界的刻板印象，認為她們天生數學就沒有男性好——套用史提爾的話來講，「她們知道自己逃不過」這樣的刻板印象。即便現實中沒有依據，這種刻板印象照樣普遍存在。

史提爾的實驗讓一半的受試者接受挑戰性高的數學考試；另一半的受試者則接受困難的英文考試——以英文這個科目來講，刻板印象整體而言並未貶低女性的能力。實驗的考試時間相對短，僅三十分鐘，而且是研究所入學考試GRE的難度。[19]

就平均分數來看，男性與女性的英文考試表現一樣。然而，在數學考試這一組，男性的分數平均比女性高二十分。考英文的時候，女性與男性都明智地分配時間。考數學的時候，女性則似乎比較不懂得有效分配時間。史提爾指出：「女性更常反覆檢查答案並重新計算」，由於「她們一心多用，有部分的大腦試圖解題，有部分的大腦分神去想：**我需要檢查答案，我需要仔細，因為我知道刻板印象是怎麼說的**」，結果女性的考試時間不夠用。[20]

史提爾認為，對參加考試的女性而言，彷彿光是知道世上存在對她們不利的偏見，就足以讓她們處於劣勢，即便她們知道刻板印象並不正確。史提爾日後寫道：「由於對女性數學能力的負面刻板印象，光是參加困難的數學考試，女性就處於被汙名化的風險，被視為數學能力有限，**因為她是女性**。」這種刻板印象帶來的焦慮與分心，足以拖慢女性受試者的答題速度，導致分數較低。

史提爾接著募集同樣做好充分準備的黑人與白人學生，[21]請他們完成GRE考試的語文推理（verbal reasoning）部分。史提爾寫道，在這一類型的考試當中，黑人學生則遇到「他們的團體在這方面智力較差的刻板印象」。考試結果出爐，「在這項困難的測驗，白人學生的成績遠勝過黑人學生」，[22]而且「分數差非常多。如果整體的GRE考試都如此呈現，影響會十分重大」。史提爾推斷，這樣的差異是因為黑人學生意識到，刻板印象認為他們在這種測驗的表現不佳，而這種壓力所耗費的心神，足以讓他們的成績受到負面影響（相較之下，當研究人員降低刻板印象的重要性，告訴黑人學生此次測試**不是**為了評估智力，他們的分數反而跟白人學生類似）。

史提爾和研究同仁稱這種不利的效應為**刻板印象威脅**（stereotype threat）。在一九九〇年代晚期的首批實驗後，又有其他數百項研究證實這種效應確實存在，[23]並檢視相關的不良影響。光是知道存在某個刻板印象我們的行為就會受影響。史提爾提出，對黑人學生、進階數學課的女學生或其他許多團體而言，「不需要身旁的人真的具有種族歧視，光是社會上存在刻板印象，因為他們的身分而貶低他們的能力，就有一把劍懸在他們頭上。」即便在學生的生活範圍內，沒有任何人歧視他們，學生還是會因為知道世上存在刻板印象，受到負面的影響，而「當刻板印象以及刻板印象對人們的思維產生的影響，實際左右了他們的表現，又會回過頭來強化刻板印象。」[24]

不用說，所有人的身旁都存在刻板印象。事實上，就是因為刻板印象（非常不同的另外一種），導致羅森布魯與其他許多醫生對那些不接受他們建議的病患，有著不好的評價。醫生是專家的社會刻板印象，造成醫生自認具備開明的見識。另一種刻板印象，則促使病患用懷疑的眼光看醫生——醫生是一群自以為無所不知的人，是腐敗政府的打手。即便我們無意那麼做，也不希望這樣，社會認同還是會改變我們的行為。身分認同促使我們再三檢查試卷的答案，或是傲慢地告訴來看診的人：「我比你懂。」

史提爾等研究人員發現，有些方法能夠反制刻板印象的威脅。[25]他們在某項實驗中告訴女性受試者，這次的測驗特別設計成避開性別差異的成見。他們在另一項實驗告訴黑人學生，這次的測試「不是為了測驗智商」，而是要找出「整體的問題解決能力」，結果刻板印象威脅的影響就減少了。史提爾在書中寫道：「我們透過這一類的實驗指示，讓黑人受試者免於原本會遇到的汙名威脅。」

換句話說，研究人員改變環境時，刻板印象不再那麼突出，威脅性從而降低。「如果你在課堂上做那樣的努力，就太好了。」史提爾告訴我：「不過，想在社會上執行有其難度，畢竟人人都知道存在這樣的刻板印象。」

• • •

二〇〇五年，另一群研讀數學的女性與男性學生受邀參加另一項實驗。不過，這次的實驗發生在德州基督教大學（Texas Christian University）的校園，實驗人員不一樣，且稍微改變了作法。[26]為了確保威脅性的刻板印象占據每個人的心思，主持研究的戴娜．葛雷斯基（Dana Gresky）在實驗一開頭便告訴受試者：「我正在研究GRE考試，因為大家都知道刻板印象認為，男性的數學考試表現通常比女性好。」先前的研究顯示，這種明顯的操縱能確保一定數量的女性想著這個刻板印象，最後拿到較差的分數。

接下來，受試者分成三組，被帶進不同的考場。

第一組入場後，立刻開始做GRE的數學考試，實驗人員沒有給開場白或進一步指示。

第二組人在寫考卷前，研究人員要他們先簡單描述如何看待自己。葛雷斯基告訴第二組：方法很簡單，請畫出一張圖，描述你扮演的幾個身分與角色。不過葛雷斯基也提醒時間很短，只能放最基本的資訊。她給第二組看畫好的範例如下。

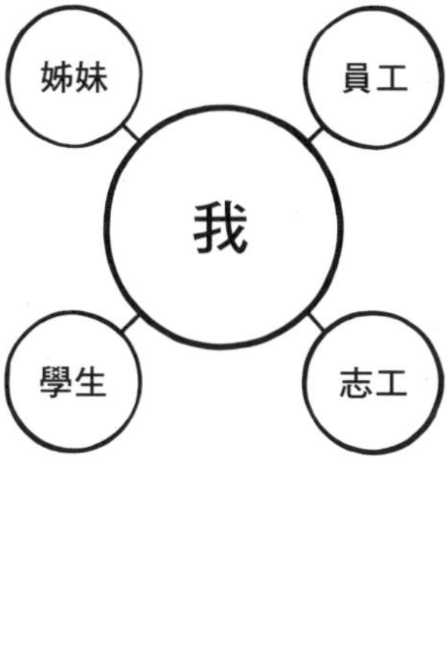

第三組開始做測驗前，也被要求描述如何看待自己，但這組人得到的指示是「能寫多少就寫多少」，要詳細描繪且提供大量的資訊，包括他們參加過的各種社團、嗜好，以及在人生不同階段擁有的各式身分與角色。這組人也看到以下範例。

第二組與第三組的受試者畫好之後，才開始考數學。

研究人員想知道，「提醒每位女性她們扮演著多重的角色與身分」，能否「減少刻板印象的威脅」。研究人員日後寫道：「典型的女大學生有可能依據自己的性別、種族、族裔、社會階層、宗教、姊妹會、學校課程、工作、運動隊伍、社團、家庭……來定義自己的身分。如果讓一般的女性想到自己除了是女性，還具有

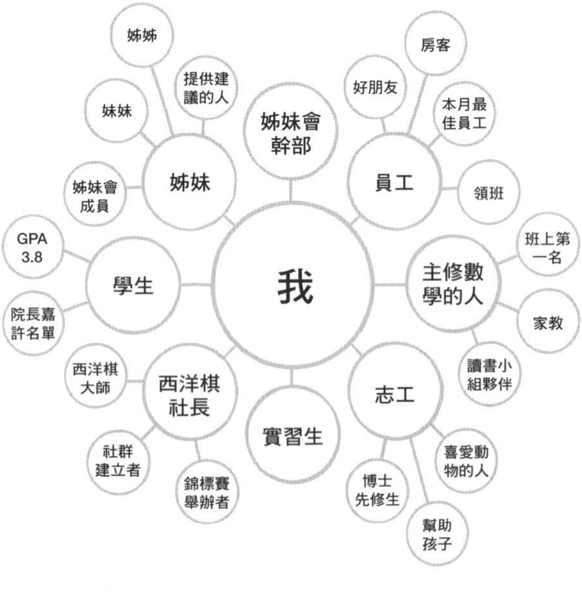

其他社會身分，是否會提升她們的數學表現？」研究人員假設，提示考生想起自己所有的複雜身分後，環境改變的程度就足以減少在實驗最開頭，葛雷斯基提到GRE刻板印象所引發的焦慮。那段引言，促使每個人只想到**一個**身分：數學考不好的女性。

測驗結束後，研究人員計算分數。第一組和第二組的女性平均表現都輸給男性。如同研究人員所預期的，促發女性想著負面的刻板印象，影響了她們的表現——就連簡單描述如何看自己的第二組也一樣。

不過，第三組女性被要求想著生活中的所有面向，以及自己具備的一切身分。她們的表現最後跟男性一樣好，分數沒有差異。提醒女性她們具備的多重身分後，刻板印象威脅被中和了。「用一、兩個節點畫出自我中心概念圖，證明無效。」研究人員寫道：「相較之下，用眾多節點畫出的自我概念圖，讓處於刻板印象威脅的女性拿出遠遠更好的表現。」

• • •

羅森布魯醫生得知相關的研究後，感到或許能解決他遇上的問題：如何對抗太多醫生腦中「醫生最懂」的刻板印象。羅森布魯知道一旦穿上白袍，有多容易只從一個面向思考：「我是醫生。」「然而，如果你能想起你也是別人的父母，那麼你就能知道，替自己的孩子做出健康方面的選擇有多嚇人，因而出現一絲同理心。」羅森布魯告訴我：「如果你能想起你是別人的鄰居，你就知道鄰居不會說出『我比你懂』這種話。」

在「我們是誰？」的對話中，我們有時會緊抓著一個身分不放：「我是你媽／你爸」、「我是老師」、「我是老闆」。然而，這麼做不免畫地自限，我們只從一個角度看世界，忘記每個人都是複雜的個體。如果我們用父母的腦袋思考，而不是從醫生的腦袋出發，碰上陌生人想注射藥物到我們的孩子體內，或許也會發出質疑。我們可能會想起負責的父母**原本就會**問清楚。

羅森布魯記住這一點後，展開了新的流程：每當碰上小病患的家長，他會花幾分鐘找出雙方的共通點。「如果他們提及其他家人，我也會講我的家人。如果他們提到住在附近，我會說出我住哪裡。」羅森布魯告訴我：「醫生不該談論個人生活，但我認為這對證明雙方有所連結，非常重要。」

求診的民眾或許會認為，醫生在試圖減緩他們的緊張感，但羅森布魯其實也是為了自己。「這麼做能提醒我，我不只是醫生。」他說道：「等有人說出不理性的話，譬如疫苗是驚天的大陰謀，我就不會氣得跳腳，而是感受到一定的連結，因為我知道被專家發號施令是什麼感覺。我也有過那樣的經驗。」

在「我們是誰？」的對話裡，關鍵是提醒自己，我們都有著多重的身分：我們是家長，也是別人的兄弟姊妹；我們是某些主題的專家，但換成別的主題則是新手；我們是別人的朋友與同事，我們喜歡狗，但討厭慢跑。我們同時具有這些身分，沒有單一的刻板印象能夠完整描述我們。我們都有等著被挖掘、呈現的許多面向。

也就是說，一場「我們是誰？」的討論，有可能需要多花一些時間抽絲剝繭，具備探索的精神，或是需要深談，邀請對方聊他們來自哪裡、如何看待自己，以及遇到的偏見如何影響他們的人生，包括種族歧視、性別歧視、父母與社群的期待等等。「我兒子去學校時，我會叮囑他：記住，今天的考試或許會很難，但想一想你還扮演其他什麼角色。」德州基督教大學的研究人員葛雷斯基說：「記住心中還有其他所有的聲音，就能削弱不好的內在聲音。」

想起那些聲音的過程很簡單：在「我們是誰？」的對話中，邀請人們談論他們的背景、他們支持的事物、所處的社群是如何形塑他們（「你來自哪裡？哇，真的嗎？在那裡長大是什麼感覺？」）。接下來，你也描述你如何看待自己（「你知道，我是南方人，我認為……」）。最後，避免掉進單一向度陷阱的方法，就是隨著對話的開展，想起所有人都具備五花八門的身分：「我聽到你說，身為律師，你支持警察，但身為父母，你會不會擔心警察要你的孩子把車子靠邊停？」

當然，這只是「我們是誰？」對話的一部分。記住所有人都有很多面，能協助我們更清楚地看著彼此——但不一定能因此成功說服別人，比如讓抗拒疫苗的家長信任醫生。

如果要做到那種程度，我們需要找到得以共享的身分。

敵人一起踢足球

二〇一八年的春天，伊拉克的喀拉克什（Qaraqosh）出現宣傳單，[27]告訴大家成立了新的足球聯盟。這個消息令人有點意外，因為當時的喀拉克什剛剛經歷殘酷的戰爭，才正要重建家園。過去幾年，這座城市的基督徒居民遭受伊拉克與敘利亞伊斯蘭國（Islamic State of Iraq and Syria，簡稱ＩＳＩＳ）的無情攻擊。數百名基督徒遭殺害，[28]約五萬人被迫逃離家鄉。ＩＳＩＳ戰士洗劫教堂，燒毀基督徒的店鋪，侵害基督徒女性。[29]ＩＳＩＳ日後終於在二〇一六年從喀拉克什撤退，浪跡天涯的基督徒開始重返家園，其中許多人感到被穆斯林鄰居背叛。「現在我碰到他們，他們會別過頭走開。」一名六十歲的基督徒在二〇一七年告訴記者：「他們清楚自己做了什麼。他們自知有罪。」[30]

在ＩＳＩＳ入侵之前，喀拉克什有幾支業餘成人足球隊，大部分只收基督徒球員。基督徒與穆斯林幾乎從來不會一起踢球。事實上，基督徒與穆斯林幾乎是井水不犯河水，就連在運動場外也一樣：永遠有基督徒的餐廳與穆斯林的餐廳，基督徒的雜貨店與穆斯林的雜貨店。店內都會有保鑣負責檢查註明了宗教信仰的身分證。

喀拉克什的基督徒難民開始返家後，他們的足球隊又逐漸踢起球來。接著有一天，基督徒區開始出現傳單，宣布有新的聯盟，邀請球員參加說明會。在一間因戰火半毀的教堂，新聯盟的主辦人解釋他們將贊助一場錦標賽，可以免費參加，任何現有的球隊都能報名，每位參賽者將拿到背後繡有名字的球衣。每場比賽都有專業裁判坐鎮，球網與足球也都是新的，獲勝的隊伍將獲頒獎盃。不過，這場賽事有特殊的限制：除了只有現成的隊伍能參加比賽，新聯盟的每支參賽隊伍都必須有十二名球員，儘管喀拉克什的習慣是一隊有九名球員。此外，一半的隊伍要新增什麼球員都可以（八成都是基督徒）；另一半的隊伍後來加入的三名球員，必須是聯盟幹部挑選的穆斯林。[31]

這個聯盟的點子由史丹佛的博士候選人薩瑪・摩莎（Salma Mousa）提出。[32]她想測試**接觸假說**（contact hypothesis）[33]——這個理論認為，如果讓社會認同起衝突的人在特定的環境齊聚一堂，將能克服舊恨。這個點子聽起來很荒謬：一個足球聯盟就能化解喀拉克什的血海深仇。這座城市絕大多數的居民都是基督徒。基督徒在民意調查中表明，穆斯林鄰居背叛了他們。事實上，在說明會上，當教練和球員聽到一半的隊伍必須接受穆斯林球員，許多人直接離開。「他們告訴我們，這會毀了球隊。」摩莎告訴我：「他們說，我們將引發另一場戰爭。」

然而，專業裁判和大獎的誘惑，還是讓幾支隊伍報了名。接下來，新球衣送抵後，很快地每個人都想加入，最後有四十二支隊伍參加新聯盟。摩莎跟助理替一半的隊伍指派好穆斯林球員，公布賽程，接著靜觀其變。

一開始，練習的氣氛非常緊繃。有的基督徒球員拒絕向穆斯林隊友自我介紹，而且坐在場邊時盡量離得遠遠的。摩莎指出，「穆斯林球員試著融入」，但基督徒球員公開展現敵意。然而，摩莎訂下規則，每名球員的上場時間必須一樣，也因此雖然基督徒和穆斯林不一起坐在板凳上，但他們被迫在練習和比賽時合作。

光是那條規則就足以帶來改變。有的球隊最初堅持說敘利亞語，也就是中東的基督徒所講的語言，但除了他們，基本上沒人會講這種語言，包括大多數的穆斯林。如此一來，場上的溝通自然會出問題。有兩支隊伍的教練因此替他們的球員制定新規則：每個人都必須講穆斯林和基督徒都聽得懂的阿拉伯語。那兩支隊伍開始獲勝後，其他隊伍的教練也開始規定這件事。

大約一星期後，一群基督徒球員抱怨，同隊的穆斯林習慣性遲到，浪費大家寶貴的練習時間。穆斯林球員解釋，遲到是因為他們必須從城市的另一頭過來，途中必須經過好幾個檢查哨，公車又開得很慢。基督徒球員於是集資，替必須從城市另一頭趕來的穆斯林隊友，支付計程車費用。

摩莎最後很難分辨哪些球員是基督徒、哪些是穆斯林。他們一同坐在板凳上，得分後一起慶祝。有一支隊伍選了穆斯林當隊長。某些全員是基督徒的隊伍開始抱怨，他們處於不公平的劣勢：隊上沒有任何穆斯林。摩莎做了球員的意見調查後發現，[34] 混合組的球隊「表示不介意在下一季被指定為混合組的百分比，比其他隊伍高了十三個百分點。票選誰能獲得運動精神獎時，他們投票給（非同隊）穆斯林球員的可能性，則高了二十六個百分點。此外，在介入結束後的六個月，他們和穆斯林一起受訓的可能性提高四十九個百分點」。當然，偏見並未消失。基督徒球員坦承，除了同隊的球員，他們依舊對**其他的**穆斯林抱持不確定感。不過，轉變已經夠驚人了：有一天，摩莎和同事在喀拉克什散步時，看見酒吧裡有幾名基督徒球員在看巴塞隆納隊對皇家馬德里的比賽，一旁是同隊的穆斯林隊友：基督徒隊友設法讓穆斯林偷溜進去。

喀拉克什錦標賽的冠軍賽是「卡拉姆列什青年隊（Qaramlesh Youth）vs. 尼尼微平原守護者隊（Guards of the Nineveh Plains）」。開賽前，球員先拍團體照。兩支隊伍都是穆斯林加基督徒的混合隊。有些球員帶著遇害家人的肖像，「那些大照片上是過世的叔叔與堂弟。」摩莎表示：「而一旁就是穆斯林隊友。他們的雙臂環繞著彼此。」尼尼微平原守護者隊獲勝後，全部的隊伍投票選出年度最佳球員。他們選了一位穆斯林球員。賽後五個月的意見調查顯示，基督徒繼續和穆斯林一起踢球。其中一名球員說：「比賽結束後，雖然我們輸了，我們擁抱、親吻、恭喜彼此……我們會在街坊遇到，叫住彼此，邀請到家中喝杯茶或咖啡。」穆斯林球員告訴問卷調查人員：「我們沒去想你來自哪個社群。」他們「向聯盟的工作人員提議，未來可以邀請這一帶的純穆斯林球隊參賽」。[35]

這樣的結果就連摩莎也沒料到。「或許有人會說，喔，這是因為運動無國界。」摩莎告訴我：「但不只是那樣。我們安排每一件事的方式，都讓事情有所不同。」

事實上，設計聯盟時的三個決定改變了環境，球員因此能夠彼此連結。那三個決定和任何成功的「我們是誰？」對話的核心是一樣的。

第一個決定是運用剛才提過的心理學方法：提醒學數學的女學生，她們有數學以外的身分，結果協助提升了成績。摩莎的足球隊組成也一樣，經過刻意的安排，每位球員分到的角色，促使他們思考宗教以外的身分。A或許是穆斯林，但同時也是守門員，並在中場休息時間帶大家做伸展運動。B是基督徒，但也負責帶運動飲料，還擔任隊長，賽前永遠會來一場激勵士氣的演講。「球隊本身也出了一份力，帶給每個人不同的身分。」摩莎表示：「而那些身分變得比宗教重要，因為涉及贏球。」

第二個關鍵決定是確保場上所有球員都是平等的。喀拉克什這座城市存在階級制度：歷史上，基督徒比穆斯林富有，教育程度也較高。ＩＳＩＳ的占領暫時讓階級倒轉，大部分的上層階級被趕走。然而，基督徒回來後，舊有的社會秩序也跟著回來。「可是在場上，由於每個人的上場時間相同，所有的球員都一樣。」摩莎表示：「沒有權力的差異。」也就是說，至少在比賽期間，過往的對立與嫌隙——讓一群人的地位高過另一群人的社會認同，被擺到了一旁。[36]

這場實驗之所以成功的最後一個原因，跟「我們是誰？」的對話能夠成功是一樣的：允許球員形成新的內團體，建立共同的社會認同。那些內團體力量強大的原因，在於建立在球員的既有身分之上。外人可能會嚇一跳，穆斯林球員與基督徒球員這麼快就培養出感情。然而，摩莎沒那麼驚訝，因為她並未要求球員重新定義自己，只不過是凸顯球員原本就有的身分（加入足球隊的人），球員的宗教身分因此顯得沒那麼突出。

以上的幾個環境變化，點出「我們是誰？」對話的成功要素：

首先，試著引出對話夥伴的多重身分。一定要提醒每一個人，我們都有許多面；沒有人只有單一的面向。在對話中承認這樣的複雜性，有助於打破腦中的刻板印象。

第二，盡量讓每個人站在平等的基礎上。不說教。不炫耀財富或人脈。找話題時，要找每個人都有經驗與瞭解的事物，或是強調大家都是新手。鼓勵安靜的人發言，鼓勵健談的人聆聽，讓每個人都參與。

最後一點是尋找已經存在的社會相似性。我們在認識新朋友時，會自然而然這麼做，看看有沒有共同認識的人。不過，重點是讓那些連結更進一步，凸顯雙方的共通點。當雙方的相似處來自有意義的事物，共通點會變得有力量：我們或許都是吉姆的朋友，但那樣的連結並不強——直到我們開始聊吉姆這個朋友對我們的意義、吉姆是如何在雙方的生命中都扮演重要的角色。我們或許都是湖人隊的球迷，但唯有在你我都分享跟父母一起去看比賽，親眼目睹魔術強森（Magic）得分的感受，我們都是球迷這一點才開始產生力量。我們如何分享那一刻的興奮很重要。

社會對話——談論「我們是誰？」，能通往更深的理解與更有意義的連結。不過，我們必須允許這樣的對話變得深入，想起自己扮演的眾多身分，說出共同的經歷與信念。「我們是

如何談論我們是誰

1. 引導人們說出多個身分。
2. 讓每個人站在平等的基礎上。
3. 運用原本就存在的身分建立新團體。

誰？」對話威力強大的原因，除了人們因為共通點而產生連結，也因為能夠趁機分享我們真實的那一面。

處理COVID難題

到了二〇二一年的春天，羅森布魯心急如焚。COVID已經奪走全球超過兩百萬人的性命，[37] 多了數十億人生活在封城狀態之中。注射疫苗的推廣運動已經展開，但羅森布魯確信不可能達成目標。「好多專家都在講，什麼只要我們教育民眾疫苗很安全，只要給民眾看數據，他們就會改變想法。」羅森布魯告訴我：「任何接觸過這種患者的人都知道，那麼做沒有用。他們早就取得大量的數據！他們花了無數個小時搜尋網路！你不可能說服他們，讓他們相信自己錯了。」

羅森布魯開始擔任「振興奧勒岡」（Boost Oregon）的志工，尋找新作法。全球各地出現數百個類似的團體，共同組成鬆散的醫生與社會科學家網絡，致力說服民眾施打疫苗。[38] 其中許多團體多年來研究民眾不願意打疫苗的現象，指出最有效的作法是**動機式晤談**（motivational interviewing）。[39]這種源自一九八〇年代的作法，起初用於協助酗酒人士。一篇二〇一二年的論文解釋：「諮商師很少會試圖說服或勸導，只會巧妙引導案主思考自己贊成或反對改變的原因，並以口頭方式表達。」[40]動機式晤談試著引導人們說出自己的信念、價值觀與社會認同，希望一旦所有複雜的情形與信念浮出檯面，有可能出現意想不到的改變機會。

美國疾病管制與預防中心（Centers for Disease Control and Prevention）在十多年間，力勸醫生在面對抗拒疫苗的病患時，採取動機式晤談的技巧。對羅森布魯和他的醫療同仁來說，這代表要以非常特定的方式，和質疑COVID疫苗的民眾對談。舉例來說，波特蘭市的年長人士C，到利瑪．夏米（Rima Chamie）醫生的診所看病，說自己不想打COVID的疫苗，因為他聽說那是未經測試的科學技術。夏米醫生沒跟他爭，只用開放性問題詢問他如何看待自己。C說自己是退休警官，有三個孫子，信仰虔誠，教會是他人生中最重要的事。「那就是為什麼我不需要打疫苗。」C告訴夏米醫生：「上帝會保佑我。我洗手，戴口罩。上帝會賜福。祂知道我的道路。」

夏米是人人都想遇到的醫生：自信、溫暖，手一摸就能讓嚎啕大哭的嬰兒安靜下來，或是給予緊張兮兮的家長同情的微笑。夏米自己也是媽媽。她的孩子知道，不聽媽媽的建議，後果自負。夏米把職涯奉獻給移民、孩童、窮人與遊民，她明白自己身為醫療專家的一員所代表的意義。她告訴我：「這件白袍是有力量的。」

然而，面對患者C，夏米醫生知道不論給他看多少COVID疫苗很安全的資料，就算無數次提及教宗也說民眾應該打疫苗，C也不會改變心意。夏米說：「說這些，只會讓他乾脆摀住耳朵。」夏米因此採取別條路，不再提COVID。「信仰帶給你這麼大的力量，真好。」夏米告訴C：「顯然你跟上帝有著非常親密的關係。」

接下來，幾乎像是順口提及，夏米提起C的另一個身分：「我猜您大概十分重視孫子的健康。」C說沒錯，當祖父讓他很快樂。

「接下來，我們就講到別的事。」夏米說：「然而，到了看診的尾聲，我最後跟他說：『您知道的，我通常不和患者談宗教，但我非常感激上帝賜予我們這些聰明的頭腦、這些實驗室，以及製作疫苗的能力。或許是神帶來疫苗，保佑我們平安？』」夏米說完便走出診療室。

夏米什麼都沒做，只是點出她和C都具備好幾種身分，其中有部分兩人是重疊的（虔誠教徒、平日照顧孩子）。接下來，夏米提出關於「安全」的不同觀點。說完後，看診就結束了。

三十分鐘後，C還沒離開診療室。夏米把護士拉到一旁詢問：「他怎麼還在這兒？」

護士說：「他想打疫苗。」

夏米和羅森布魯兩位醫生與數百位病患進行動機式晤談。「當然，每次都不一樣。」夏米說道：「有時我們談宗教，有時談自己的孩子。有時我只問：從一分到十分，你怎麼看待這種疫苗?有時人們回答『三分』。我問:為什麼不是兩分?為什麼不是四分?我是真心好奇為什麼給三分,三分代表什麼意思。」

夏米醫生和摩莎的足球聯盟一樣,讓每個人站在平等的立足點——關於身為家長或上帝的旨意,沒有誰是專家。此外,夏米和摩莎利用原本就存在的社會認同,建立新的內團體:我們都想為家人做正確的事。儘管其他地方不同,我們在這一點是一致的。

「我碰過一家人帶著兩個孩子來我的醫院。」羅森布魯告訴我:「他們剛搬來這座城市,屬於上層中產階級,教育程度高,但兩個孩子完全沒打過疫苗。那對父母告訴我,他們先前聽到疫苗的駭人資訊,但他們請教醫生時,醫生的回答有點像是不要用無聊的事煩他。」

羅森布魯因此和這對夫妻聊了一下,問他們住哪一區、打算把孩子送到哪間學校、週末喜歡做什麼。羅森布魯也提到自己的事,雙方發現有共同喜歡的幾間餐廳和公園。羅森布魯請這對夫妻聊一聊對疫苗的憂慮,但也詢問他們其他的煩惱:是否焦慮孩子開始上學?如何看待糖分和汽水?羅森布魯從頭到尾都沒逼他們打疫苗,只單純問了幾個問題,對方回答後,他也分享自己的看法。來到對話的尾聲,那對父母說想當天就開始安排替孩子打疫苗。「那次成功了,因為那對父母覺得有人聽他們說話。」羅森布魯告訴我:「如果你想讓人們聽進你說的話,你必須找出連結的辦法。」

「我們是誰?」的對話很關鍵,因為即便我們不願意,社會認同深深影響著我們所說的話、聆聽的方式、我們的思考。身分認同能協助我們找到共同的價值觀，也或者讓我們掉進刻板印象。有時光是提醒自己，我們人都有很多面，就能改變說話與聆聽的方式。「我們是誰？」的對話有助於瞭解我們選擇的身分認同，以及社會加諸在我們身上的身分認同，是如何讓我們成為我們。*

然而，光是談論身分認同就足以讓我們感到不安，那會發生什麼事？在那樣的時刻，我們要如何學習開口與聆聽？

＊ 如果光是找到共通點就足以協助溝通，那該有多好，但如同下一章會探討的，連結也經常來自於瞭解到差異是如何形塑我們。

7 如何讓最難的對話安全？——網飛的日常考驗[1]

如果你問網飛的員工，事情是何時開始在公司內部出錯，許多人會指出是二〇一八年二月的一個下午。當時，網飛即將迎來史上最成功的一年，營收超過一百五十億美元，訂戶數達到一．二四億。公關部在洛杉磯總部的會議室集合，準備開每週的員工會議。在場大約有三十人，大家聊天，瞭解彼此的近況，接著帶領他們的溝通長強納森．佛里德蘭（Jonathan Friedland）站起來說話。

佛里德蘭先是告訴大家，網飛最近推出了喜劇特輯《湯姆．塞古拉：無恥之徒》（*Tom Segura: Disgraceful*）。在場的人大都沒聽過這個節目——許多觀眾也搞不太清楚，畢竟網飛隨時提供數萬個節目；依據估算，訂戶每年在這個平台合計待上七百億個小時。這個喜劇特輯八成會和其他許多節目一樣，出現一陣子就消失。然而，佛里德蘭解釋他提到這個節目的原因，在於這位喜劇演員的表演內容特別冒犯人：他懷念在過去的年代，人們可以使用「智障」等詞彙取笑唐氏兒，還抱怨再也不能叫人「侏儒」（midget）。

已經有幾個失能倡議團體提出抗議，網飛需要準備好迎接更多的批評。佛里德蘭強調這件事很重要，一定要認真看待抱怨。每個人都需要知道「智障」這樣的詞彙有多傷人。佛里德蘭提到，孩子有認知差異的家長要是聽到了，就像是「肚子挨了一拳」。接下來，為了強調他的論點，佛里德蘭提出類比：這就像是「非裔美國人聽到……」。佛里德蘭說出不能說的N開頭的字（n-word，黑X）。[2]

會議室裡的每個人都安靜下來。氣氛瞬間變調。**他真的把那兩個字說出來了嗎**？

佛里德蘭似乎沒注意到氣氛不對勁，繼續講別的主題。會議結束時，員工各自回到辦公桌前。有的人似乎已經把這件事拋諸腦後，[3]其他人則告知同事剛才發生的事，一傳十，十傳百。兩名員工去找佛里德蘭，抱怨他的用語。在任何情境下講出那兩個字都是不能接受的。佛里德蘭又是公司最高階的主管，從他的嘴巴講出來更是不恰當。佛里德蘭同意確實不妥，向他們道歉並通知人資部門之前發生的事。

「接下來，」一位員工告訴我：「內戰就此開打。」

•••

里德・海斯汀（Reed Hastings）在一九九七年創辦網飛。[4]這位創業家擁有不尋常的企業哲學：規則愈少愈好。海斯汀認為，愛插手的主管會讓企業綁手綁腳；官僚主義是通往毀滅的道路。他最終把自己的信念化為與每位員工分享的一百二十五頁PowerPoint，成為新員工的必讀文件。這份「網飛文化集」（Netflix Culture Deck）放上網路後，被下載了數百萬次。[5]

網飛文化集解釋：「我們尋求卓越」，公司因此給員工不尋常的自由度。員工想休多少假都可以，想哪幾天上班、幾點上下班，隨他們高興。幾乎是任何類型的採購都會通過，包括頭等艙機票、新電腦、用數百萬美元收購另一間公司；只要有辦法替自己的選擇提供正當的理由，都不需要事先取得許可。

在大多數的企業，跑到對手那裡應徵工作是通敵罪。網飛卻鼓勵員工到其他公司投履歷——如果對方開出更高的薪水，網飛會跟著提高薪水，或是鼓勵那位員工跳槽。[6]文化集指出，網飛期待員工端出「數量驚人的重要成果」，因此允許員工嘗試幾乎任何事，只要那件事能提高利潤，或是揭示新的洞見。

員工如果無法持續拿出最頂尖的表現，那就要小心了。「表現尚可的人，將領到慷慨的遣散費。」每當有人被解雇（這件事經常發生），另一個網飛的慣例便會上場：寄信給那個人的團隊或部門，有時是寄給整間公司，解釋為什麼必須讓那個人走。[7]離開的員工令人失望的工作習慣、有問題的決策與錯誤，全都會一五一十地寫出來，給每個還在公司的員工看。一名現任的網飛員工告訴我：「我進網飛的第二天，就收到一封『為什麼吉米被解雇』的電子郵件。

我嚇死了。信上寫得**非常白**。」他心想：**我來這上班是不是錯了**？**這是個廝殺場嗎**？「不過最終我瞭解，收到這種電子郵件其實很實用，因為讀過幾封之後，你就知道公司期待什麼，每件事都清清楚楚。」

隨著網飛不斷擴張，生長痛也跟著出現。二〇一一年，海斯汀未經太多的內部討論，就宣布要把公司一分為二：一間負責DVD的郵寄服務，另一間提供線上串流服務。消息一出，反應不佳，公司股價暴跌七七%，海斯汀幾乎是被迫立刻暫緩計畫。

高層事後檢討這次的失策與隨之而來的危機，認為起因是內部的質疑精神不夠強。高階主管應該要告訴海斯汀，他們不同意他的作法，更強硬地抵制。事實上，在一般情況下，所有的員工都需要更強硬地挑戰彼此的決策。修正版的網飛文化集指出：「不能有不同意見卻不說。」海斯汀甚至告訴員工：「如果你不認同某個點子，卻**沒**說出不同意，這是對網飛不忠。」員工應該向同仁「尋求異見」（farm for dissent）。不久後，網飛員工就在開會時開撕彼此的提案。團隊安排「回饋晚餐」（feedback dinner）的行程，每個人圍坐在餐桌旁，提出他們認為每個同事好的地方——以及五、六個他們覺得**不好**的地方。

有些人覺得這種氛圍令人振奮。一名員工告訴我：「一般你因為想知道主管在想什麼、高層主管在想什麼，以及現在到底是什麼情況，而感到的焦慮，現在全都消失了。」其他員工則認為，徹底的坦率（radical candor）有時讓人覺得殘酷。「這給了人們粗魯無禮的通行證。」另一位員工帕克．桑卻斯（Parker Sanchez）說：「某些日子，我會哭上一小時。」

不過，這種文化的好處在於幾乎很容易討論任何事。「沒有事被藏著。」某個高階主管告訴我：「你認為主管做錯了？告訴他們。你不喜歡某個人的開會方式？說出來。你因此升遷的可能性比被處罰大。」員工定期寄電子郵件給海斯汀，批評他的策略或他在會議上說的話，或是在公司內部的留言板公開批評。「接著，海斯汀會公開感謝那些人。」那位主管說：「我以前沒有在這種文化工作過。太奇妙了。」

此外，效果也很好。網飛的股價漲了回去，公司每年都在成長。網飛憑藉不尋常的文化，網羅到全球最優秀的軟體工程師、電視製作人、高階科技主管與電影製作人，很快就成為矽谷與好萊塢最景仰的成功企業。海斯汀獲選為《財星》（*Fortune*）雜誌的年度企業家。[8]

接著，佛里德蘭在會議上說出那個不能說的字。

為什麼身分認同對話很重要

隨著多家公司內部的種族歧視與性別歧視登上報導、組織內被無視的性侵證據出爐，以及平等與共融社會運動的成長，人們在過去五年的注意力，又重新放在讓職場更公平、更具正義上。數千家企業聘用「共融教練」（inclusion coach），購買多元、公平與共融的課程，希望促成意義重大、早該進行的對話，談論如何對抗種族歧視、性別歧視與其他偏見。今日《財星》榜上的千大公司，幾乎每一間都至少有一位高階主管，致力化解偏見與結構性的不平等，努力不讓部分員工與顧客處於不公平的劣勢。

相關計畫是矯正實際問題的必要方法，提醒不公義讓有些人單單因為膚色、出生國籍，或是其他不該影響到職涯的身分認同，很難錄取理想的工作、領不到合理的薪資，或是得不到應有的尊重。

然而，這些立意良善的計畫，有許多似乎不是特別有效。[9]普林斯頓、哥倫比亞與希伯來大學（Hebrew University）組成的研究團隊，檢視超過四百項嘗試減少偏見的研究，發現其中七六%的例子，頂多能說長期的效用「仍不明顯」。[10]二〇二一年的《哈佛商業評論》（*Harvard Business Review*）論文，檢視接受無意識偏見防治訓練的八萬人，發現此類「訓練並未改變偏見行為」。[11]另一項檢視三十年數據的報告，結論是「多元訓練的正面效應，鮮少持續超過一、兩天，而且還會……啟動偏見或引發副作用」。[12]第四份研究發現，舉辦無意識偏見的防治訓練後，「黑人男性與女性在組織內晉升的可能性通常會**下降**」，因為訓練凸顯了種族與性別的刻板印象。[13]《心理學年度評論》（*Annual Review of Psychology*）二〇二一年的一篇摘要指出，雖然「從許多指標來看，降低偏見的介入研究欣欣向榮」，但論文作者「推斷，如果目標是替降低全球的偏見提供可行動、健全、有證據為憑的建議，那麼眾多的研究努力，在理論與實證層面都遭到了誤導」。[14]

這種結果絕不代表我們應該放棄努力，不再想辦法消除不平等或根除偏見。此外，這也不代表，不可能減少偏見與結構性的不公。如同前文談過的**刻板印象威脅**，的確有洞見能協助歷史上被邊緣化的人們成功。有些介入確實能消弭差異，譬如發生在喀拉克什足球場上的事。

然而，確切找出**如何**對抗不平等與偏見，要比聘請多元顧問或要求員工參加一下午的訓練更加複雜。雪上加霜的是，許多人感到討論「我們是誰？」的風險太大。雖然我們理想上都承認，使用種族歧視的用語是不可接受的，但換成其他類型的對話，有時很難得知哪些話越界了。我們詢問同事的成長背景、工作以外的生活、他們的信念和身分認同時，到底能問得多深，而不會有超出限度的風險？我們如何克服擔憂，害怕說錯話或問了天真的問題，有可能毀掉友誼或職涯？

當然，「我們是誰？」的對話不只是種族、族群與性別的討論。許多最困難的對話之所以難，是因為碰觸到與血統無關的社會認同。當我們評論某位績效不佳的員工、責備配偶，或是告訴主管他們沒能提供員工需要的東西，很容易被當成對人不對事，在貶低他們的能力與判斷力，或是打擊他們的身分認同。

如果討論的是最敏感的話題，我們要如何改善「我們是誰？」的對話？如何用促成團結的方式討論差異，而不會撕裂群體？如何在令人感到風險極高的場合，進行這些重要對話，例如工作地點？

• • •

佛里德蘭說出「黑X」這個禁忌詞僅一、兩天後，似乎網飛五千五百名員工的每一個人都聽說了這件事[15]──而大部分的人，對於接下來應該發生的事有著強烈的看法。

人資展開調查。佛里德蘭向當天開會的人員、他管理的整個團隊，以及公司的其他部門道歉。他參加資深員工的異地會議，解釋發生了什麼事，以及他從中學到什麼。佛里德蘭和人資見面，表達懊悔之情──然而，他在那場人資會議重述這件事的時候，又說出「黑X」二字。很快地，每個人又聽說了這件事。

在網飛的大型社群中，員工開始在內部的網路留言板張貼表達憤怒的文章，指出公司多年來忽視種族的緊張情勢。不贊同那些留言的批評者則回應，這件事與種族歧視無關，而是不適合網飛高標準文化的人過分敏感。員工調查顯示，網飛的非白人員工認為公司在拔擢員工時，自己被排擠、邊緣化且處於劣勢。其他堅信公司的座右銘「有異見就要提出」的員工則指出，沒能升遷不是偏見造成的，而是因為工作不夠努力。[16]

許多員工則處於兩種極端派的中間，認為佛里德蘭的確做了冒犯人與不合適的事，但應該被原諒。「沒錯，佛里德蘭犯了錯，但他承認錯誤，道了歉，努力改過自新。」一名高階主管告訴我：「那正是我們應該做的。事情搞砸時，我們應該給予並接受回饋，從中學習，然後事情就過去了，但有些人抓著不放。」

讓事情更複雜的是，網飛所有的高階主管都是白人，而且幾乎清一色是男性。「人們的感覺是，如果溝通長能講出『黑X』二字，而什麼後果都沒有，那麼每個黑人員工為何不會感到有如二等公民？」一位員工告訴我：「我認為那一刻是轉折點——有些人認為這是一間完美的公司，但等一等，實際上有些事情無法透過『尋求異見』來解決。」

這次的爭議似乎每個星期都在擴大。最初的事件過去幾個月後，海斯汀終於告訴佛里德蘭他必須離開網飛，接著把「為什麼佛里德蘭被開除」的電子郵件寄給全公司。信上解釋，他「至少在兩個工作場合講出『黑X』一詞，證明他的種族意識與敏感度低到不可接受的程度……沒有方法能消除這個詞彙在任何脈絡中帶有的情緒與歷史意涵。」海斯汀說，他後悔沒能早點採取行動。*

此舉讓有些員工歡呼，有些員工則感到憤慨。不過，最大的問題是員工心生疑惑：網飛自

---

* 佛里德蘭在加入網飛前，有過很長的職業生涯。他接受我的訪談時，表達後悔做錯事：「我瞭解我被開除的原因。」他告訴我：「我不理解別人的感受嗎？沒錯。我不知道這個詞彙聽在某些人耳裡的感覺。我不該講出口。然而，令人痛苦的地方在於，這是漫長職涯中的一個小時刻。任何人都一樣，我不確定用一個錯誤就蓋棺認定一個人是否公平。」

豪的文化是員工幾乎什麼事都能對彼此說。種族汙辱顯然越界了。然而，如果你在討論某個節目，而節目本身講了汙辱種族的話，那要怎麼辨？如果你的目標是找出哪些話適合、哪些不適合，那你能講出節目裡的人說了什麼嗎？網飛有個熱門的喜劇特輯叫《私校黑鬼》（*Private School Negro*）。你能在會議上講出這個節目的名字嗎？什麼不能講，什麼可以講？「這真的很令人困惑。」一名高階主管告訴我：「而海斯汀的電子郵件並未進一步釐清，但是寄那種電子郵件的目的，就是要讓事情更清楚。」

網飛前一年在文化集中加入「共融」的部分，要求員工「面對不同的背景在工作上如何影響自己，必須感到好奇，而不是假裝沒有影響」。此外，還要「意識到我們都有偏見，並努力克服」。網飛敦促員工討論偏見，並在「別人被邊緣化時介入」。每個人都同意，按照這些標準來看，網飛做得不夠好。網飛因此開始雇用新的高階主管，其中一位是女性韋娜．邁爾斯（Vernā Myers），由她負責管理新成立的部門，致力達到平等與多元。目標是促成對話，對抗偏見，讓網飛成為共融的優秀範例。

然而，一個措辭不當的提問，或是一句不合適的評論，就可能引發憤怒或傷痛，而公司文化又讓不留情的辯論與尖銳的爭論成為常態，到底要如何討論最敏感的話題呢？

為什麼有的對話這麼困難

二〇一九年，哥倫比亞與柏克萊加大的兩位研究人員，請一千五百多人描述他們在上星期碰到最困難的對話。[17]

兩位研究者的目標，是找出究竟為什麼某些主題可能非常難討論，例如種族、性別與族群。為了找出觀點的橫斷面，他們募集各行各業的人士，年齡從十八歲到七十三歲不等，貧富都有。研究人員透過網路廣告找到這群人——所以，就某種層面而言，這群人代表大公司具有的多元性。

研究人員詢問每位參與者一系列的問題：**你近期是否參加過討論，感到無法融入？你是否曾經參與對話，有人表達具偏見的信念？你是否聽過別人取笑「像你這樣的人」、模仿你的說話方式，或是因為你和某個人的族群或性別相同，就假設你們兩人是朋友？**

從研究參與者的答案一下子就能看出來，由於討論的話題之故，他們近期的對話具有挑戰性——如果談的是政治或宗教等主題，那麼氣氛有點緊張也算正常。然而，其他許多討論始於相對溫和的主題，例如運動、工作或電視在演什麼，直到有人說了一些話，讓別人感到不舒服或不高興。

研究人員想探討的就是這種不舒服的時刻。究竟是說了哪些話、說話方式是怎麼樣，足以導致另一人焦慮或生氣？為什麼聽到的人會「倒彈」，想要反唇相稽？

麥可・史萊平恩（Michael Slepian）與德魯・雅各比－桑戈爾（Drew Jacoby-Senghor）兩位研究人員發現，有很多因素會導致話不投機。[18]當有人說出冒犯的話，或是講了無知、殘忍的評語，有可能是要故意氣對方，也可能是無心之過。但有一種行為總是讓人感到不舒服與不安：如果說話者把聽話者歸類為某種人，而聽話者不願意，雙方八成會不歡而散。

有時，說話者會把聽話者劃入他們不喜歡的團體：「你是有錢人，所以你懂大部分的有錢人都是勢利鬼。」聽話者會感到被冒犯，因為這在影射他們為人傲慢。有時說話者則認為，某個人不屬於他們敬重的團體：「你又沒念過法學院，你不懂法律的實際運作方式。」聽的人會感到被汙辱，因為說話者把他們當成無知的人。

說話者有時是以間接的方式講出那些話：「你是好的那種共和黨，但大部分的共和黨只關心自己」，或「你能上大學是因為你頭腦好，但有些跟你一樣的人能念大學，還不是因為美國有種族優待措施」。有時，講這種話的人完全沒意識到自己在冒犯人：「你沒有孩子，你不懂看到孩子那樣被對待，做父母的是什麼感覺。」不論措辭是什麼，結果都一樣：生氣、疏離、話不投機半句多。

這種話惹人厭的原因，包括聽話者被貼上他們不認同的標籤（眼睛長在頭頂上的有錢人、自私的共和黨支持者、沒資格讀大學的人）。另一種可能是，聽話者認為自己的確是、卻被認為不屬於某個團體（懂法律的人、同情孩子的人）。聽話者對自我的認知（他們的身分認同）受到攻擊，被冒犯，因此心生防衛。

心理學稱這種情形為**認同威脅**（identity threat），極度不利於溝通。史萊平恩告訴我：「當有人說你不是某個族群的一員，或是把你歸屬到你不認可的團體，將導致極度的心理不適。」研究顯示，人們面臨認同威脅時，血壓會上升，身體湧出壓力荷爾蒙，開始尋找逃跑或反擊的方式。[19]

認同威脅是很難進行「我們是誰？」對話的原因之一。當部分網飛員工指控同事「過度敏感」或「不適合在網飛工作」，被指控的人要不感到被強行放進自己討厭的團體——**脾氣差**、**愛抱怨的人**，要不感到被排除於人人都想進入的團體——**準備好在網飛成功的人**。接下來，當被批評的人回應，主張批評者所言是特權分子的言論，證明他們自己缺乏種族敏感度，批評者就會覺得被歸類為種族歧視者與心胸狹窄的人，也想替自己辯護。

當然，不是只有職場才會出現認同威脅，任何場合都可能發生，比如參加宴會時、在酒吧內、等公車時和陌生人對話。此外，史萊平恩與雅各比－桑戈爾發現，認同威脅並不罕見。在一千五百多名參與研究的人士當中，僅一%的人近期**沒有**遇到認同威脅。「在過去一星期，參與者平均經歷過十一．三八次認同威脅。」兩人在二〇二二年的《社會心理與人格科學》（*Social Psychology and Personality Science*）論文中寫道：「在我們四成的觀測資料中，參與者感受到一種認

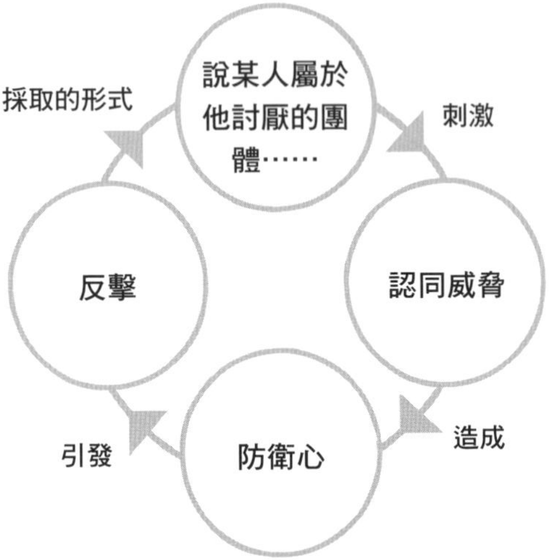

同威脅，六成則感受到多種認同威脅。」[20]

研究的參與者指出，他們碰上認同威脅的原因，來自他們的居住地、工作地點、結婚對象、約會對象、出生地、說話方式、收入多寡，以及其他數十種原因。即便是有錢人、白人、異性戀，或是以任何方式在社會上占優勢，照樣有可能遇到認同威脅。如果是窮人、黑人或其他的少數群體，更是八成每一天都得面對認同威脅。[21]

我們都曾在某個時刻，感受到認同威脅帶來的傷害，或是說出無意冒犯、但讓人感到不體貼的話。光是**有可能**造成認同威脅，就往往讓人避談「我們是誰？」。在一份二〇二一年的研究，七成的參與者表示，[22]他們覺得參與涉及種族的對話，風險非常大，即便是和朋友聊天也一樣。「黑人擔心他們的白人朋友會說出帶有種族歧視的話，或許不是故意的，但無論如何都會傷害到彼此的友誼。」主持該項研究的琪亞拉．桑卻斯（Kiara Sanchez）表示：「白人朋友也擔心會不小心說出帶有偏見的話，因此雙方都感受到莫大的焦慮。」

然而，如果我們有心讓這個世界更加共融、更公平，那麼「我們是誰？」的對話是關鍵。「理論上，有了正確的資訊、投入、策略與執行，就有辦法解決種族歧視的問題。」哈佛社會心理學家羅伯．李文斯頓（Robert Livingston）在《對話》（*The Conversation*）一書中寫道：「我們必須開始和彼此交談——尤其是不在我們社交圈的人。沒有任何事情會改善，直到我們展開真誠豐富的種族對話，決定要讓整個社群一起做點什麼。」[23]

如果我們希望社會能夠改變，最基本的一件事就是談「我們是誰」——以及我們想成為什麼樣的人。

•••

關於種族的對話是最困難的討論，因此研究人員在研究高挑戰性對話的動態時，種族對話可提供實用的模型。舉例而言，二〇二〇年，為了找出如何以更開誠布公的方式談論種族與族群，另一群科學家募集了一百多對好朋友，請他們面對面談論關於種族與族群的親身經歷。[24]研究人員想知道，是否能在討論開始**前**先做點什麼，讓不好談的事順利一點。

每一對朋友都有兩件事一樣：都是一個黑人、一個白人的組合。此外，在實驗開始前，兩個人都不知道要討論種族話題。

實驗一開頭，有幾對朋友拿到一般性的指示，擔任控制組。他們被告知要討論：「你近期發生過的事，或是你有過的經驗。那件事與你的種族或族群有關。」黑人參與者被邀請先發言，[25]由於每對朋友原本就認識，他們被鼓勵說出「先前不曾和這位朋友分享過的故事」。對話的建議時間是十分鐘左右。

第二組參與者是實驗組。這組有不同的事前準備。[26]他們同樣被告知要討論：「你近期發生的事，或是你有過的經驗。那件事和你的種族或族群有關。」然而，在討論開始前，這一組的每個人都接受了快速的訓練：「關於和不同種族的朋友談種族，我們想花一點時間分享我們得知的事。」參與者得知：「有時談種族感覺很正常，有時起初會有點尷尬或不安。那很合理，因為每個人的經歷不同。不論你有什麼感受都是OK的。」接下來，實驗參與者被要求簡短寫下：「你認為和不同種族的朋友討論種族，能帶來哪些好處？」實驗參與者還被問到：「如果有的話，哪些事妨礙你和朋友獲得這些好處？」最後，他們必須描述自己「能做些什麼，協助克服這些障礙，體驗到上述好處」。

這個在實驗參與者面對面交談之前進行的練習，只花了幾分鐘——承認這場討論可能會尷尬；思考可能出現的障礙，接著想出克服的計畫。研究人員並未指示任何人該如何跟彼此說話，也沒說明哪些主題是禁區。研究人員並未提醒要保持尊重或禮貌的態度，也沒解釋如何避免認同威脅。此外，參與者沒有被告知必須分享寫好的答案。他們想要的話，可以簡單寫下一些想法，接著放到一旁。

不過，研究人員猜想，光是讓人一開始就對自己承認，關於種族或族群的對話令人不安，或許更容易忍受那股不適感。[27]此外，促使人們思考對話**架構**（他們對這場對話的期待；有可能出現哪些緊張時刻、發生時要如何處理），有可能讓障礙更不容易出現，或是不那麼嚇人。

換句話說，研究人員假設，鼓勵參與者在事前多想一想對話將**如何**開展，有可能稍微減輕認同威脅的威脅性。

終於開始對話時，兩組的情況相對類似，但未接受特訓的控制組開始對話時，有人結結巴巴，不敢貿然開口，設法轉到較安全的話題，如課程或運動。有一組朋友因為對話實在太尷尬，即使是好友，也是才三分鐘就說再見。[28]

實驗組的對話通常較為順利。有幾組朋友聊了很長的時間，深入詢問彼此問題，探討雙方的經驗。他們談及種族與種族歧視給人的**感受**，描述自己人生中痛苦或有意義的時刻，沒有講空泛的話。整體而言，所有的對話都順利進行，但實驗組出現一些真實連結的時刻。有一場對話是黑人B告訴白人朋友，他在某間店的時候，店員一直跟著他。黑人B說：「我感到店老闆像是在盯著我，看著我，注意我摸過的每樣東西。」這一對是大學的朋友，但兩人不曾聊過種族話題。「我在美國無法忘掉我是誰這類的事。」[29] B說：「我是黑人。」

B描述的情境如果換一個場景，隨時可能演變成認同威脅。他的白人朋友有可能質疑，是否真的是種族歧視（「店員的行為或許還有其他原因？」），或是叫B不用想太多（「但你的朋友沒有歧視你的種族」）。白人朋友如果以錯誤的方式試圖安慰黑人朋友，有可能把這個經驗淡化成小事，暗示B過度敏感或者杞人憂天。B在回應時，有可能因此說白人朋友不願意承認自己有種族歧視。他身為享有特權的白人看不見問題，無意間承襲了白人至上主義的心態。兩人可能會在無意間威脅到對方的身分認同。

實際發生的情形是，B說完後，他的白人朋友顯然坐立難安，但一開口就先承認並確認自己聽到的事。「在我們的朋友圈，沒有人品行比你更好。」白人朋友告訴B：「居然會有人……」他講不下去，看起來很沮喪。「我覺得雖然我們的朋友圈什麼種族都有，我們不是太常討論這方面的話題。」這位白人參與者沒有不把朋友的感受當回事，沒說他小題大做，也沒質疑細節，單純相信朋友剛才所說的話。

B回答：「謝謝你這麼說。」B說，他身為黑人，待在主要是白人的環境裡，常有緊張的時刻，「尤其是在你們這群朋友身旁，永遠感覺很美好，好像我能忘掉外在的種族壓力，單純和朋友一起玩樂。」

這場對話與其他的對話，並未出現太多戲劇性的時刻或揭露重要的祕密，也沒有爆發重大的衝突。然而，研究人員感覺重點就在於此：這些對話值得留意的地方，恰恰在於很**平常**，就是兩個朋友談論了尖銳的主題，並未假裝沒這回事。

研究人員統計數據時發現，[30]經過對話後，實驗參與者通常感到更貼近彼此、更能放心談論種族。黑人參與者表示，他們感到在白人朋友身旁，更能展現真實的自己，尤其是接受了特訓的那幾位。[31]其中一位研究人員是達特茅斯學院的桑卻斯。她告訴我，她認為會出現那樣的結果，「是因為當你聆聽他們的對話，你聽到大量的支持：『你一定很傷心』、『很遺憾發生那種事』、『你碰到的歧視真是太糟糕了』。有時候，光是相信某個人的經歷與感受，就能帶來很大的不同。」

這裡的心得適用於所有類型的困難對話，就連與我們的身分認同無關的也適用。第一個洞見在前文也出現過：在對話開始前預作準備（張嘴前先想一想），可能產生極大的影響。事先預期可能碰上的障礙，計畫好碰到障礙要怎麼做、想好要說什麼、思考其他人可能重視什麼：展開任何高挑戰性對話之前，先花幾分鐘想好你希望發生什麼事，以及哪些地方可能出錯、真的出錯要如何應對。

第二個洞見是，不該因為擔心某種對話就避而不談。當我們需要讓朋友知曉壞消息、向老闆投訴，或是跟另一半討論不愉快的事，感到遲疑很正常。然而，我們可以減少緊張的情緒，方法是提醒自己這場對話為什麼很重要。此外，減少焦慮的方法是向自己和他人承認，這些對話有可能一開始很尷尬，但會漸入佳境。

第三，想好要**如何**對話，跟想好要說**什麼**一樣重要，「我們是誰？」的對話尤其如此。誰先發言？（研究建議由最沒權力的人開始。）大概會出現哪些情緒？（準備好面對不舒服與緊張的氣氛，會更容易忍受。）[32]八成會出現哪些問題？真的發生問題要怎麼做？

最重要的是，我們預期這場對話將帶來哪些好處？值得為此冒險嗎？（答案是幾乎總是值得——幾乎每一位參與者事後都表示，他們慶幸參與了桑卻斯的那場實驗。）

在對話開始前，先問自己幾個問題——

- **你希望事情如何開展**？
- **這場對話將如何起頭**？
- **可能的障礙有哪些**？
- **出現那些障礙時，你打算如何克服**？
- **最後想一想，這場對話有哪些好處**？

最後一點是任何困難的討論，尤其是「我們是誰？」的對話，最好避免不著邊際——改談自己的經驗與感受。認同威脅會出現，一般是**因為**我們一竿子打翻一船人：我們把人塞進團體

（「律師都很奸詐」），或是貼上對方厭惡的其他特質標籤（「所有會投票給某某的人，都有種族歧視」）。這樣的一概而論，會讓所有的「我」從對話中消失（我們的特殊觀點與複雜的身分認同），讓我們只剩單一的面向。33

然而，當我們描述自身的經驗、感受與反應（當我們感覺安全，可以展現自我），便開始讓認同威脅失效。這種發展需要努力，因為要避免一概而論，不只得誠實描述自己，還得認真傾聽同伴，聽見他們切身的痛苦與沮喪。此外，我們必須忍住，不能小看別人的掙扎，或是單單因為不忍看對方受苦，就試圖幫忙解決問題。還有，不能因為自己沒遭遇過對方的痛苦，就暗指那些事不是真的。

當我們接受別人如何看待世界，以及他們在世上的身分認同，當我們傾聽他們獨特的個人故事，承認他們的感受，我們會開始理解，為什麼其他許多事都看法契合的兩個人，有可能因為出生背景不同，對生活中的某些面向如治安、教養或戀愛，有著非常不同的想法。我們開始明白自己說的話是如何受到成長方式、種族、族群、性別，以及其他身分認同的影響。我們開始發現「我們是誰？」的對話能揭曉多少事情。我們開始連結。

網飛的零規則

佛里德蘭被開除四個月後，邁爾斯進入網飛擔任共融策略副總裁。當時網飛仍處於騷動之中。公司裡每個人都說他們厭惡歧視。每個人都表示渴望創造平等的工作環境。然而，那不代表每個人都確定公司需要**改變**。「許多和善的好人以為，只要你討厭種族歧視，相信人人平等，那就夠了。」[34]邁爾斯指出：「事情並不是那樣運作的。」

邁爾斯在加入網飛前，一開始是律師，接著在律師事務所聯盟擔任執行董事，致力推動法律這一行的種族多元化。她成為麻州檢察長的副幕僚長，[35]帶領多元方案。日後又創辦顧問公司，協助企業加強共融。「她或許是我見過最具人格魅力的人。」邁爾斯的顧問公司的前員工告訴我：「她有辦法讓每個人感到自在。」當網飛在為佛里德蘭的事焦頭爛額，邁爾斯已經和他們接觸，多少瞭解網飛的文化。最重要的是，邁爾斯知道如何協助人們想一想再開口。

然而，網飛的問題在於公司文化原本就**設計成**要人立刻開口、馬上行動，通常都沒經過細想。網飛的文化集告訴員工[36]：「目標是更大、更快、更靈活」，「在我們網飛的茁壯過程中，規則愈少愈好。」員工被鼓勵無拘無束，挑戰萬事萬物。網飛文化集指出：「你或許聽過有人說，預防錯誤比彌補錯誤便宜……但這個說法不適用於創意環境。」海斯汀寫書談自身經驗，催促讀者「離混沌的邊緣更近一點」，「更放手一搏，接受千變萬化的世界。」

然而，碰上最棘手、最敏感的主題時（包括偏見與成見），這種大鳴大放的文化有可能造成無窮的傷害。「網飛內部沒人知道如何討論這種事，卻不引發核戰。」此外，由於佛里德蘭被開除，員工不確定哪種對話是OK的。在討論「我們是誰？」的時候，徹底坦率的原則還適用嗎？是否該避開某些主題？「沒人知道哪些事絕對不行。」高階主管表示：「所以每個人乾脆緘口不言。」

邁爾斯的團隊感到這種沉默也是問題。他們需要讓這間公司談論困難的敏感議題，員工才能瞭解同事正在經歷什麼事，也才能對抗公司內部與這個世界的不平等，明白自己是如何在無意間助紂為虐。

然而，那些對話必須以正確的方式進行，讓每個人感到安全。網飛的絕對誠實文化必須往正確的方向調整，促使員工向自己和彼此提出正確的問題。

換句話說，網飛需要一些規則。

•••

當然，不能叫規則。網飛嚴禁規則！邁爾斯的團隊因此稱之為**指南**。他們舉辦員工工作坊，[37]和各部門對話，提供多元與共融的領袖訓練課程。他們在推動這些努力時，指南一直很清楚：討論身分認同的議題時，沒有人可以責怪、羞辱或攻擊他人。你可以問問題，只要你抱持真誠的態度。*每次訓練活動的開頭都會清楚說明目標——「盡你最大的力量，用愛心與勇氣連結」；「接受不安與不懂的感受」。此外，對話由主持人掌控節奏，提醒大家：「我想把我們的注意力，放在剛才有人提到的事」，或「這個議題讓人情緒激動，或許我們所有人可以休息一下」。

他們一開始就承認，對話有可能變得尷尬，說錯話難免，沒有關係。[38]出席者被要求聊自己的經驗，講自己的故事。但避免一概而論。如果同事談到痛苦的事，那就專心聽，不要教他們怎麼解決，不要說那沒什麼。說你很遺憾發生了這種事，承認同事真的感到痛苦。

每個人都被鼓勵發言：要是有的人必須掏心挖肺描述自己的人生，其他人卻可以當個旁觀者就好，這不公平。此外，每個人都要反省種族、族群、性別等認同識別（marker of identity）是如何形塑自己的人生。這很重要：員工被告知每個人都有種族與族群的認同，也有性別認同與其他各種自我的面向。我們所有人都能懂得被排擠的痛苦。[39]這個共通點有助於付出同理心，而不是造成分裂。[40]

邁爾斯一般會在工作坊一開頭，強調自己犯過的錯誤。她會分享自己是如何弄錯別人的性別；有一次很尷尬，她告訴跨性別的朋友，使用英文的複數代名詞（they、them）或許不是最好的方法。邁爾斯描述另一次，她「人在飛機上，聽見廣播系統傳來的機長聲音是女性。碰上亂流時，我心想：『我祈禱她知道怎麼開飛機！』」接著她體會到，如果機長是男性，她不會

困難對話的幾點指南

從談論指南開始對話。

哪些事可以講，哪些事越界了？

承認會不舒服。

這可能是具挑戰性的對話，讓人不舒服，但沒有關係。

我們會犯錯。

目標不是完美，而是好奇與理解。

目標是分享你的經驗與觀點，

而不是說服別人改變心意。

不責怪、不羞辱、不攻擊。

談你個人的觀點與經驗。

不要花時間在描述別人怎麼想。

保密很重要。

一定要讓人感到安心，知道自己的話不會傳出去。

尊重是基本要求。

即便看法不同，也要展現出我們尊重彼此有被聽到的權利。

有時需要暫停。

有時候，對話會再度造成創傷。慢慢來。鼓勵人們暫停或抽離。對話的確有可能讓人不舒服——但痛苦或創傷是暫停的訊號。

＊如同在社會上，在網飛內部提問有一定的限制。「許多跨性別與非二元性別人士都有類似經驗。」邁爾斯告訴我：「人們會探聽他們的身體，而那是不恰當的問題。我們永遠不會問順性別人士這種問題。所以我們告訴每一個人，請確認你的動機。你的問題只是要滿足你個人的好奇心，還是知道答案能夠協助每個人成功達到目標？」

懷疑機長的能力。「我甚至不知道自己心中存在這種偏見。」她告訴大家：「但確實存在。」

接下來，邁爾斯會請參加者描述某次感到被排擠的經驗。[41] 這時通常會鴉雀無聲很長一段時間，接著才陸續有人開始小聲分享。邁爾斯最後會來一把大的，要大家講出自己曾經排擠**別人**、事後後悔的經驗。要講出那種事更是可怕。＊

在另一場高階主管的工作坊，邁爾斯的副手韋德．戴維斯（Wade Davis）一開始先介紹自己的背景：他是出生於窮苦家庭的同性戀黑人男性，在路易斯安那州及科羅拉多州長大。他在國家美式足球聯盟（NFL）擔任過角衛，數度被釋出，後來便完全退出聯盟。戴維斯說被那樣拒絕很痛。在種族歧視與性別歧視這方面，他這一生犯過許多錯誤。他有過無知的假設，也曾經無意間說出冒犯人的話。

戴維斯接著請大家回想自己的特權與排他經驗。最後，他提到自己花了很多時間和主管討論網飛的聘雇作法。有好幾個人告訴他，他們致力於尋找多元的人才，但戴維斯也注意到部分的工作應徵者，尤其是來自代表性不足的群體，最終還是進不了網飛，因為有人說他們「不符合標準」。

「所以網飛的標準是什麼？」戴維斯問：「你們如何知道某個人是否符合標準？」

現場的高階主管開始描述自己會尋找什麼樣的人才。一名中年設計師說，他希望應徵者上過羅德島設計學院（RISD）或帕森斯設計學院（Parsons）等學校，並且在蘋果或臉書等公司工作過。「多元對我來說很重要。」他告訴大家：「但最重要的是，應徵者要能在這間公司發光發熱。」

他說到一半停下來。「糟糕。」他說：「我聽見自己說的話，我發現我剛才描述了自己。我描述的是我自身的背景。我把自己當成了標準。」他看了看四周：「那樣不好，對吧？」

戴維斯事後告訴我，在這樣的對話中，重點是瞭解我們有可能在無意間助長不平等的問題。目標不是講出正確的官樣文章，也不是得出完美的洞見。不能把完美當成目標，「因為，如果你試著說出一百分的話，將沒有真誠可言。」戴維斯指出：「目標是持續對話，找出跌跌撞撞的學習空間並支持彼此。」

起初，相關的工作坊讓部分網飛員工感到驚慌。他們不想參加。就算參加了，也不想發言。真的發言時，也不想要第一個上場。他們害怕說出任何帶有冒犯意味的話，擔心不小心問了汙辱人的問題，或是在講自己的事情時，某個細節帶有種族與性別歧視之嫌。不過消息漸漸傳了出去，這些工作坊的風險沒有員工擔心的那麼大。[42]人們可以真誠提問，沒人會因為犯錯而被攻擊。工作坊的規模愈辦愈大，談論相關主題變得更容易，最後有數千位員工都參加過，許多人還參加不只一場。人們開始問彼此問題，帶來真正的理解：**身為跨性別者有著什麼意**

＊ 這些工作坊只是邁爾斯團隊在網飛嘗試的一個面向。其他面向的細節，請見書末註釋。

義？身為黑人母親，妳對警察有什麼感覺？身為家長，你煩惱工作跟爸爸的角色讓你蠟燭兩頭燒嗎？[43]在指南的引導下，每個人都能理解，討論會有不舒服的時刻，會有人講錯話——然而，想辦法克服那種不舒服，看到自己講的話是如何影響到他人，也是舉辦工作坊的目的。

在困難度最高的「我們是誰？」對話（比如沒機會一起踢足球、無法實驗用不同的方式聊疫苗）中，到底該怎麼辦？當我們知道講錯話有可能影響友誼與職涯，那要如何討論種族歧視、性別歧視或其他敏感的話題？

網飛的作法提供了解決辦法：建立指南，接著確認大家都清楚指南的內容。邀請每個人加入對話，人人都說出想法——並且讓每個人瞭解檢視自己是必要的。重點是歸屬感，讓人感到所有人都受到歡迎。史丹佛心理學教授葛瑞格・華頓（Greg Walton）指出：「如果你聽到的第一件事，就是你有偏見，你天生帶有成見，大部分的人不會覺得這個地方歡迎他，而是充滿威脅感。」[44]反過來講，對話如果努力讓每個人有歸屬感，注重多元與共融，「就是在邀請人們加入，一起學習，為了改善現狀而負起責任。」

值得提醒的是，這類討論幾乎永遠不會完美，但完美原本就不是目標。戴維斯告訴我：「這裡要達成的任務，主要是意識到你自己、你的文化和其他人的文化。」目標是意識到自身的偏見：「我們排除或接納哪些人。」

或者套用桑卻斯的話來講，目標不是「消除不適感，而是提供人們一個架構，讓他們有辦法忍受那樣的不舒服。或許聽上去區別不大，但背後的理論是，不適感能有所幫助」。不適感會促使我們想好再開口，試著瞭解其他人是如何用不同的方式看事情，聆聽不同的想法。不適感能提醒我們這是值得挑戰的目標，值得繼續加油。

影響

到了二〇二一年，幾乎每一位網飛員工都接受過某種關於歸屬感、多元與共融等概念的訓練。[45] 此外，也有各種員工資源團體（employee resource group），協助黑人、南亞裔、西裔、原住民、跨性別、男同與女同，以及退伍軍人、家長、受失能或心理健康影響的員工。雖然研究人員發現由於時間太短，或是沒能讓每個人都加入，某些減少偏見的計畫缺乏成效，但在網飛，長時間的介入與明確的指南，讓人更容易討論「我們是誰？」。

邁爾斯受雇僅三年後，[46] 網飛公開的資料顯示，在雇用代表性不足的群體這一塊，網飛如今幾乎勝過矽谷的其他每一間公司，也勝過好萊塢。網飛五二％的員工是女性，資深領導者有四五％是女性。網飛的美國員工，有一半來自至少一個在歷史上被排擠過的族群或種族，一九％的美國員工是黑人或西裔。[47]

對科技業來講，那種數字很不可思議。在娛樂產業同樣不尋常。南加州大學的研究人員比對網飛與其他娛樂公司，[48]發現網飛的節目雇用的女性編劇，多過大部分的製作公司。黑人與來自其他代表性不足群體的電影製片、演員與製作人，人數也多到不尋常。對許多員工來講，網飛終於令人感到煥然一新，不再是那種佛里德蘭會講出種族汙辱詞彙的公司。

接下來，在二〇二一年十月，網飛推出新一季的戴夫·查普爾（Dave Chappelle）脫口秀特輯《華麗最終回》（*The Closer*）。查普爾是全球最受歡迎的喜劇演員，談論種族、性別與性的時候，以辛辣的言論出名。他在《華麗最終回》開玩笑，說自己被「騙了」，對著某個跨性別的女性喊美女。他說「性別是一種事實」（許多人認為這會讓跨性別族群失去合法性），此外還嘲諷性暴力的倖存者。查普爾感嘆社會如何對待饒舌歌手 DaBaby。DaBaby 殺了一名男性後，社會仍然接受他；他自己說出恐同言論後，卻淪為賤民。

GLAAD 組織平日監督媒體是否對 LGBTQ（女同、男同、雙性戀、跨性別、酷兒／疑性戀）社群抱持偏見。該組織表示，《華麗最終回》「嘲弄跨性別人士與其他被邊緣化的社群」。一名網飛員工在推特抱怨，該特輯「攻擊跨性別的社群，以及跨性別的正當性」。外部團體也組織抗議活動，提出抵制行動。

強烈的抗議聲浪，讓網飛的共同執行長泰德·薩蘭多斯（Ted Sarandos）公開替節目辯護。他在寄給全體員工的電子郵件中主張：「我們強烈相信，螢幕上的內容不會直接轉換成真實世界的傷害。」薩蘭多斯指出，《華麗最終回》「是我們目前為止觀看次數最多、黏著度最高、拿過最多獎項的脫口秀特輯」。那封信引發更多的批評。網站與報紙群起討伐這起爭議事件，僅僅兩個月就發表了超過兩千篇文章。抗議者到網飛的洛杉磯總部遊行，抗議查普爾的特輯。抱持相反意見的抗議者也到場，雙方發生扭打。

在外界眼中，網飛似乎再度發生內戰，但在公司內部，員工不那麼看。在街上大聲疾呼的人，僅有少數是網飛員工。一位員工表示：「我們不需要上街頭就能發聲。」他針對查普爾的特輯，向高階主管提出正式抗議。網飛數度舉辦內部全員大會，員工有機會表達抱怨與憤怒。高階主管以正面的態度面對質疑；四處流傳的請願書建議改革。內部的批評被廣為分享——公司有傾聽與回應的程序。「我們知道如何讓公司聽見我們的聲音。」員工告訴我：「公司有一套系統，確保每個人都知道我們的感受。」

當然，還是有不同的看法：網飛的跨性別員工資源團體，力促高階主管替特輯放上免責聲明，或是剪掉最具冒犯性的部分；高階主管拒絕並表示他們致力於藝術表達，即便具有冒犯性也一樣。少數幾位員工對高層的回應感到失望，於是離開了網飛。[49]

然而，即便是對該特輯有怨言的員工也告訴我，進行緊張的討論時，整體依然維持具同理心的氛圍，井井有條，每個人都能發聲。薩蘭多斯公開替《華麗最終回》辯護之後過了幾天，他找上《好萊塢報導》（*The Hollywood Reporter*），說自己做錯了。「我搞砸了。」他說。薩蘭多斯承認自己未能聆聽員工的關切。「我在那些電子郵件中，應該第一時間承認有一群員工感到痛苦，真心感到受傷……我會說那些郵件缺乏人情味。」薩蘭多斯表示在那之後，他專注於「認真聽人說話，聽他們表達內心的感受」。

為了查普爾的特輯，組織內部請願的員工告訴我：「這樣的對話永遠充滿大量的激烈情緒」，但網飛已經學會如何進行那種對話。「我們在這件事開始發酵後，舉辦了一場大型的全員大會，一開始就講明規則：每個人都可以發言，但不能羞辱、責備或攻擊。開口前先三思。你必須有所貢獻，不能只是批評。」在那場大會上，人們當面批評公司高層。「跨性別員工談他們在公司的遭遇，以及需要改變的地方。」那位請願的員工表示：「此外，有些人說：『我不是每件事都同意你，但謝謝你。我瞭解你受傷了，我會盡力進行這場對話。』那種感覺是真的在對話。」

公司和社會一樣，永遠會有意見不合的時候。不是永遠找得到折衷的辦法，折衷有時甚至不是目標。我們通常只能盡量做到理解。社群與民主透過理解與對話，才得以茁壯。當我們創造出空間，討論對立的信念，連結的可能性就會擴大。

當然，網飛並未解決種族歧視與偏見等議題。邁爾斯告訴我：「那些是更大的結構性問題，沒有妙招。」要促成真正的轉變，不只需要網飛改革聘雇、升遷與支持員工的方式，而是整體社會都必須改變。[50]「如果你不教人們如何進行這種對話，就等於沒有給他們機會聽見彼此。」邁爾斯說道：「聆聽不算是解決辦法，但那是第一步。」[51]

「我們是誰？」的對話或許很困難，但也很重要。「如果我們無法現在就化解分歧，至少能讓多元在這個世界變得更安全。」甘迺迪（John F. Kennedy）總統在一九六三年遇刺的前五個月，告訴美利堅大學（American University）的學生：「歸根結柢，我們最基本的共同連結，就是我們都住在這顆小小的星球上。呼吸相同的空氣，重視孩子的未來。我們皆是凡人。」

共通點讓我們向彼此學習，消弭差異，開始把話說好好出口並理解彼此，一起努力。身分認同的對話揭示這樣的連結，讓我們分享最完整的自己。

概念運用指南

第四部分：讓困難的對話變容易

困難的對話隨時都在發生，有時圍繞在種族、族群、性別等議題，但其他類型的棘手對話也經常出現，例如：某個員工績效有問題，需要聽到直言不諱的回饋；老闆給的薪水太低，需要瞭解你埋怨的理由；如果婚姻關係還要走下去，配偶必須改變；叔叔喝太多酒，你很擔心。

這一類的對話困難的原因，在於威脅到某個人的自我感：我們和員工談他們的績效，員工有可能覺得是在批評他們的職業道德、頭腦或性格。告訴老闆你值得更多的薪水，聽在老闆耳中，可能覺得你在指控他不為員工著想。要求另一半改變，對方可能認為你在說他這個人不夠好。叔叔聽見你擔心他喝太多酒，八成會覺得你在批評他的生活方式。

然而，這些對話不僅必要，還避不開。我們因此需要留意學習型對話的最後一條原則：

原則四：探索就這場對話而言，身分認同是否重要。

這條原則要求我們在三個特定的期間思考自己的行動：討論**前**、討論的**開頭**與討論**期間**。

討論前

在「我們是誰？」的對話中，尚未開口說話之前，要先想好幾個問題。這個練習的目標是想一想，你希望對話**如何**開展、你希望說出**什麼**。

問自己：

- **你希望達成什麼**？你最想說什麼事？你希望得知哪些事？你認為**其他人**想說什麼，想知道什麼？討論前先釐清目標，就更有可能達成。
- **這場對話將如何展開**？如何確保每個人都能發言，獲得參與感？需要做什麼，才能讓每個人投入？
- **有可能出現哪些障礙**？大家會生氣嗎？會退縮嗎？猶豫是否該提到有爭議的部分，會不會導致該說的沒說？如何才能讓每個人放心講出自己的想法？
- **出現那些障礙時**，**對策是什麼**？研究顯示，事先意識到讓人焦慮或害怕的情境，可以減少相關的影響。如果對話開始緊張，你打算如何讓自己和其他人冷靜，或是鼓勵沉默不

討論開始前，問自己幾件事

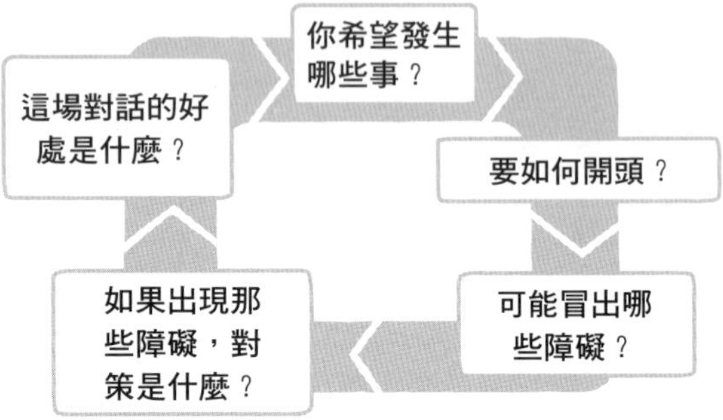
你希望發生
哪些事？
要如何開頭？
可能冒出哪
些障礙？
如果出現那
些障礙，對
策是什麼？
這場對話的好
處是什麼？

語的人多參與一點？

- **最後，這場對話有哪些好處**？是否值得冒險？（答案通常是值得。）要是有人發火、生氣，或是乾脆掉頭走人，你要如何提醒自己和其他人，這場對話非常重要的原因是什麼？

在討論的開頭

困難的對話經常始於如履薄冰，尤其是討論「我們是誰？」的時候，我們通常會因為怕講錯話而焦慮，或是擔心聽到某些事而緊張。

只要做幾件事，就能立即緩解那些焦慮。

對話開始時：

- **首先，確立指南**。明確說出這場對話的**規範**，例如沒人可以**責備**、**羞辱或攻擊其他人**；此次對話的目標是**分享我們的感受，不是找戰犯**。此外，也可以明確規定**能否提問**，是否有某些類型的問題需要事先想好再問，譬如非常私人的主題或是特別敏感的議題。別忘了強調**每個人都被鼓勵發言**，這場討論屬於每一個人。可以找人主持討論，確保每個人都獲得足夠的空間。有效的作法是請大家**談自己的經驗並描述自己的故事**，不要一竿子打翻一船人。還有，除非對方請你幫忙，否則不要替別人解決問題或小看別人的問題。同事描述自身痛苦的經歷時，**請認真聆聽**，告訴他們你很遺憾發生了那種事，承認他們的感受是真實的。

- **第二，引導每個人說出目標**。你八成心中有一些目標。分享你的目標，接著問其他人，他們希望這場討論有什麼結果。找出**情緒目標**（「我想確保我們還是朋友」或「我有事情不吐不快」）、**實務目標**（「討論結束時，我希望能訂出計畫」），以及**團體目標**（「我認為重要的是，我們都展現對彼此的關懷」）。
- **最後，承認且持續承認不舒服是自然反應——而且不適感有其作用**。我們會有說錯話的時候。我們會提出天真的問題，會說出冒犯的話語而不自知。出現不舒服的感受時，與其壓抑情緒，不如當成學習的機會。

在討論的開頭

確立指南
- ——規範是什麼？
- ——不責備、羞辱或攻擊。
- ——可以發問嗎？

主持人鼓勵
- ……每個人發言。
- ……大家說出自己的故事，不小看別人的問題。
- ……每個人聆聽。

引導每個人說出
- ……情緒目標。
- ……務實目標。
- ……較短暫的目標。

承認會不舒服
- ——我們有可能說錯話。
- ——我們會提出天真的問題。
- ——出現那種不舒服的感受時，不封閉自己，而是當成學習的機會。

對話開展時

一旦準備好面對困難的對話，討論完指南與目標，還要記得：

- **引出數個身分認同。**詢問人們的背景、社區、組織與他們支持的理想、他們來自哪裡。也分享你的身分認同。我們都有很多面的自己；沒人只有單一面向。記住這一點，討論才會有所進展。
- **確保每個人的立足點平等。**當每個人有平等的發言機會、可以說出心聲，「我們是誰？」的討論效果最好。把注意力放在樂於聽到每個人的觀點。不炫耀財富、人脈、特權、資歷或專業知識。設定主題時，盡量讓每個人都是專家或都是新手（事實上，那就是為什麼討論自身經驗會有強大的效果：如果是親自見過與感受過的事物，人人都是專家）。

- **承認人們的經驗，尋求真正的相似處。**詢問人們的身分認同，開始找出雙方的共通點（「你念谷地高中？我也是！」）。但要記住：必須是真正的相似處。此外，挖深一點，進一步瞭解彼此，連結會更有意義（「我高中念得亂七八糟。你怎麼樣？」）。即便雙方沒有相似處，光是承認他人的經驗，並表現出你聽到了，就能帶來同一國的感覺。

討論期間

1 引出數種身分認同。

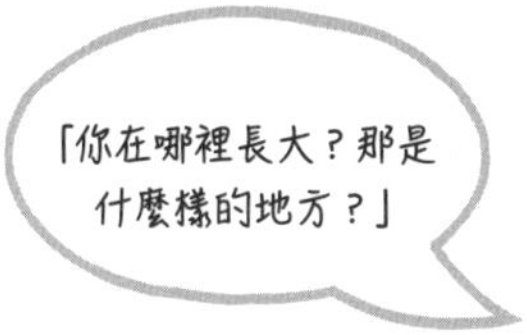
「你在哪裡長大？那是什麼樣的地方？」

2 讓每個人有平等的立足點。

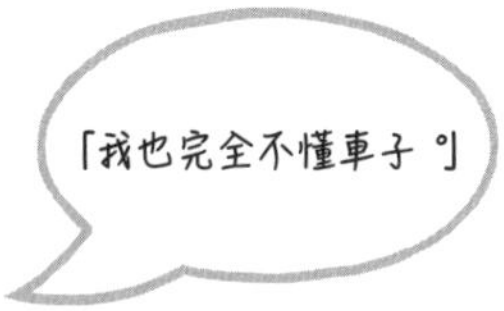
「我也完全不懂車子。」

3 尋找相似之處，建立內團體。

「你是律師？我也是！」

4 管理你的環境。

「你想到安靜一點的地方談嗎？」

- **管理你的環境**。社會認同的影響力，會隨著顯眼程度及對話發生的環境而起伏。有時光是簡單的轉換，就能改變哪些事讓人心安、哪些人感到受歡迎，例如：從團體討論改成更私人的形式；在工作地點以外的地方談；進入正題前，在會議的開頭先聊聊週末發生的事（同理，如果環境讓人感到被冷落，可能導致缺乏安全感）。

要顧及的事情或許看起來很多。即便做了最仔細、萬全的規畫，困難的對話也可能朝意想不到的方向發展。然而，當我們意識到認同威脅與刻板印象威脅等有害的影響，想好應對的計畫，胸有成竹地迎接障礙，知道就算氣氛不舒服也沒關係，那麼困難的話題討論起來就會變得容易一些。

後記

一九三七年的春天，連鎖店大王比利．格蘭特（Billy Grant）聯絡哈佛大學，提議一件事。格蘭特數十年前從高中輟學，日後靠著在全國各地的「二十五美分商店」（25 Cent Stores）販售廚房用具與居家用品，發跡致富。如今六十一歲的他，宣布要捐一大筆錢——格蘭特告訴哈佛的行政人員，他要回饋社會，但除此之外，他也有另一個較為實際的次要目標：他管理著日益龐大的帝國，目前正在快速招募人才。他的高階主管需要在研究、數據與科學洞見的協助下，選出最優秀的店經理與最聰明的員工。格蘭特因此打算捐給哈佛金額不小的一筆錢，贊助學校的整體研究——只要哈佛的學者能替他想想辦法，提供一些建議。[1]

哈佛的行政人員心想，這個要求有點市儈，但捐款就是捐款，他們已經想到如何運用這筆錢，所以答應了。哈佛醫學院的教師表示，他們多年來一直想針對「健康的年輕男性」做長期的縱向研究。具體來講，他們想招募數百位哈佛的大學生，追蹤他們數十年，檢視各種議題，例如：「先天vs.後天的問題；性格與健康的連結；是否有辦法預測身心疾病；體質的考量如何影響職涯選擇」。基本上，整個計畫就是收下格蘭特的錢，拿去蒐集研究對象的健康狀況、家庭、學業、工作、情緒衝動、身體特徵等各種資料，順便研究一下為什麼有些人擅長賣鍋鏟。研究參與者將在校園接受五花八門的醫療檢查與心理面談，接著在一生中，定期寄回填好的詳盡問卷調查，以及接受研究人員的家訪。各種資料湧入後，研究人員將尋找模式，解釋為什麼有些研究參與者找到有酬的工作，變成幸福健康的成人，有些參與者則沒有。

計畫最初的名稱是「格蘭特研究」（Grant Study），並在接下來的歲月逐漸擴展研究範圍，最後也納入波士頓南區的青少年。後來，隨著研究參與者結婚生子，大量的配偶與後代也納入研究，超過兩千名的男男女女被戳戳看、刺刺看，做訪談、分析心理狀態。「哈佛成人發展研究」（Harvard Study of Adult Development）如今已是全球最大型、為時最長、最著名的研究。

在第一批受訪的參與者中，有兩名在二戰前夕到哈佛讀書的年輕人。研究人員最後判定，第一位大學生患有神經性疑病症，並（不太委婉地）寫下：嘉佛瑞・卡密爾（Godfrey Camille）「是個災難」。[2]由於雙親「病態性地多疑」，卡密爾被隔離養大，遠離其他家人與孩子。研究人員訪談他的母親，認為她「是我這輩子見過最緊張兮兮的人」。心理學者判定卡密爾擁有「我此生見過最灰暗的童年」。卡密爾在一九三八年抵達哈佛，似乎是立刻承受不了校園生活。他沒事就跑去醫務室，抱怨各種稀奇古怪的不舒服。醫生在他的檔案上註明：「這個男孩正在轉變成定期發作的精神神經過敏（psychoneurotic）。」卡密爾瘦成皮包骨，身體虛弱，很難交到朋友。美國參戰後，卡密爾和許多哈佛人一樣從軍，但班上很多同學都當上了軍官，返鄉時身上都是勳帶與勳章。卡密爾光榮退伍時則仍是士兵，沒有什麼可講的重要戰功。他接著進入醫學院就讀，畢業後沒多久便自殺未果，在波士頓的醫療社群遭受鄙視。卡密爾變得和家人十分疏離，姊姊與母親過世時，他幾乎沒有在後續的研究問卷中提及。三十五歲時，他因為肺結核住院十四個月。「我很慶幸自己生病，」他事後告訴研究人員：「能待在床上一整年。」

同一時期另一名參加研究的年輕人則不同。約翰・馬斯登（John Marsden）是表現傑出的學生，來自有名望的富裕家族，家裡在克里夫蘭經營布製品連鎖店。二戰期間，馬斯登也自願入伍，英勇抗敵。他後來沒有如父親的願望接手家中生意，而是追尋自己的志向，到芝加哥大學讀法學院，以班上前幾名的成績畢業，成為公共服務律師，結了婚，最後開了成功的私人律師事務所。

格蘭特研究在設計時，希望做到客觀。研究人員希望避免猜測哪些研究參與者大概會飛黃騰達，哪些有可能窮途潦倒，以免他們的預判汙染資料。然而，卡密爾和馬斯登讓人很難不去預測。每個人都覺得答案太明顯，卡密爾最後八成會陷入憂鬱與寂寞——或是死於自己之手。一名研究人員寫道：「每個人都預測他會是失敗者。」至於馬斯登，科學家則認為他會成為社群領袖，替家族史再添一筆自豪的紀錄。研究人員指出，馬斯登「是本研究中職業方面較成功的成員」。

到了一九五四年，也就是研究開始十六年後，研究基金見底。格蘭特當時已經捐了相當於今日幣值的七百萬美元，這項研究沒幫上多大的忙，協助他挑選店經理，讓他很挫折。雪上加霜的是，哈佛在發表這項研究產出的論文時，未能充分提及他的慷慨捐獻。格蘭特告訴哈佛的行政人員，他已經受夠了掏錢。研究人員連忙尋找其他財源，一度說服一群菸草公司贊助計畫，暗示他們的研究有可能揭曉抽菸的「正面理由」——但最終那部分的贊助也用罄了。研究人員寫下最後的報告，舉辦送別會。雖然偶爾還會和部分參與者保持聯絡，這項研究基本上被封箱，存放在醫學院的地下室。

故事原本到這裡就結束了，但在一九七〇年代早期，一群年輕的精神病學教授翻找那些箱子，剛好看到計畫裡的問卷。在好奇心的驅使下，他們開始追蹤當年的參與者，寄去新的問卷，還安排了後續訪談。年輕的教授們以為，大部分的參與者會沿著研究結束時的人生軌跡，繼續發展下去。然而，他們訪談卡密爾與馬斯登時，發現那項假設完全錯誤。

看來在過去數十年間，卡密爾脫胎換骨。如今五十多歲的他已婚，成為教堂信眾的領袖，還是波士頓醫療界的領頭羊。他開設大型的過敏治療獨立診所，成為全國知名的氣喘治療專家，受邀參加座談會，還上電視接受訪談。研究人員訪談他已是青年的女兒時，她們說他是「模範父親」，「天生具備無私給予的能力，並有一顆赤子之心。」

研究人員依據格蘭特研究先前的方法，每兩年做一次後續追蹤研究。每次他們和卡密爾談話，他顯得愈來愈幸福。一九九四年時，已經七十五歲的卡密爾寫道：「以前有那種機能不健全的家庭，我就是來自那種家庭。」然而，他接下來寫到自己逃過家族命運，「慢慢成為今日的我：自在、喜悅、交遊廣闊、生龍活虎。」卡密爾八十歲生日時，替自己舉辦每個人帶一道菜的派對，竟然有超過三百人出席。不久後，他告訴科學家他計畫搭機前往阿爾卑斯山，和朋友一起登山。卡密爾在那趟旅程死於心臟病，享壽八十二歲。在他的追悼會上，教堂裡人山人海。主教讚美：「這個人富有深度與神聖的真誠。」卡密爾的兒子告訴群眾：「我父親過著非常簡單的生活，卻十分豐富。」依據生活與工作的幸福度、健康度與滿意度來計算，哈佛的研究人員日後判定，卡密爾為研究參與者中的佼佼者——或許還是**第一名**。「誰能想到，」一位研究人員寫道：「他過世時很幸福，懂得給予，大家都愛他？」

馬斯登又是另一則故事。格蘭特研究中斷後，研究人員重新找到他的時候，他的狀態很糟。五十多歲的他離了婚，和孩子關係疏離，跟克里夫蘭的家族關係也不好。雖然他的律師生涯很成功，但朋友不多，多數時候都是一個人。他說他對人生感到憤怒、孤單與失望。他日後再婚，但短短幾年就說這是一段「無愛」的關係。有一份問卷問道：**你沮喪的時候，是否會向妻子求助**？「沒有。當然不會。」馬斯登寫道：「我不會得到任何同情。我會被告知那是軟弱的徵兆。」被問到如何處理困難時，馬斯登寫道：「我會藏在心中，自己撐過去。」有一名研究人員打破研究規章，幫馬斯登找了伴侶治療師，但馬斯登和妻子去過一次就沒去了。那位叫羅伯特．沃丁格（Robert Waldinger）的研究人員告訴我：「他像個破碎的人。」馬斯登最後不再回覆訪談的邀請。美國郵局退回未拆封的問卷時，研究人員得知了原因。信封上註明收件人已死亡，新住戶不清楚他是否有直系親屬。

研究人員納悶，這兩個人後來的發展怎麼可能如此出乎意料？不只是卡密爾和馬斯登如此。科學家比對其他參與者目前的生活，以及他們在青少年時期寫下的志向，發現有幾人最後變成寂寞沮喪的大人，不滿意自己的生活——但那些男男女女當初似乎擁有璀璨的未來，注定成為優秀的人。反觀有些參與者起初面對困難重重的人生，如心理健康問題與貧困，老年時卻非常幸福、成功，身旁圍繞著親友。

研究人員如今握有七十年的資料。他們開始爬梳資料，檢視當事人的遺傳與童年，研究他們的酗酒與思覺失調傾向，計算每個人花多少小時工作、養育多少名子女。研究人員從各方面著手，希望判斷哪些變因能穩定預測人生後來的發展。研究人員發現一些相關性：如果有慈愛的父母，長大後也比較容易幸福。此外，具備身體健壯與長壽的基因會有所幫助——足夠的運動與良好的飲食也有助益。早期接受過教育與一生持續學習，同樣會帶來好處。

然而，這些因子固然重要，有一件事似乎比任何事都來得重要。答案不令人訝異；過去數十年間，幾乎每個研究人員在訪談時，都明顯發現這件事。如果要猜測某人究竟會健康快樂，還是疾病纏身、痛苦不堪，最重要的變因是「他們有多滿意人際關係」。研究人員寫道：「五十歲時對人際關係最滿意的人，八十歲時（身心）最健康。」

另一位研究人員講得更直接：「美好人生最重要的影響因素顯然是愛。」不是浪漫的愛情，而是與家人、朋友、同事、鄰居，以及社群成員的深度連結。「早期人生的愛，不僅能讓日後的愛來得更容易，也能促成其他的外在成功，例如名望或甚至更高的收入。此外，還能鼓勵心理應對方式的發展，促成親密感，而不是打擊。」

日後變得幸福的研究參與者，都和很多人擁有「溫暖的成人關係」。他們婚姻美滿，與孩子關係親近，培養了深厚的友誼。「過得好的人找到了愛。」一位研究人員評論：「那就是為什麼他們過得好。」

另一方面，沒有把心力用在人際關係的人，大都很悲慘——他們把職涯的重要性擺在家人與朋友前面，或是出於其他原因很難與人連結。以馬斯登為例，他四十三歲時，也就是幾乎還剩下一半的人生時，研究人員請他描述他常在想的事，他寫下這樣的答案：[3]

一、我正在變老。第一次理解人會死的事實。

二、覺得自己或許沒有達到想要的成就。

三、不確定我知道如何養育孩子。我以為我知道。

四、工作壓力非常大。

馬斯登沒提到其他人或人際關係，除了以負面方式帶到。他感到憂鬱時沒去尋求陪伴，而是到辦公室處理法律業務，試圖用工作讓自己分心。他和妻兒爭執時會奪門而出，而不是談一談，把事情講開，或者至少理解彼此。「他是一個很會批評自己的人。」今日帶領這項哈佛研究計畫的沃丁格說道：「他無情地逼迫自己，給自己非常嚴厲的評價，那一點讓他在專業上能夠成功。然而，他同樣很會批評別人，這大概是許多人遠離他的原因。」馬斯登的問卷內容摘要報告指出：「他變得提防他人，習慣性地以負面的方式面對這個世界，很難與他人連結。他遇到挑戰時，直覺會避開最親近的人。他結過兩次婚，不曾感到真正被愛。」

相較之下，日後當上醫生的卡密爾在肺結核病房度過一年時，開始和其他病友培養關係。他和其中幾個人一起研讀聖經，找人玩牌，還跟護士與醫院勤務員建立關係。卡密爾日後告訴研究人員，他覺得住院那段期間有如重生。「有聖人眷顧我。」他在問卷中寫道：「那年之後，一切都好轉了。」卡密爾出院後加入教堂的活動，積極參加委員會、百樂餐、主日學——任何能讓他遇見其他人的活動。研究人員日後判斷，卡密爾在三十歲前不曾有過真正的持久友誼；十年後，他是格蘭特研究中社交最活躍的人，人際網絡獲得拓展，事業隨之起飛。「我的專業生活不令人失望——完全稱不上，但真正令人心滿意足的發展，其實是我慢慢成為今日的我。」他在七十五歲的問卷中寫道：「我們必須讓連結發生在自己身上……我們是打不倒、適應力強盛的生物，社會結構裡藏著善意的寶庫。」卡密爾表示，與他人交談、連結，分享喜悅與悲傷，改變了他的人生。「你知道我學到什麼嗎？」他告訴訪談人員：「我學到愛。」

在數十年間的問卷中，同樣的發現一再出現：最幸福的研究參與者會定期聯絡其他人，邀大家吃午餐與晚餐，還會寄信告訴朋友自己替他們感到驕傲，或是協助友人度過哀傷的生活打擊。最重要的是，幸福的研究參與者多年間參與大量的對話，拉近與他人的距離。「這些年來研究這些人的人生，有一個關鍵因子很突出，和身體健康、心理健康、長壽一直有著強大的關聯。」二〇二三年的哈佛資料摘要寫道：「良好的人際關係讓我們更健康、更快樂。」此外，在許多時候，那些人際關係建立在長期的親密討論，而且也是靠溝通來維持。

這個重要發現，在過去數十年間重複出現在其他幾百項研究當中。二〇一八年發表在《心理學年度評論》的研究指出：「今日有強烈的證據顯示，社會連結對長壽有著重大影響，例如擁有更多、更好的關係跟保護有關，以及反過來講，擁有較少、較差的關係跟風險有關。」[4]另一項發表於二〇一六年的研究，檢視數十個健康生物標記，發現在每一個人生階段，「更高程度的社會整合與低〔疾病與死亡〕風險有關。」研究人員寫道，社會孤立的危險性，高過糖尿病與其他大量的慢性疾病。[5]

換句話說，與他人連結能讓我們更健康、更快樂、更滿足。對話能改變我們的大腦、身體，以及我們如何體驗這個世界。

•••

因此，這裡回到我在本書前言坦承的事：從許多方面來講，我寫這本書是為了自己。我在職場上當了失敗的管理者。我想知道自己怎麼會變成那樣，似乎讀不懂暗示，聽不懂別人在說什麼。我發現或許有必要重新評估自己的溝通方式，於是有一天晚上（我知道這聽起來有點怪），我坐下來列出過去一年中，所有我還記得、自己搞砸的對話。我寫下我漫不經心地聽著妻子說話；同事向我展露脆弱的一面時，我沒能同理他們；我忽視了好點子，因為我已經決定照自己的意思做；我吃飯老是在談自己，沒有詢問別人的生活；以及（講出這件事讓我羞愧）我要孩子別煩我，我有工作要做。我想我們所有人的腦中都有這類清單，只是版本不大一樣，但寫出來讓我不得不面對一些很難回答的問題：為什麼有時候有人試圖告訴我某些事，我卻那麼難聽到？為什麼我會一下子變得防衛心很強，或者忽視別人顯然試圖分享的感受？為什麼有時我自顧自講個不停，不聽別人說話？為什麼我不明白朋友需要的是安慰，而不是建議？孩子明顯想要和我相處，我怎麼能推開他們？為什麼我那麼難解釋內心的想法？

我發現這些問題很有意義，值得探索，也很想知道答案。我開始聯絡神經學家、心理學家、社會學家與其他專家，詢問我怎麼一輩子都在溝通，卻做得亂七八糟！這本書是那趟旅程的結果。我做了很多報導、閱讀研究、瞇著眼閱讀取得的資料，最後得出寶貴的心得，協助我更能夠連結，更加留意別人透露的個人訊息。我知道不論在務實、情緒或社會的層面，永遠有對話在進行——在我們得知所有人想要什麼、需要什麼之前，我們無法連結。最重要的是，我因此相信學習型對話的重要性。目標是留意正在發生哪種**類型**的對話；找出對話的目標；詢問別人的感覺，接著分享自己的感受；以及探索身分認同是否影響了我們說話與聆聽的方式。

學習型對話

原則一：留意目前正在發生「哪一種」對話。

原則二：說出自己的目標，也詢問其他人的目標。

原則三：詢問其他人的感受，接著分享自己的。

原則四：探索就這場對話而言，身分認同是否重要。

我試著在生活的每一個面向進行學習型對話。我聽到的事情因此比以前更多（我有所進步，不過就在上星期，太太問我晚餐時獨自胡言亂語，哪裡符合本書提供的建議了）。我試著提出更多的問題——目的是判斷人們想從對話中得到什麼，並探索生活中具有深層意義的情緒部分。真正的連結就發生在那裡。別人讓我得知他們的喜怒哀樂時，我也試著那麼做。每當我有幸遇到人們向我透露心事、展現脆弱，我也隨之回饋。我更坦然承認自己所犯的錯、我的感受，以及我是什麼樣的人。我因此感到更貼近身旁的人，進一步與家人、朋友、同事連結——以及最重要的是，我比從前更感謝這些人際關係（我希望能保持下去。如果你寄信到我的電子郵件信箱：charles@charlesduhigg.com，我保證會回覆）。

與他人連結的方法，沒有唯一的正解。有些技巧能讓對話變容易，減少尷尬的程度。有些訣竅能讓你更容易理解同伴，他們也更可能聽見你嘗試要講的話。各種對話方式的有效程度有高有低，端看我們的環境、進行哪種類型的討論、希望建立的關係。有時成功，有時不會。

不過重點是，即便很困難、很嚇人，就算轉身離去顯得容易許多，我們依然**渴望**連結，**渴望**理解別人，**渴望**擁有深度的對話。世上有各種技巧與洞見能協助我們滿足對連結的渴望，值得學習、練習、想辦法做到。不論我們稱之為愛、友誼，或只是單純聊得很開心，達成連結——真誠、有意義的連結——是人生中最重要的事。

謝辭

首先，我必須感謝與我分享想法、洞見與經驗的各界人士。在我報導本書內容的三年期間，數百位科學家與思想家慷慨挪出時間，我感激不盡。大型的報導計畫有一件事很可惜，那就是幫上最大的忙，以及最有趣的人士，有部分永遠不會出現在書頁上。我因此要在這裡特別感謝柏克萊的達契爾・克特納（Dacher Keltner）、東北大學的麗莎・費德曼・巴瑞特博士（Lisa Feldman Barrett）、達特茅斯社會系統實驗室與NASA的眾多工作人員、《宅男行不行》的編劇人員，以及其他同意接受訪談的人士。

我在寫作本書期間與我的人生中，我最喜歡的對話有一些來自我的編輯安迪・沃德（Andy Ward）。沃德是天賦異稟、努力不懈、深具遠見的語言大師，也是忠誠的朋友。在英國，尼傑爾・威卡克森（Nigel Wilcockson）提供最好的建議與支持；在布魯克林，史考特・摩爾斯（Scott Moyers）是寶貴的早期智囊團。同樣地，我很幸運能與吉娜・森特洛（Gina Centrello）

共事，她讓藍燈書屋（Random House）成為作家的避風港。此外，也要感謝湯姆・佩瑞（Tom Perry）、瑪麗亞・布萊克爾（Maria Braeckel）、葛瑞格・庫比（Greg Kubie）、山宇・狄翁（Sanyu Dillon）、艾勒特・杜蘭特（Ayelet Durantt）、文迪・多瑞斯坦（Windy Dorresteyn）、阿茲拉夫・可汗（Azraf Khan）、喬・裴瑞茲（Joe Perez）。藍燈書屋強大的銷售團隊幫了我非常大的忙。

所有認識安德魯・懷利（Andrew Wylie）的人都知道，他讓這個世界更適合作家生存。他在懷利文學經紀公司（Wylie Agency）的同事詹姆士・普倫（James Pullen），也英勇地在海外作戰。我先前在《紐約時報》（*The New York Times*）工作，遇到大量優秀的同事。我目前則替《紐約客》（*The New Yorker*）寫稿。大衛・雷姆尼克（David Remnick）與丹尼爾・札柳斯基（Daniel Zalewski）每一天都在向世人證明，仁慈、智慧與新聞業的最高標準是天生的夥伴。此外，在此特別感謝負責本書事實查核的大衛・寇塔瓦（David Kortava）、我的助手亞夏・史密斯（Asha Smith）與奧莉薇亞・布恩（Olivia Boone），以及永遠提供睿智建議的理查・藍波爾（Richard Rampell）。

本書的插圖由優秀插畫家達倫・布思（Darren Booth）提供。本書大部分的內容，在歡迎我與家人移居的加州聖塔克魯斯（Santa Cruz）寫就。

最後，我最深的感謝要獻給我的兒子奧利（Oli）與哈利（Harry），以及當然要感謝我的妻子麗茲（Liz）。他們永不間斷的愛、支持、引導、智慧與友誼，讓本書得以問世。

——二〇二三年七月

資料來源與方法說明

本書的報導依據是數百場的訪談，以及數千份的論文與研究。許多資料來源已在正文中註明，或是放在書末的註釋。

在大部分的情況下，資訊的主要提供者，或是與我的報導密切相關的研究發表者，我會提供報導摘要，讓他們有機會檢視事實，提供額外的說明、指出內容有出入的地方，或是點出資訊描述方式的問題。他們的回饋有許多影響了本書最終呈現的形式，我也在書末的註釋引用他們的原話（他們在本書出版前，無從取得本書的內容。所有的評論都是依據我或事實查核人員提供的摘要）。

有極少數的例子，資料來源也加以保密——如果當事人因為種種原因不願具名發言。為求遵守隱私權法規、倫理和其他原因，在此類及其他的情況，文中不提供能辨識身分的特徵，或是經過變動，以保障匿名性。

註釋

前言

1. 菲力斯・席嘉拉要求匿名訪談。為了模糊他的身分，此處的細節（包括他的名字、職業生涯詳情）經過改動。我就本章提及的事件，請ＦＢＩ回應事實查核提問。ＦＢＩ表示基於局內的媒體政策，除了證實一般性的細節，拒絕評論其他部分。
2. 如同許多的名言錦句，這句話最早的出處不詳，但經常被歸給蕭伯納。

第１章　匹配原則

1. 吉姆・勞勒在中情局待過二十五年，至今仍有義務對某些主題保密。雖然他花了很多時間與我分享經歷，他不曾在任何時刻透露機密資訊。關於他的故事，部分細節因此經過更動，他僅以概括性的方式向我描述，或是獲得其他資料來源的佐證。茉莉是化名。勞勒並未明確指出茉莉是哪一國人，只表示是「與美國敵對的產油國」。勞勒也拒絕指名他派駐的國家，只說那是「歐洲的阿爾卑斯山國家」。如果各位對勞勒的經歷感興趣，想多瞭解一點，請容我推薦他精彩的間諜小說：*Living Lies* 與 *In the Twinkling of an Eye*。
2. Randy Burkett, "An Alternative Framework for Agent Recruitment: From MICE to RASCLS," *Studies in Intelligence*

57, no. 1 (2013): 7–17.

3. Marta Zaraska, "All Together Now," *Scientific American* 323 (October 2020): 4, 64–69; Lars Riecke et al., "Neural Entrainment to Speech Modulates Speech Intelligibility," *Current Biology* 28, no. 2 (2018): 161–69; Andrea Antal and Christoph S. Herrmann, "Transcranial Alternating Current and Random Noise Stimulation: Possible Mechanisms," *Neural Plasticity* 2016 (2016): 3616807; L. Whitsel et al., "Stability of Rapidly Adapting Afferent Entrainment vs. Responsivity," *Somatosensory & Motor Research* 17, no. 1 (2000): 13–31; Nina G. Jablonski, *Skin: A Natural History* (Berkeley: University of California Press, 2006).
4. Thalia Wheatley et al., "From Mind Perception to Mental Connection: Synchrony as a Mechanism for Social Understanding," *Social and Personality Psychology Compass* 6, no. 8 (2012): 589–606.
5. 魏特利此處是在引用另一位作者麥可・多利斯（Michael Dorris）。
6. Ulman Lindenberger et al., "Brains Swinging in Concert: Cortical Phase Synchronization While Playing Guitar," *BMC Neuroscience* 10 (2009): 1–12; Johanna Sänger, Viktor Müller, and Ulman Lindenberger, "Intra-and Interbrain Synchronization and Network Properties When Playing Guitar in Duets," *Frontiers in Human Neuroscience* (2012): 312; Viktor Müller, Johanna Sänger, and Ulman Lindenberger, "Hyperbrain Network Properties of Guitarists Playing in Quartet," *Annals of the New York Academy of Sciences* 1423, no. 1 (2018): 198–210.
7. Daniel C. Richardson, Rick Dale and Natasha Z. Kirkham, "The Art of Conversation Is Coordination," *Psychological Science* 18, no. 5 (2007): 407–13. 該研究的論文作者丹尼爾・理查森（Daniel Richardson）在回覆事實查核詢問時表示，科學家記錄下的這類型身體影響，「不是在我自己的實驗室親自證明的具體效應。我在文獻回顧型的論文中討論過這些影響，或是在我自己的相關實驗（如眼動或身體動作協調）的介紹中提及。」席佛斯指出，雖然在合作型的活動的確會見到這種類型的趨同，研究人員不確定因果關係的方向。
8. Ayaka Tsuchiya et al., "Body Movement Synchrony Predicts Degrees of Information Exchange in a Natural

Conversation," *Frontiers in Psychology* 11 (2020): 817; Scott S. Wiltermuth and Chip Heath, "Synchrony and Cooperation," *Psychological Science* 20, no. 1 (2009): 1–5; Michael J. Richardson et al., "Rocking Together: Dynamics of Intentional and Unintentional Interpersonal Coordination," *Human Movement Science* 26, no. 6 (2007): 867–91; Naoyuki Osaka et al., "How Two Brains Make One Synchronized Mind in the Inferior Frontal Cortex: fNIRS-Based Hyperscanning During Cooperative Singing," *Frontiers in Psychology* 6 (2015): 1811; Alejandro Pérez, Manuel Carreiras and Jon Andoni Duñabeitia, "Brain-to-Brain Entrainment: EEG Interbrain Synchronization While Speaking and Listening," *Scientific Reports* 7, no. 1 (2017): 1–12.

9. Greg J. Stephens, Lauren J. Silbert, and Uri Hasson, "Speaker–Listener Neural Coupling Underlies Successful Communication," *Proceedings of the National Academy of Sciences* 107, no. 32 (2010): 14425–30; Lauren J. Silbert et al., "Coupled Neural Systems Underlie the Production and Comprehension of Naturalistic Narrative Speech," *Proceedings of the National Academy of Sciences* 111, no. 43 (2014): E4687–96.

10. Greg J. Stephens, Lauren J. Silbert, and Uri Hasson, "Speaker–Listener Neural Coupling Underlies Successful Communication," *Proceedings of the National Academy of Sciences* 107, no. 32 (2010): 14425–30.

11. J. M. Ackerman and J. A. Bargh, "Two to Tango: Automatic Social Coordination and the Role of Felt Effort," in *Effortless Attention: A New Perspective in the Cognitive Science of Attention and Action*, ed. Brian Bruya (Cambridge, Mass.: MIT Press Scholarship Online, 2010); Sangtae Ahn et al., "Interbrain Phase Synchronization During Turn-Taking Verbal Interaction–A Hyperscanning Study Using Simultaneous EEG/MEG," *Human Brain Mapping* 39 no. 1 (2018): 171–88; Laura Astolfi et al., "Cortical Activity and Functional Hyperconnectivity by Simultaneous EEG Recordings from Interacting Couples of Professional Pilots," *2012 Annual International Conference of the IEEE Engineering in Medicine and Biology Society*, 4752–55; Jing Jiang et al., "Leader Emergence Through Interpersonal Neural Synchronization," *Proceedings of the National Academy of Sciences* 112, no. 14 (2015): 4274–79; Reneeta Mogan, Ronald

Fischer, and Joseph A. Bulbulia, "To Be in Synchrony or Not? A Meta-Analysis of Synchrony's Effects on Behavior, Perception, Cognition and Affect," *Journal of Experimental Social Psychology* 72 (2017): 13–20; Uri Hasson et al., "Brain-to-Brain Coupling: A Mechanism for Creating and Sharing a Social World," *Trends in Cognitive Sciences* 16, no. 2 (2012): 114–21; Uri Hasson, "I Can Make Your Brain Look Like Mine," *Harvard Business Review* 88, no. 12 (2010): 32–33; Maya Rossignac-Milon et al., "Merged Minds: Generalized Shared Reality in Dyadic Relationships," *Journal of Personality and Social Psychology* 120, no. 4 (2021): 882.

12. 席佛斯在回應事實查核問題時寫道，理解與神經校準有可能伴隨著脈搏、面部表情或情緒體驗的生理同步，但不必然如此。「你有可能聆聽某個人，理解他們，但沒出現神經同步……對話與音樂會有意義的部分原因，在於看見人們如何在互動、趨同或不趨同的過程中產生變化，引領彼此與被引領。」

13. Laura Menenti, Martin J. Pickering, and Simon C. Garrod, "Toward a Neural Basis of Interactive Alignment in Conversation," *Frontiers in Human Neuroscience* 6 (2012); Sivan Kinreich et al., "Brain-to-Brain Synchrony During Naturalistic Social Interactions," *Scientific Reports* 7, no. 1 (2017): 17060; Lyle Kingsbury and Weizhe Hong, "A Multi-Brain Framework for Social Interaction," *Trends in Neurosciences* 43, no. 9 (2020): 651–66; Thalia Wheatley et al., "Beyond the Isolated Brain: The Promise and Challenge of Interacting Minds," *Neuron* 103, no. 2 (2019): 186–88; Miriam Rennung and Anja S. Göritz, "Prosocial Consequences of Interpersonal Synchrony," *Zeitschrift für Psychologie* (2016); Ivana Konvalinka and Andreas Roepstorff, "The Two-Brain Approach: How Can Mutually Interacting Brains Teach Us Something About Social Interaction?" *Frontiers in Human Neuroscience* 6 (2012): 215; Caroline Szymanski et al., "Teams on the Same Wavelength Perform Better: Inter-brain Phase Synchronization Constitutes a Neural Substrate for Social Facilitation," *Neuroimage* 152 (2017): 425–36.

14. 席佛斯寫道，他的研究主要集中在對話如何能在未來帶來同步，與當下的同步不同。此外，他的博士論文研究是談音樂與動作的情緒感知。B. Sievers et al., "Music and Movement Share a Dynamic Structure That

Supports Universal Expressions of Emotion," *Proceedings of the National Academy of Sciences* 110, no. 1 (2012): 70–75; B. Sievers et al., "A Multi-sensory Code for Emotional Arousal," *Proceedings of the Royal Society B* 286 (2019): 20190513; B. Sievers et al., "Visual and Auditory Brain Areas Share a Representational Structure That Supports Emotion Perception," *Current Biology* 31, no. 23 (2021): 5192–203.

15. 在此一研究中，席佛斯「感興趣的是瞭解誰因為具有說服力，更能帶來共識」。他寫道：「此外，我想找出原因，試著打下科學與神經生物學的基礎，瞭解為什麼有些人說服力較強、有些較弱，或是更能或更不能帶來團體的凝聚力……我沒有從超級溝通者的角度思考，〔不過〕我認為有些人在這方面遠比別人厲害。試著從科學的角度瞭解我們能否更擅長溝通及其原因，這是有意義的。」

16. Beau Sievers et al., "How Consensus-Building Conversation Changes Our Minds and Aligns Our Brains," *PsyArXiv*, July 12, 2020.

17. 席佛斯寫道：「我們發現小組中，如果有成員被視為高社會位階，那一組的神經校準程度較低。此外，高位階人士會使用不同的對話策略，包括講更多話、對別人下令，以及斷然否定他人的想法。D組的四號成員被評為擁有較高的社會位階，而這場對話並未讓校準程度上升，因此似乎是個好例子。不過，統計分析並未讓我們『拉近鏡頭』聚焦單一的受試者，所以我們無法確認四號受試者是否妨礙了他的小組；可能還有其他因子在作用。」

18. 為了簡潔起見，本章提到的研究受試者之間的所有對話，部分經過編輯與去蕪存菁。原始的研究以代號指稱受試者，文字紀錄中並未稱他們為「高中心性受試者」。

19. 席佛斯寫道：「促成共識的高中心性受試者，講的話並未比別人多或少。他們會把注意力導向其他說話的人，他們這麼做的程度，多過位階高的受試者。他們更常請人進一步解釋……他們並未被自己的小組評為更具影響力，還更容易被神經影響所左右……這涉及更多談高自我監測（high self-monitoring）人格特質的文獻……也就是傾向配合所處的團體，改變自己的行為，而我們並未在研究中評估那項特質，不過應該需要。」

20. 如同先前的文字紀錄，為了簡潔起見，此處經過編輯，未列出不相關的對話。
21. Sievers, "How Consensus-Building Conversation Changes Our Minds."
22. 席佛斯明確指出，這項研究並未聚焦於社群領導，也因此，雖然「那是一種解釋，〔那〕不是科學的一部分……有可能是人們在他們的社交網絡中變得具有中心性，其他人因此必須找他們談，他們有可能是因為別的原因變成具有中心性，例如擁有遊艇什麼的」。
23. 席佛斯指出：「大腦功能的定位——哪個部分的大腦負責哪種行為或思考，是神經科學最具爭議的主題……不過整體而言，大腦區域與網絡似乎執行多種功能（Suárez et al., 2020）。從神經網絡到個別的神經元，大腦似乎處處如此（Rigotti et al., 2013）。因此本節提到的心態，有可能經過一段時間，由數個一起協同作用的大腦網絡處理。簡單來講，大腦十分複雜。任何號稱某個行為或思考（或某種特定心態）完全由單一網絡或單一大腦區域負責的說法，不免過度簡化。」
24. Piercarlo Valdesolo and David DeSteno, "Synchrony and the Social Tuning of Compassion," *Emotion* 11, no. 2 (2011): 262.
25. Matthew D. Lieberman, *Social: Why Our Brains Are Wired to Connect* (Oxford: Oxford University Press, 2013). 預設模式網絡，包含內側額頂網絡（medial frontoparietal network，簡稱MFPN）。席佛斯寫道：「部分科學家提出理論，認為內側額頂網絡與社會刺激有著特定關係（例如：Schilbach et al., 2008），但也有強烈的證據顯示，內側額頂網絡的功能或許遠遠更為全面。MFPN有可能涉及記憶檢索（Buckner & DiNicola, 2019）與創意（Beaty et al., 2016; Beaty et al., 2021）。當資訊並未連結立即的感官輸入，MFPN有可能涉及產生那個內部資訊（Buckner & DiNicola, 2019），或是整合那項資訊與感官資訊（Yeshurun, Nguyen and Hasson, 2021）。此外，除了MFPN，大腦還有其他部分也可能在社會認知中扮演角色，例如梭狀迴（fusiform gyrus）與面部辨識有關，杏仁核與辨識面部表情代表的情緒有關。因此，雖然各種社會任務持續動用

MFPN，MFPN的啟動不一定代表社會認知。」

26. 此處過分簡化我們的大腦運作方式，但有助於解釋這裡的概念。我們的大腦通常是由多個部分同時運作，無法明確區分相關的大腦區域。

27. 席佛斯寫道：「證據強烈顯示，人們使用相同的大腦網絡時，不保證一定處於相同的心態，反之亦然。」席佛斯寫道，與其想成特定的神經網絡被啟動，最好「把心態的概念，想成不需要永遠動用特定的單一大腦網絡。心態有可能只是傾向在碰上某些類型的資訊時，以特定的方式運用整體的大腦。從這個角度來看，處於某種心態的大腦，就像是演奏交響樂的管弦樂團；有可能演奏多首交響樂，但一次只能演奏一首。」

28. Caleb Kealoha, "We Are (Not) in Sync: Inter-brain Synchrony During Interpersonal Conflict" (honors thesis, University of California, Los Angeles, 2020).

29. John M. Gottman, "Emotional Responsiveness in Marital Conversations," *Journal of Communication* 32, no. 3 (1982): 108–20. 伴侶之所以會經歷衝突與緊張時刻，有許多不同的原因。克服的辦法也五花八門。此處和第五章提到了一部分。此外，值得一提的是，診斷與處理婚姻挑戰的方法非常多。高特曼本人有大量的寫作是在談溝通議題的「四騎士」：批評、輕蔑、防衛、築牆。四騎士會傷害關係。高特曼在回應事實查核提問時寫道：「研究發現關係的『大師』有幾種特徵，包括維持信任與承諾；在衝突中，正負情緒比（positive-to-negative ratio）等於或高於五比一；沒有四騎士（批評、輕蔑、防衛、築牆）；至少八六%的時候努力連結；愛的地圖（懂另一方的內心世界）；表達喜愛與欣賞；開頭放低姿態、衝突中有效補救；衝突中有效進行心理安撫；有能力處理嚴重衝突中涉及存在的部分。」

30. Adela C. Timmons, Gayla Margolin, and Darby E. Saxbe, "Physiological Linkage in Couples and Its Implications for Individual and Interpersonal Functioning: A Literature Review," *Journal of Family Psychology* 29, no. 5 (2015): 720.

31. 勞勒提到，他認為他決定在老闆娘講電話時和她的兒子玩，也有助於那次的連結。「我認為真正觸動她的是那件事。」勞勒告訴我：「我那麼做，只因為那是該做的事，不是因為我試著賣給她任何鋼材。那只是為了表達人情味，且是該做的事。」

32. Randy Burkett, "An Alternative Framework for Agent Recruitment: From MICE to RASCLS," *Studies in Intelligence* 57, no. 1 (2013): 7–17.

概念運用指南【第一部分】：有意義的對話四原則

1. 此一計畫由參與者在保密條件下向我描述。

第 2 章　每場對話都是一次協商

1. 「威斯康辛州 vs. 萊羅伊．李德案」（*Wisconsin vs. Leroy Reed*）的陪審團審議由電視製作人拍攝。部分錄影內容最終製作成《前線》（*Frontline*）節目中的〈走進陪審室〉（Inside the Jury Room）一集。關於這場審判與審議的資訊，我要感謝道格拉斯．梅納德（Douglas Maynard）。他慷慨分享完整的審議文字紀錄（《前線》節目僅節選部分的陪審團發言）。我也要感謝《前線》那一集的製作人。此處幾乎是逐字引用對話紀錄，但未納入許多的交頭接耳、竊竊私語與空檔間的對話。我參考的其他資訊包括："But Did He Know It Was a Gun?," International Pragmatics Association Meeting, Mexico City, July 5, 1996; "Truth, But Not the Whole Truth," *The Wall Street Journal*, April 14, 1986; Douglas W. Maynard and John F. Manzo, "On the Sociology of Justice: Theoretical Notes from an Actual Jury Deliberation," *Sociological Theory* (1993): 171–93.
2. Taken from Wis JI-Criminal 460, Wisconsin Criminal Jury Instructions.
3. 艾戴醫師與馬霍特拉的進一步研究，請見："Negotiation Strategies for Doctors—and Hospitals," *Harvard Business Review*, October 21, 2013; "Bargaining Over How to Treat Cancer," *The Wall Street Journal*, September 2, 2017; Behfar Ehdaie et al., "A Systematic Approach to Discussing Active Surveillance with Patients with Low-Risk Prostate Cancer," *European Urology* 71, no. 6 (2017): 866–71; Deepak Malhotra, *Negotiating the Impossible: How to Break Deadlocks*

and Resolve Ugly Conflicts (Without Money or Muscle) (Oakland, Calif.: Berrett-Koehler, 2016). 艾戴在回覆事實查核時澄清，他感到病患能聽進他的話，但他自己未能以有效的方式討論攝護腺癌的風險。

4. Laurence Klotz, "Active Surveillance for Prostate Cancer: For Whom?" *Journal of Clinical Oncology* 23, no. 32 (2005): 8165–69; Marc A. Dall'Era et al., "Active Surveillance for Prostate Cancer: A Systematic Review of the Literature," *European Urology* 62, no. 6 (2012): 976–83.
5. 艾戴解釋：「主動追蹤的目標是密切監控癌症，並在可治癒的期間介入治療攝護腺癌……因攝護腺癌而死亡，有可能僅限於較年長和健康情形較不佳的男性……此外，我們讓年輕的攝護腺癌患者加入主動追蹤，因為證據顯示，他們的狀況其實和動過初步手術或放射治療的男性一樣好，理由是我們密切監控他們的癌症，在可治癒的期間介入，或是癌症在他們的一生中將維持低風險，不曾需要治療。」
6. 艾戴強調，主動追蹤的風險不等於三%的死亡率。事實上，「研究顯示，以低風險疾病來講，立刻接受治療與主動追蹤的存活率沒有區別。」
7. 美國癌症協會（American Cancer Society）指出，最近期的數據顯示，每年約有二十六・八萬名的攝護腺癌確診病患。如果其中約有一半是低風險，而選擇主動追蹤的人又為六成左右（艾戴醫生提供的評估數字），那麼每年約有五・三萬人選擇動了或許沒必要的手術。
8. Matthew R. Cooperberg, William Meeks, Raymond Fang, Franklin D. Gaylis, William J. Catalona, and Danil V. Makarov, "Time Trends and Variation in the Use of Active Surveillance for Management of Low-Risk Prostate Cancer in the US," *JAMA network open* 6, no. 3 (2023): e231439-e231439.
9. The Colombia Negotiations Initiative, Harvard Law School.
10. Deepak Malhotra and M.A.L.Y. Hout, "Negotiating on Thin Ice: The 2004–2005 NHL Dispute (A)," *Harvard Business School Cases* 1 (2006).
11. 馬霍特拉在回覆事實查核詢問時表示：「我長期涉獵許多不同類型的協商，不只是你這裡提到的『正式』

協商而已。」他還提到：「艾戴醫師不是我首度處理大部分的人不會立刻想成『協商』的情境。」

12. "Ask Better Negotiation Questions: Use Negotiation Questions to Gather Information That Will Expand the Possibilities," Harvard Law School, August 8, 2022; Edward W. Miles, "Developing Strategies for Asking Questions in Negotiation," *Negotiation Journal* 29, no. 4 (2013): 383–412.
13. 為了保密患者的身分，此處僅提供一般性的描述。此外，為了保護病患的隱私，有部分細節經過更動。
14. 除了本章提到的介入，艾戴與馬霍特拉還開發出其他方法，鼓勵這一類的對話。詳情請見："Negotiation Strategies for Doctors—and Hospitals"; "Bargaining Over How to Treat Cancer"; 與馬霍特拉的 *Negotiating the Impossible*。
15. 艾戴寫道，他會這樣描述自己做的事：「我們運用改編自馬霍特拉博士的協商理論的完整溝通工具，建立出一套系統性的作法，讓人在有人推薦與他們的認知偏見對立的事物時，能感到可信。在這種情況下，我想要確保患者瞭解，我本身也是外科醫師（不只是支持主動追蹤的醫生），我強烈相信手術有益於合適的患者。然而，如果是低風險的攝護腺癌患者，我相信主動追蹤是更優先的選項……我們減少了三成的手術。我們的確認為系統性運用這些作法，讓我們更能夠向病患溝通風險，強化患者下決定時的自主權，協助跨領域的醫療決策。」
16. 在二〇一八年（能取得可靠統計數據的最後一年），選擇陪審團審判的聯邦犯罪中，僅一四%獲判無罪。李德是在州法院受審，而非聯邦法院，但趨勢雷同。John Gramlich, "Only 2% of Federal Criminal Defendants Go to Trial, and Most Who Do Are Found Guilty," Pew Research Center, June 11, 2019.
17. 為了簡潔起見，部分的審議文字紀錄（包括此處）經過編輯或縮減。
18. "History of the Harvard Negotiation Project," Harvard Law School.
19. Roger Fisher (1922–2012), Harvard Law School, August 27, 2012.
20. 與費雪共事的哈佛法學院教授席拉・西恩，在回覆事實查核的電子郵件寫道：「費雪指出，每一方其實都需要滿足自己的需求，才能答應任何協議，而這代表如果要替共同的挑戰找到解決方案，每個人都該設法照顧到自身的利益，同時理解並滿足他人的利益。」

21. 「成本效益邏輯」與「相似性邏輯」，亦稱為「結果性邏輯」（logic of consequences）與「適切性邏輯」（logic of appropriateness）。相關思維的詳情請見：Long Wang, Chen-Bo Zhong, and J. Keith Murnighan, “The Social and Ethical Consequences of a Calculative Mindset,” *Organizational Behavior and Human Decision Processes* 125, no. 1 (2014): 39–49; J. Mark Weber, Shirli Kopelman, and David M. Messick, “A Conceptual Review of Decision Making in Social Dilemmas: Applying a Logic of Appropriateness,” *Personality and Social Psychology Review* 8, no. 3 (2004): 281–307; Johan P. Olsen and James G. March, *The Logic of Appropriateness* (Norway: ARENA, 2004); Daniel A. Newark and Markus C. Becker, “Bringing the Logic of Appropriateness into the Lab: An Experimental Study of Behavior and Cognition,” in *Carnegie Goes to California: Advancing and Celebrating the Work of James G. March* (United Kingdom: Emerald Publishing, 2021); Jason C. Coronel et al., “Evaluating Didactic and Exemplar Information: Noninvasive Brain Stimulation Reveals Message-Processing Mechanisms,” *Communication Research* 49, no. 2 (2022): 268–95; Tim Althoff, Cristian Danescu-Niculescu-Mizil, and Dan Jurafsky, “How to Ask for a Favor: A Case Study on the Success of Altruistic Requests,” *Proceedings of the International AAAI Conference on Web and Social Media* 8, no. 1 (2014): 12–21.
22. 從文字紀錄來看，此次的投票結果有些許模糊之處：有一票並未被大聲念出，但依據後續的對話來看，有三票投了有罪，九票無罪。
23. 這段意見取自與陪審員詹姆士・佩伯（James Pepper）的訪談，而非審議過程的文字紀錄。

概念運用指南【第二部分】：發問與留意線索

1. Michael Yeomans and Alison Wood Brooks, “Topic Preference Detection: A Novel Approach to Understand Perspective Taking in Conversation,” Harvard Business School Working Paper No. 20-077, February 2020.

2. 同前：Anna Goldfarb, "Have an Upbeat Conversation," *New York Times*, May 19, 2020.

第3章　聆聽對策

1. 艾普利的精彩研究詳情，請容我推薦他的著作：*Mindwise: Why We Misunderstand What Others Think, Believe, Feel, and Want* (New York: Vintage, 2015).
2. 如果各位對進一步的提問研究感興趣，請容我推薦：Alison Wood Brooks and Leslie K. John, "The Surprising Power of Questions," *Harvard Business Review* 96, no. 3 (2018): 60–67; Karen Huang et al., "It Doesn't Hurt to Ask: Question-Asking Increases Liking," *Journal of Personality and Social Psychology* 113, no. 3 (2017): 430; Einav Hart, Eric M. VanEpps, and Maurice E. Schweitzer, "The (Better Than Expected) Consequences of Asking Sensitive Questions," *Organizational Behavior and Human Decision Processes* 162 (2021): 136–54.
3. 艾普利在寫給我的信中提到，他二度酒駕出事後，衝擊最大的對話也發生在他和父母之間。「在那段時間，那像一把大錘擊中我：我意識到我有可能徹底毀掉人生。我立刻不再碰酒……包括後來整個大學期間……而且從此不再喝醉過。」
4. Rachel A. Ryskin et al., "Perspective-Taking in Comprehension, Production, and Memory: An Individual Differences Approach," *Journal of Experimental Psychology: General* 144, no. 5 (2015): 898.
5. Roderick M. Kramer and Todd L. Pittinsky, eds., *Restoring Trust in Organizations and Leaders: Enduring Challenges and Emerging Answers* (New York: Oxford University Press, 2012).
6. Sandra Pineda De Forsberg and Roland Reichenbach, *Conflict, Negotiation and Perspective Taking* (United Kingdom: Cambridge Scholars Publishing, 2021).
7. 艾普利寫道：「我不會說，我們有任何人曾經感到『換位思考』特別帶來了洞見。這似乎是極明顯的事。」
8. Tal Eyal, Mary Steffel, and Nicholas Epley, "Perspective Mistaking: Accurately Understanding the Mind of Another

Requires Getting Perspective, Not Taking Perspective," *Journal of Personality and Social Psychology* 114, no. 4 (2018): 547; Haotian Zhou, Elizabeth A. Majka, and Nicholas Epley, "Inferring Perspective Versus Getting Perspective: Underestimating the Value of Being in Another Person's Shoes," *Psychological Science* 28, no. 4 (2017): 482–93. 艾普利表示：「換位思考時，你試著想像另一人心中在想什麼。你試著設身處地，從他的角度看事情。如果是取得觀點，你直接問他在想什麼、他的觀點是什麼。你要做的事只有聆聽對方講的話。我使用『換位思考』這個詞彙的科學意義時，一般是指心理學家請人們在實驗中做的事：採取某個人的觀點，想像自己試著從他的角度看事情。這純粹是只發生在你的大腦裡的頭腦體操。『取得觀點』則是問人們如何看待X、Y或Z，接著聽他們回答。你從他們身上取得他們的觀點。換位思考與取得觀點是非常不同的兩件事。」

9. Arthur Aron et al., "The Experimental Generation of Interpersonal Closeness: A Procedure and Some Preliminary Findings," *Personality and Social Psychology Bulletin* 23, no. 4 (1997): 363–77. 亞瑟・艾倫的事實查核回答提到，學生協助蒐集了該次實驗的資料。

10. 完整的引用是「我們花很多力氣配對。依據先前的研究經驗，我們預期你和實驗夥伴會喜歡彼此——換句話說，跟你配對的人是我們預期你會喜歡他，他也會喜歡你的夥伴」。

11. 為了簡潔起見，「快速交友流程」（Fast Friends Procedure）的部分問題經過編輯。完整的三十六個題目如下：

1.如果不管挑什麼人都可以，你會邀請誰共進晚餐？2.你想出名嗎？以什麼方式？3.你平常打電話前會先練習要說什麼嗎？為什麼？4.你認為怎麼樣算「完美」的一天？5.你上一次哼歌自娛是什麼時候？對著別人唱歌又是什麼時候？6.如果你活到九十歲，但在後面的六十年，可以一直保持三十歲的頭腦或身體的其中一項，你會挑哪一項？7.你是否隱約有預感，自己將以什麼方式離開人世？8.說出你和對話夥伴似乎有共通點的三件事。9.你人生中最感恩的事是什麼？10.如果你能改變你被帶大的方式，任何事都可以，你想改變什麼？11.用四分鐘告訴對話夥伴你的人生故事，細節愈多愈好。12.如果明天醒來時，你將獲得某種特質或能力，什麼都可以，你會挑什麼？13.如果有水晶球能告訴你關於你、你的人生、未來，或其他任何事，你想知道什麼？14.有什麼事你已經想很久了？為什麼你還沒去做？15.你人生最大的成就是什麼？16.你最重視友誼中的什麼事？17.你最珍貴的回憶是什麼？18.你最糟糕的回憶是什麼？19.如果你知道自己將在一年後驟逝，你會改變目前的生活方式嗎？為什麼？20.友誼在你心中的意義是什麼？21.愛與情感在你的人生中扮演什麼角色？22.和你的對話夥伴輪流分享你認為他們擁有的正面特質，一共說五個。23.你家的親密與溫暖程度如何？你感到自己的童年比多數人快樂嗎？24.你如何看待自己和母親的關係？25.各自用「我們」造三個說出事實的句子，例如：「我們在這個房間都感到……」26.完成這個句子：「我希望和某人分享……」27.如果你將和對話夥伴成為很親近的朋友，請分享他必須知道的事。28.告訴你的對話夥伴你喜歡他的哪一點；要非常誠實，說出你大概不會跟剛認識的人說的話。29.和你的夥伴分享生活中一個尷尬的時刻。30.你上次在別人面前哭是什麼時候？獨自一人哭呢？31.告訴談話夥伴，你（已經）愛上他的哪一點。32.你認為什麼事很嚴肅，不適合開玩笑？（如果有的話。）33.如果你今晚就會死，又沒機會聯絡任何人，你最遺憾沒告訴某個人什麼事？為什麼你還沒告訴他？34.裝著你所有家當的房子著火了。把家人與寵物救出來後，你還有時間衝進屋裡最後一次，搶救一樣東西。你會救什麼？為什麼？35.家裡所有人當中，誰去世你會最難過？為什麼？36.分享一個私人問題，請對話夥伴提供建議，如果是他，他會如何處理。此外，請對方說出，他對你自己挑的問題有什麼樣的感受。

12. 這裡的題目取自第一次的研究：“The Experimental Generation of Interpersonal Closeness: A Procedure and Some Preliminary Findings”，以建立閒聊的氛圍為主。

13. 值得一提的是，揭曉脆弱的一面也有壞處。耶魯的心理學教授瑪格麗特．克拉克表示：「整體而言，你必須展現自己的脆弱，讓別人知道你的需求與感受，否則不會獲得他人的同理或你需要的支持。要有那個先決條件，人們才會提供協助。如果是真正關心我的朋友，我可以對他們展現脆弱的一面。然而，在某些情況下，那是非常不明智的作法。最明顯的例子是對方不關心你，用那個資訊來占便宜，而不是支持你。你得正確解讀對方是否關心你。在關係的早期階段，展現脆弱很好，但太快說出自己的太多事，可能會對自己不利。你必須掌握好分寸。培養關係時的確該柔軟，但**也要**在一定程度上保護自己。」

14. Kavadi Teja Sree, "Emotional Contagion in Teenagers and Women," *International Journal of Scientific Research and Engineering Trends* 7, no. 2 (2021): 917–24.

15. Elaine Hatfield, John T. Cacioppo, and Richard L. Rapson, "Primitive Emotional Contagion" in *Emotion and Social Behavior*, ed. M. S. Clark (Newbury Park, Calif.: Sage, 1992), 151–77.

16. 本節提到的一次回答完所有問題的研究，不是由艾倫夫婦執行。在事實查核討論期間，亞瑟・艾倫解釋後續的實驗顯示兩件事：一、影響人際親密度的主要因子是一方是否認為受另一方喜歡。二、建立親密感的主要因子是回應與交流，不光是自我揭露而已。艾倫告訴我：「感到夥伴對你有所回應是很重要的因子。」

17. 亞瑟・艾倫寫道：「我們今日知道，關鍵在於這帶來了機會，雙方能提供有意義的回應。」

18. 耶魯教授克拉克解釋：「我先生生病的時候，我一個堂哥提供大量的支持，完全沒提到自己遇上的問題。兩年後，那位堂哥的太太生病，堂哥打電話告訴我發生什麼事，說他心情很不好。我聽完後提供互惠的支持——在他幫助我的兩年之後。互惠不一定是當下就回報，重點是回應彼此的需求，而且要是雙向的回應。」

19. Jacqueline S. Smith, Victoria L. Brescoll, and Erin L. Thomas, "Constrained by Emotion: Women, Leadership, and Expressing Emotion in the Workplace," in *Handbook on Well-Being of Working Women* (Netherlands: Springer, 2016), 209–24.

20. Huang et al., "It Doesn't Hurt to Ask," 430. 麥可・尤曼參與了這項研究。他在回覆事實查核問題時表示：「這篇論文談追問——深入原本的主題。」關於開啟話題的進一步資訊，請見：Hart, VanEpps, and Schweitzer, "(Better Than Expected) Consequences of Asking Sensitive Questions," 136–54.

21. 值得提醒的是，雖然深度問題能打破部分的刻板印象，去除職場的雙重標準需要持久的努力，也需要深入檢視偏見的架構性因素。海爾曼強調，光是教大家詢問某一類問題還不夠。破除相關偏見與刻板印象的進一步說明，請見本書第六章與第七章。

22. 尤曼目前任職於倫敦帝國學院。

23. 為了行文簡潔起見，此處的問題經過編輯。完整的題目請見：Michael Kardas, Amit Kumar, and Nicholas Epley, "Overly Shallow?: Miscalibrated Expectations Create a Barrier to Deeper Conversation," *Journal of Personality and Social Psychology* 122, no. 3 (2022): 367. 這項實驗採用的題目版本：一、在你的人生中，你最感激的事是什麼？告訴另一位與會者你的答案。二、如果水晶球能說出關於你、你的人生、你的未來，或是其他任何事，你想知道什麼？三、你能否描述你在別人面前哭泣的一次經驗？

24. 艾普利解釋：「我認為我們的資料顯示，進入更有意義問題的跑道，其實比你想的短很多……把某人當成親密的朋友——我們的研究帶給我那樣的捷思法。」

25. 艾普利強調：「我們設計實驗是為了**測試**假設，而不是去『證明』或『證實』任何事。設計實驗以求『證明』某個結果，或是『證實』某個看法，是宣傳在做的事。所以我會說我想測試我們的理論，獲得數據的佐證。我們的理論是深入的對話會比人們預期的正面。」此外，艾普利也寫道，雖然情緒感染是讓深入的對話效果更強大的機制，其他機制的作用有可能更勝一籌，「例如回報彼此的信任，逐漸累積。在此同時，也透過對話的內容，真正得知關於對方的有意義之事。那樣才能真正建立連結。」

26. Kardas, Kumar, and Epley, "Overly Shallow?," 367.

27. Huang et al., "It Doesn't Hurt to Ask," 430; Nora Cate Schaeffer and Stanley Presser, "The Science of Asking Questions," *Annual Review of Sociology* 29, no. 1 (2003): 65–88; Norbert Schwarz et al., "The Psychology of Asking Questions," *International Handbook of Survey Methodology* (2012): 18–34; Edward L. Baker and Roderick Gilkey, "Asking Better Questions—A Core Leadership Skill," *Journal of Public Health Management and Practice* 26, no. 6 (2020): 632–33; Patti Williams, Gavan J. Fitzsimons, and Lauren G. Block, "When Consumers Do Not Recognize 'Benign'

Intention Questions as Persuasion Attempts," *Journal of Consumer Research* 31, no. 3 (2004): 540–50; Richard E. Petty, John T. Cacioppo, and Martin Heesacker, "Effects of Rhetorical Questions on Persuasion: A Cognitive Response Analysis," *Journal of Personality and Social Psychology* 40, no. 3 (1981): 432.

28. "The Case for Asking Sensitive Questions," *Harvard Business Review*, November 24, 2020.

第４章　沒人大聲說出口的時候，如何能聽出情緒？

1. 普拉迪在回應事實查核問題的電子郵件上，提供進一步的細節：「確切來講，儘管他數學很強（有辦法心算十進位轉十六進位等等），他無法理解『服務品質』等詞彙。小費的公式是依據『服務品質』給出一五％到二〇％的小費；儘管他很會算術，他無法評估『服務品質』中的人類因子。事實上，我們建議他乾脆每次都給一七．五％比較快，但他指出服務品質正好落在正中間的機率趨近於無限小，給一七．五％的小費將導致他幾乎永遠多給或少給小費。」

2. 普拉迪在回應事實查核詢問時，解釋：「決定不設定為電腦程式設計師，分為兩個層面。首先，我待過軟體業，但這個產業已經從我那個年代車庫起家的新創企業，演變成微軟那種大公司，而我們不想讓劇中人物涉及企業。第二，設計軟體時看上去都在盯著螢幕打字，很難在電視上展示實際發生的事件，觀眾可能會感到無聊。」普拉迪強烈感到，應該強調程式設計這個職業本身並不無聊。「程式設計百分之百與無聊無關——實際上非常刺激。」

3. 《宅男行不行》的背景資訊，我參考了：Jessica Radloff, *The Big Bang Theory: The Definitive, Inside Story of the Epic Hit Series* (New York: Grand Central Publishing, 2022); "There's a Science to CBS' *Big Bang Theory*," *USA Today*, April 11, 2007; "Why the *Big Bang Theory* Stars Took Surprising Pay Cuts," *Hollywood Reporter*, March 29, 2017; "TV Fact-Checker: Dropping Science on *The Big Bang Theory*," *Wired*, September 22, 2011; Dave Goetsch, "Collaboration—Lessons from *The Big Bang Theory*," *True WELLth*, podcast, June 4, 2019; "*The Big Bang Theory*: 'We Didn't Appreciate

How Protective the Audience Would Feel About Our Guys,' " *Variety*, May 5, 2009; "Yes, It's a *Big Bang*," *Deseret Morning News*, September 22, 2007.

4. *The Big Bang Theory*, season 3, episode 1, "The Electric Can Opener Fluctuation," aired September 21, 2009.
5. Daniel Goleman, "Emotional Intelligence: Why It Can Matter More than IQ," *Learning* 24, no. 6 (1996): 49–50.
6. "*The Big Bang Theory* Creators Bill Prady and Chuck Lorre Discuss the Series—And the Pilot You Didn't See," *Entertainment Weekly*, September 23, 2022.
7. 普拉迪表示：「我發覺觀眾對〔謝爾頓和雷納德〕充滿保護欲。觀眾覺得身旁的人會傷害他們，尤其是凱蒂。我們很訝異來試看的觀眾有多麼保護雷納德和謝爾頓。」
8. Judith A. Hall, Terrence G. Horgan, and Nora A. Murphy, "Nonverbal Communication," *Annual Review of Psychology* 70 (2019): 271–94; Albert Mehrabian, *Nonverbal Communication* (United Kingdom: Routledge, 2017); Robert G. Harper, Arthur N. Wiens, and Joseph D. Matarazzo, *Nonverbal Communication: The State of the Art* (New York: John Wiley and Sons, 1978); Starkey Duncan, Jr., "Nonverbal Communication," *Psychological Bulletin* 72, no. 2 (1969): 118; Michael Eaves and Dale G. Leathers, *Successful Nonverbal Communication: Principles and Applications* (United Kingdom: Routledge, 2017); Martin S. Remland, *Nonverbal Communication in Everyday Life* (Los Angeles: Sage, 2016); Jessica L. Tracy, Daniel Randles, and Conor M. Steckler, "The Nonverbal Communication of Emotions," *Current Opinion in Behavioral Sciences* 3 (2015): 25–30.
9. 東北大學（Northeastern University）的茱蒂絲．霍爾（Judith Hall）教授在回應事實查核詢問時表示，這個「漏掉」非口語訊號的流程很複雜，「因為許多的非口語訊號與洩漏（leakage），其實會在無意識的情況下進入我們的大腦。我們有可能選擇『忽視』某件事，但無意識層面仍然接收到線索。當然，有時我們還真的漏掉線索。」
10. 我在二〇一七年訪問馬奎爾。他於二〇二二年過世，因此無法參與本章的事實查核。為了查核事實，我與ＮＡＳＡ分享本章提及ＮＡＳＡ與馬奎爾的內容。ＮＡＳＡ確認了部分細節，但拒絕評論申請人面試的詳情。我也和馬奎爾的女兒貝瑟妮・賽克斯頓（Bethany Sexton）分享了相關內容。她證實本章提及的細節，包括馬奎爾分析申請人的方法。此外，我訪談曾與馬奎爾共事的許多人，包括替ＮＡＳＡ篩選太空人的人士。除此之外，我引用的其他資料包括："This Is How NASA Used to Hire Its Astronauts 20 Years Ago-And It Still Works Today," Quartz, August 27, 2015; "The History of the Process Communication Model in Astronaut Selection," SSCA, December, 2000; T. F. McGuire, *Astronauts: Reflections on Current Selection Methodology, Astronaut Personality, and the Space Station* (Houston: NASA, 1987); Terence McGuire, "PCM Under Cover," Kahler Communications Oceania.

11. 蘇聯太空人進行過時間長很多的任務。
12. "History and Timeline of the ISS," ISS National Laboratory.
13. McGuire, *Astronauts.*
14. Peter Salovey and John D. Mayer, "Emotional Intelligence," *Imagination, Cognition and Personality* 9, no. 3 (1990): 185–211.
15. "It's Not Rocket Science: The Importance of Psychology in Space Travel," *The Independent*, February 17, 2021.
16. 舒拉表示在這趟任務之前，他原本打算退休。太空旅行歷史學家安德魯・蔡金（Andrew Chaikin）指出：「基本事實是，舒拉強烈認為在飛行過程中，應該由任務指揮官（亦即他本人）來指揮全局，而不是任務控制中心。」
17. Robert R. Provine, *Laughter: A Scientific Investigation* (New York: Penguin, 2001); Chiara Mazzocconi, Ye Tian, and Jonathan Ginzburg, "What's Your Laughter Doing There? A Taxonomy of the Pragmatic Functions of Laughter," *IEEE Transactions on Affective Computing* 13, no. 3 (2020): 1302–21; Robert R. Provine, "Laughing, Tickling, and the Evolution of Speech and Self," *Current Directions in Psychological Science* 13, no. 6 (2004): 215–18; Christopher Oveis

et al., "Laughter Conveys Status," *Journal of Experimental Social Psychology* 65 (2016): 109–15; Michael J. Owren and Jo-Anne Bachorowski, "Reconsidering the Evolution of Nonlinguistic Communication: The Case of Laughter," *Journal of Nonverbal Behavior* 27 (2003): 183–200; Jo-Anne Bachorowski and Michael J. Owren, "Not All Laughs Are Alike: Voiced but Not Unvoiced Laughter Readily Elicits Positive Affect," *Psychological Science* 12, no. 3 (2001): 252–57; Robert R. Provine and Kenneth R. Fischer, "Laughing, Smiling, and Talking: Relation to Sleeping and Social Context in Humans," *Ethology* 83, no. 4 (1989): 295–305.

18. Robert R. Provine, "Laughter," *American Scientist* 84, no. 1 (1996): 38–45.

19. Provine, *Laughter: A Scientific Investigation*.

20. Gregory A. Bryant, "Evolution, Structure, and Functions of Human Laughter," in *The Handbook of Communication Science and Biology* (United Kingdom: Routledge, 2020), 63–77. 布萊恩（Bryant）在回應事實查核時表示：「聽的人有辦法分辨是朋友一起笑，還是陌生人一起笑……我認為所謂的人們在某種層面能感覺到一致性是合理的推測，不過嚴格講起來，實驗任務只有分辨朋友vs. 陌生人。我們的詮釋因此較為籠統：以真實的笑來講，朋友在對話時激發程度較高。相較之下，陌生人更常見的則是激發程度較低的禮貌性微笑。聽者對於這一點高度敏感。不過，我的確喜歡人們尋找嘗試連結證據的概念。」

21. 此處提到的「心情」（mood）與「能量」（energy），雖然符合字典的定義，有時不一定完全符合研究心理學家的用法。東北大學的心理學教授麗莎．費德曼．巴瑞特博士（Lisa Feldman Barrett）解釋：「『心情』（mood）由價性與激發程度兩個屬性來描述。心情不是價性的同義詞。不論一個人是否出現情緒（emotional），我們用『情感』（affect）來代表意識的屬性。我們把『情感』（affect）當成『心情』（mood）的同義詞。有的科學家會用『心情』（mood）來代表非情緒（emotion）的感受時刻，按照他們的定義，不與世上的事件連結，而我認為那種看法不正確，因為大腦永遠在處理內部的感知，因此人會配合來自世界的感官資料出現……感受（feelings）。」相關主題的進一步說明，請見：James A. Russell, "A Circumplex

Model of Affect," *Journal of Personality and Social Psychology* 39, no. 6 (1980): 1161; James A. Russell and Lisa Feldman Barrett, "Core Affect, Prototypical Emotional Episodes, and Other Things Called Emotion: Dissecting the Elephant," *Journal of Personality and Social Psychology* 76, no. 5 (1999): 805; Elizabeth A. Kensinger, "Remembering Emotional Experiences: The Contribution of Valence and Arousal," *Reviews in the Neurosciences* 15, no. 4 (2004): 241–52; Elizabeth A. Kensinger and Suzanne Corkin, "Two Routes to Emotional Memory: Distinct Neural Processes for Valence and Arousal," *Proceedings of the National Academy of Sciences* 101, no. 9 (2004): 3310–15.

22. 有些心理學家會在這種情境使用「正面」(positive)或負面(negative)等詞彙,但巴瑞特主張更合適的架構「是『愉悅－不愉悅』(pleasant-unpleasant)……『正面』或『負面』……有可能是描述(如『我感覺很好』),也或者是評估(如『我能這樣覺得是好事』)……所以其實是『愉悅』、『不愉悅』。」

23. Dacher Keltner et al., "Emotional Expression: Advances in Basic Emotion Theory," *Journal of Nonverbal Behavior* 43 (2019): 133–60; Alan S. Cowen et al., "Mapping 24 Emotions Conveyed by Brief Human Vocalization," *American Psychologist* 74, no. 6 (2019): 698; Emiliana R. Simon-Thomas et al., "The Voice Conveys Specific Emotions: Evidence from Vocal Burst Displays," *Emotion* 9, no. 6 (2009): 838; Ursula Hess and Agneta Fischer, "Emotional Mimicry as Social Regulation," *Personality and Social Psychology Review* 17, no. 2 (2013): 142–57; Jean-Julien Aucouturier et al., "Covert Digital Manipulation of Vocal Emotion Alter Speakers' Emotional States in a Congruent Direction," *Proceedings of the National Academy of Sciences* 113, no. 4 (2016): 948–53.

24. 巴瑞特指出,如果你的對話者需要實質的協助,鏡像模仿有可能出現反效果:「我大約在一百萬年前接受過治療師的訓練。然而,優秀的溝通者會找出對方需要的到底是同理心或實質的支持。如果對方想獲得你的同理,那就模仿他們。如果他們想要實質的支持,就要試著應付他們發生的事……如果女兒只想要我展現同理心,但我試著讓她冷靜下來,結果不會太好。另一方面,如果女兒需要我提供實質的支持,我卻在同理她,事情會雪上加霜……所以優秀的溝通者會嘗試找出,究竟對方需要的是同理心,還是實質的支持？……如果要用術語來講，我們稱之為『先跟後帶』（pacing and leading）。我擔任治療師的時候，會先跟隨對方的步調，真的配合他們的呼吸，接著慢下我的呼吸，然後他們也會跟著慢下呼吸。所以一開始我會與他們同步，接著運用我的訊號，他們也會運用他們的訊號，因為他們已經與我同步。」

25. 值得一提的是，馬奎爾的作法取自他對「流程溝通模式」（Process Communication Model）的興趣，也就是透過某個人的溝通方式，嘗試判斷他的人格類型。馬奎爾的女兒賽克斯頓在回應事實查核問題時寫道，本章描述的方法，「泰瑞（Terry，即馬奎爾）不僅用在太空人身上，他數十年間執業也那麼做。此外，他和同事泰比．卡勒博士（Taibi Kahler）建立起非常密切的關係。泰比當時在研究人際溝通分析（transactional analysis），得出名為『流程溝通』（process communication）的心理與行為模型。泰瑞得知卡勒博士的研究後聯絡他，兩人成為好友。泰瑞運用泰比的模型來分析太空人……泰瑞感到這個模型十分強大，他得以透過對方的用字選擇、作態（mannerism）與表達方式，在幾分鐘內就對太空人進行評估。」此外，值得一提的是，馬奎爾在面試申請人時使用的部分方法，不符他真實的人生經歷，比如他其實沒有姊妹。

26. "90-006: 1990 Astronaut Candidates Selected," NASA News; "Astronaut's Right Stuff Is Different Now," Associated Press, October 13, 1991.

27. Radloff, *Big Bang Theory*.

28. 為了簡潔與配合此處的主題，省略了部分的對話。

29. Radloff, *Big Bang Theory*.

30. "Emmy Watch: Critics' Picks," Associated Press, June 22, 2009.

第 5 章　在衝突中連結

1. 潔芙蔻告訴我，該次封鎖是因為校園附近出現糾紛，地點不在校園內。

2. 該年稍早的時候，有人在科羅拉多州奧羅拉市（Aurora）的電影院開槍，十二人喪命。

3. 潔芙蔻認為「槍枝安全」(gun safety)一詞比「槍枝管制」(gun control)合適。
4. 如果你好奇的話,《Lost檔案》的最後一季很精彩。
5. Charles Duhigg, "The Real Roots of American Rage," *The Atlantic*, January/February, 2019; "Political Polarization," Pew Research Center, 2014.
6. "Political Polarization and Media Habits," Pew Research Center, October 21, 2014.
7. Jeff Hayes, "Workplace Conflict and How Businesses Can Harness It to Thrive," *CPP Global Human Capital Report*, 2008.
8. 也有人認為這句話出自甘地(Gandhi)。如同許多經常被引用的話,最早的出處不詳。
9. 此一計畫的籌備人包括Spaceship Media、Advance Local、Alabama Media Group、必要夥伴,以及多家報社的記者等。
10. 約翰.薩羅夫在回應事實查核提問時,寫道:「我會說,當時的問題是,能否讓參與者充分沉浸於雙向的對話體驗與技能培養,讓他們在網路上持續對話一個月,並且保持相同的開放程度與複雜交流,就跟親自在場受訓一樣。」
11. "The Vast Majority of Americans Support Universal Background Checks. Why Doesn't Congress?," Harvard Kennedy School, 2016.
12. "Polling Is Clear: Americans Want Gun Control," *Vox*, June 1, 2022.
13. 薩羅夫說明,他認為「彼此缺乏信任……我們討論這個議題的語言,讓人們離得更遠」。他希望「示範,有架構、目標明確的溝通能夠修復信任,在相互理解的基礎上建立關係,有能力對抗兩極化,促成集體行動」。
14. 西恩是我最喜歡的溝通書籍的共同作者:*Difficult Conversations: How to Discuss What Matters Most* (New York: Penguin, 2010).

15. 西恩進一步解釋：「深層問題是關係問題，會因為我們覺得對方是如何對待自己而被刺激。當然，這部分包含感受，但感受是症狀，不是問題……深層問題是我們感到另一方如何對待我們，而那會帶來沮喪感，感到孤獨或被誤解與冷落……我認為常說『你不該如此情緒化』的人，他們沒意識到真正的問題出在你如何對待另一個人，而解決辦法可能就藏在那裡。」

16. 西恩補充說明，重點不只是起衝突的人是否承認自身的情緒，還得看他們是怎麼做的。「也有可能雙方都講出自己在生氣，但只為了表示都是對方害的，卻沒進入到：『好，我在聽，讓我試著理解你為什麼這麼氣。』」

17. 薩羅夫描述自己的目標：「創造出空間，邀請人們深度聆聽，拿出好奇心，渴望理解與被理解，體驗以不同的方式參與這個主題，以及傳授溝通技巧給與會者。」薩羅夫也強調，主辦方在活動開始前，已經向與會者解釋所有的目標。

18. Dotan R. Castro et al., "Mere Listening Effect on Creativity and the Mediating Role of Psychological Safety," *Psychology of Aesthetics, Creativity, and the Arts* 12, no. 4 (2018): 489.

19. 薩羅夫解釋，雖然感受也是這場對話的一部分，「我的重點是讓他們討論原因。我想聽見他們的故事。我想聽到他們的信念背後的價值觀。還有我想讓他們談自己的信念的複雜性。人們在談論這些事的時候，情緒只是會觸及的其中一件事……我不想讓任何人透露他們會感到不安的情緒。我想要他們說出自己的故事，而不是讓另一方講他們如何如何（人在爭執時，會對彼此做這種事）。我有關於你的故事，你有關於我的故事，而那些故事通常不精確。現在，你有機會重新說出你自身的故事。」

20. 我最早是從記者亞曼達・瑞普立精彩的《修復關係的正向衝突》（New York: Simon and Schuster, 2021）一書中，得知「理解迴圈」一詞。在華盛頓特區的溝通訓練期間，主辦方並未稱呼這個技巧為理解迴圈，也不是依據這個概念來傳授，而是以更廣的方式教學。薩羅夫解釋，他稱自己的方法為「完整光譜聆聽」（full-spectrum listening）。這個方法經常用在「四人一組的練習……你講一個故事，另外三人聽你說。三人當中，一人負責聽發生了什麼事。你懂的，就是你的遭遇。第二人負責聽你的價值觀，以及你在那則故事中最看重的事……第三人則負責聽你產生什麼感受……接下來，這三人分別報告自己聽到什麼——不只是確認他們有沒有聽對（雖然確實有一絲那樣的意思）。真正在做的事，其實是從聆聽的三個人那裡瞭解自己——你甚至不知道自己是那個樣子，但由於人們從不同的面向，非常深入地聆聽不同的面向，人們因此重新檢視自己的經驗……如果你能學著聆聽所有不同的訊息，那些人在說話時分享的訊息，你不僅能得知他們的人生事實，還能知道他們重視的事、他們人生中有哪些重要的事件、有哪些人際關係、走過什麼樣的情緒歷程、奉獻的事、遇上的兩難。」

21. G. Itzchakov, H. T. Reis, and N. Weinstein, "How to Foster Perceived Partner Responsiveness: High-Quality Listening Is Key," *Social and Personality Psychology Compass* 16, no. 1 (2021); Brant R. Burleson, "What Counts as Effective Emotional Support," *Studies in Applied Interpersonal Communication* (2008): 207–27.

22. 這份報告的研究人員研究「對話接受性」（conversational receptiveness）。迴圈等理解技巧能被視為其中的元素，但不是這種作法的全部。取自這份報告的完整引用為：「我們利用生產力特有的衝突管理場景的現場數據，證實在對話開頭的對話接受性，能制止衝突在結尾升溫。確切的例子是，寫了更多接受性文章的維基百科（Wikipedia）編輯，更不容易收到意見不同的編輯提出的個人攻擊。」Michael Yeomans et al., "Conversational Receptiveness: Improving Engagement with Opposing Views," *Organizational Behavior and Human Decision Processes* 160 (2020): 131–48.

23. 西恩寫道：「我認為迴圈（或有技巧的積極聆聽）實際上有三種目的。一、協助說話的人更理解自己（！）。在複雜的衝突中，我向你解釋觀點，但是你向我摘要時，我通常會想：『嗯，好吧，但我其實還……還有就是……』所以我說話的時候，到底為什麼這件事對我很重要，我本人的利弊得失和我關注的點是什麼，我有什麼感受，聽的人會協助我梳理出好幾個層面；二、協助聽的人進一步完整理解（我有時會問雙方：『你認為另一方沒「抓到」你的哪個觀點？』一旦解釋後，聽的人的確會說：『喔，天啊，對誒，我沒聽懂那部分』）；三、讓說話的人知道，聽的人懂的比想像中多——也向說話的人展露，聽的人確實在乎這個議題、在乎這段關係，努力弄懂他們心中最重要的事。所以說，迴圈有以上所有的功能，這就是為什麼誠心完成迴圈（而且雙方都這麼做的時候），能大幅改變動態。」

24. 薩羅夫寫道：「此處描寫的是在這場對話體驗中詢問與回答的前三題：一、你能否告訴我們你有過的人生經驗。那個經驗形塑了你對槍枝的觀點或信念？二、當你想到槍枝在我國扮演的角色，你認為最核心的是什麼？三、關於這個議題，你有什麼樣的複雜感受，或是覺得被拉往不同的方向？你在思考這個議題時，你覺得你的價值觀和其他價值觀，有哪些地方發生碰撞？我們讓大家輪流回答這幾個問題，接著開放對話，讓大家問真正好奇的問題。這個真正好奇的提問環節，目的是加深理解，跟著好奇心走，看到更細微與複雜的部分，不只是澄清而已。」

25. "How and Why Do American Couples Argue?," YouGov America, June 1, 2022.

26. 卡尼在回覆事實查核問題時，寫道：「如同在實驗室觀察到的那樣，婚姻衝突與共同的婚姻滿意度、婚姻滿意度產生的變化，以及離婚的關聯，的確很重要，但沒那麼強烈。也就是說，平均而言，經歷更多衝突的夫妻，出現較不佳的婚姻結果的風險較高，但還是有很多夫妻儘管經常吵架，照樣安然度過很長的婚姻生活。為什麼？因為夫妻衝突的品質，不是影響夫妻對這段關係的感受的唯一因素，不過是各種變因（包括性格、家庭背景、外部壓力、財務狀況）的其中一項元素。我們在理解婚姻為何會成功或失敗時，也要考量那些變因。」

27. 雖然整體而言，不同人口群組的夫妻吵的事都差不多，研究顯示，貧窮夫婦更常爭論伴隨貧窮而來的壓力源。有特定問題（包括醫療或成癮問題）的夫妻，也更常吵那些特定的主題。此外，卡尼強調「早期的研究對象許多（幾乎全部）是相對富裕的白人夫婦。近年來，我們的範圍拓展到這些樣本以外的範圍，研究低收入戶地區，學到很多關於衝突的新知。我們的發現包括：夫妻處理衝突的方式，深受他們無法掌控的因子影響。夫妻常常無法選擇兩人意見不合的源頭或嚴重程度。你要很有特權，才有辦法選擇發生衝突的時機；最基本的是，你要有時間處理衝突。我們還得知，教夫妻用更好的方式處理衝突非常困難，就算用更好的方式處理……也不一定就能改善關係，尤其是，如果關係以其他方式受到挑戰，涉及與我們的介入無關的部分。綜合行為伴侶療法（Integrative Behavioral Couples Therapy）的智慧不是教人自控，而是鼓勵你完整接受另一半這個人。每個人有自己的過去與限制。」

28. 卡尼寫道：「我對於這份文獻的理解是，美滿與痛苦的夫妻的處理方式（討論意見不合的地方）很不同。首先，相較於美滿的夫妻，痛苦的夫妻對彼此做出更多負面的行為。另外，有的研究利用『談話桌』（talk table）的方法，區分兩方的行為意圖與因此造成的影響，結果發現美滿與痛苦的夫妻行為背後的意圖並無不同，那些行為造成的影響卻很不同。如果是美滿的夫妻，意圖和影響是一樣的；如果是痛苦的夫妻，意圖無法預測影響。」

29. 值得強調的是，掌控權只是影響夫妻衝突的因子之一。卡尼寫道：「夫妻起衝突時，有很多事在上演，爭奪掌控權只是其中一部分……夫妻意見不合時，不會只有一件事……每一方要的東西不同時，就會產生衝突，也因此起衝突時，一方試圖讓另一方改變或讓步。你可以稱那為掌控，也可以稱為試圖得到你要的東西。」

30. 這段文字紀錄是在保護當事人身分的前提下與我分享。有可能透露身分的其他細節也同樣保密，例如對話發生的地點。

31. 史丹利寫道：「如果我請一對夫妻有條理一點，慢下來，控制自己的行為，包括輪流說話與聆聽（與停止批評），人們很快就鎮定下來，拿出好表現。其實有辦法讓夫妻展現各種良好的行為。」

32. 本章各處引用的臉書討論，包括發表在此一臉書私人群組頁面的文章，以及參與者與我分享的私訊。

33. 薩羅夫寫道：「這個設計的缺點之一，在於我們加進完全沒經過訓練或不瞭解我們的活動的人，整整是六倍之多……我認為沒有相關經驗的人加入後，事情變得難辦。我們確實訓練過的參加者，運用了部分技巧協助其他人，但那不一樣。」

34. "Dialogue Journalism: The Method," "Dialogue Journalism Toolkit," Spaceship Media.

35. 薩羅夫寫道，群組主持人還努力「再次強調參與的目的。所以說，目標對我們來說非常重要。我們會提醒大家，目標是協助瞭解彼此，向彼此學習，而不是試圖說服彼此。這是很重要的一環，所以你會介入，再次強調目標。你會插手，再次強調大家講好的部分溝通協議。制定那些協議，也是為了支持人們與他們的目標。此外，或許還提到我們學習的部分技巧，你懂的，譬如聆聽是為了理解、說話是為了被理解、問真心好奇的問題。我們要記得問真正想知道的問題，不要問陷阱題或反問句。」

36. 如同本章所述，除了爭奪控制權，還有好幾種動態會破壞線上的對話。薩羅夫在回應事實查核問題時，寫道：其他因子包含邊緣化部分的參與者；有人不遵守群組同意的溝通協議；以及其他會妨礙開放與多元對話的模式。薩羅夫寫道：「目標是讓大家平等發言、拜託大家別離題、協助人們聽下去。」

37. 西恩補充說明，這個過程有可能需要花很長的時間，因為「我們的觀點會隨時間產生變化。隨著我們將其他人的看法整合進自己的觀點，我們的觀點也產生了變化」。

38. 此處是整段話經過編輯的版本。完整內容是：「我開始對這個群組失去興趣。沒人有興趣改變自己的想法。你要不就相信最基本的人權——有權保護自己、家人、社區與國家，要不就是否認那最基本的權利，認為武器應該集中控管，被政治菁英與他們的爪牙壟斷權利。我知道我心意已決，你們大概也是。沒關係。我感謝這裡提供了禮貌的空間，但我猜最後大家投票箱前見吧。」

39. 這裡的引用取自「必要夥伴」舉辦的數次意見調查。

40. 薩羅夫寫道：「我認為這裡要理解的是，重點不是有些人境界提升，有些人沒有。重點是建立模式與傾向，更有可能選擇以開放的心態聆聽，誠心發問……我認為我們知道，而且知道很長一段時間了，我們有工具和架構能協助人們談非常難談的主題……我們知道，隨著擁有良好的基礎訓練與覺察能力的人們進入線上空間，再加上溝通協議、好的主持人，以及記者助我們一臂之力，提供平衡的報導，〔然後〕再來幾個像潔芙蔻與加弗瑞那樣真心接受的人，〔那麼〕就能創造更好的對話。」

概念運用指南【第三部分】：生活中與網路上的情緒對話

1. Tim Althoff, Cristian Danescu-Niculescu-Mizil, and Dan Jurafsky, "How to Ask for a Favor: A Case Study on the Success of Altruistic Requests," *Proceedings of the International AAAI Conference on Web and Social Media* 8, no. 1 (2014): 12–21; Cristian Danescu-Niculescu-Mizil et al., "How Opinions Are Received by Online Communities: A Case Study on Amazon.com Helpfulness Votes," *Proceedings of the 18th International Conference on World Wide Web*, April 2009, 141–50; Justine Zhang et al., "Conversations Gone Awry: Detecting Early Signs of Conversational Failure," *Proceedings of the 56th Annual Meeting of the Association for Computational Linguistics* 1 (July 2018): 1350–61.
2. Zhang et al., "Conversations Gone Awry"; Justin Cheng, Cristian Danescu-Niculescu-Mizil, and Jure Leskovec, "Antisocial Behavior in Online Discussion Communities," *Proceedings of the International AAAI Conference on Web and Social Media* 9, no. 1 (2015): 61–70; Justin Cheng, Cristian Danescu-Niculescu-Mizil, and Jure Leskovec, "How Community Feedback Shapes User Behavior," *Proceedings of the International AAAI Conference on Web and Social Media* 8, no. 1 (2014): 41–50.

第 6 章　社會認同形塑我們的世界

1. Dewesh Kumar et al., "Understanding the Phases of Vaccine Hesitancy During the COVID-19 Pandemic," *Israel Journal of Health Policy Research* 11, no. 1 (2022): 1–5; Robert M. Jacobson, Jennifer L. St. Sauver, and Lila J. Finney Rutten, "Vaccine Hesitancy," *Mayo Clinic Proceedings* 90, no. 11 (2015): 1562–68. Charles Shey Wiysonge et al., "Vaccine Hesitancy in the Era of COVID-19: Could Lessons from the Past Help in Divining the Future?" *Human Vaccines and Immunotherapeutics* 18, no. 1 (2022): 1–3; Pru Hobson-West, "Understanding Vaccination Resistance: Moving Beyond Risk," *Health, Risk and Society* 5, no. 3 (2003): 273–83; Jacquelyn H. Flaskerud, "Vaccine Hesitancy and Intransigence," *Issues in Mental Health Nursing* 42, no. 12 (2021): 1147–50; Daniel L. Rosenfeld and A. Janet

Tomiyama, "Jab My Arm, Not My Morality: Perceived Moral Reproach as a Barrier to COVID-19 Vaccine Uptake," *Social Science and Medicine* 294 (2022): 114699.

2. 社會認同是一個單一大群體的概念，有時會漏掉不同的身分認同造成的影響。舉例來說，某些人的種族對他們的人生造成的影響，可能遠大過他們的性別，因此我們必須意識到，社會認同是理解這個概念的實用詞彙，但光看社會認同通常還不夠。多元交織性（intersectionality）的概念也是類似的道理。多元交織性亦為理解身分認同的重要元素，「套用在某個個人或團體身上的社會分類（如種族、階級、性別）所帶著的相互連結的本質，製造出重複或相互關聯的歧視或弱勢系統。」進一步的註釋會再解釋。在此要感謝醫學士與公衛碩士卡莉．D．賽羅司（Kali D. Cyrus, MD MPH）協助我理解這些概念。她是美國精神病學和神經學委員會（ＡＢＰＮ）認證的精神科醫生，以及約翰霍普金斯醫院（Johns Hopkins Medicine）的助理教授。她檢視了相關章節，提供讓內容更完整與共融的建議。

3. Joshua L. Miller and Ann Marie Garran, *Racism in the United States: Implications for the Helping Professions* (New York: Springer Publishing, 2017).

4. Michael Kalin and Nicholas Sambanis, "How to Think About Social Identity," *Annual Review of Political Science* 21 (2018): 239–57; Russell Spears, "Social Influence and Group Identity," *Annual Review of Psychology* 72 (2021): 367–90.

5. Jim A. C. Everett, Nadira S. Faber, and Molly Crockett, "Preferences and Beliefs in Ingroup Favoritism," *Frontiers in Behavioral Neuroscience* 9 (2015): 15; Matthew D. Lieberman, "Birds of a Feather Synchronize Together," *Trends in Cognitive Sciences* 22, no. 5 (2018): 371–72; Mina Cikara and Jay J. Van Bavel, "The Neuroscience of Intergroup Relations: An Integrative Review," *Perspectives on Psychological Science* 9, no. 3 (2014): 245–74; Thomas Mussweiler and Galen V. Bodenhausen, "I Know You Are, but What Am I? Self-Evaluative Consequences of Judging In-Group and Out-Group Members," *Journal of Personality and Social Psychology* 82, no. 1 (2002): 19.

6. Muzafer Sherif, University of Oklahoma, and Institute of Group Relations, *Intergroup Conflict and Cooperation: The*

Robbers Cave Experiment, vol. 10 (Norman, Okla.: University Book Exchange, 1961).

7. Jellie Sierksma, Mandy Spaltman, and Tessa A. M. Lansu, "Children Tell More Prosocial Lies in Favor of In-Group Than Out-Group Peers," *Developmental Psychology* 55, no. 7 (2019): 1428; Sima Jannati et al., "In-Group Bias in Financial Markets" (2023), available at https://ssrn.com/abstract=2884218; David M. Bersoff, "Why Good People Sometimes Do Bad Things: Motivated Reasoning and Unethical Behavior," *Personality and Social Psychology Bulletin* 25, no. 1 (1999): 28–39; Alexis C. Carpenter and Anne C. Krendl, "Are Eyewitness Accounts Biased? Evaluating False Memories for Crimes Involving In-Group or Out-Group Conflict," *Social Neuroscience* 13, no. 1 (2018): 74–93; Torun Lindholm and Sven-Åke Christianson, "Intergroup Biases and Eyewitness Testimony," *The Journal of Social Psychology* 138, no. 6 (1998): 710–23.

8. 這裡要特別提醒的是，在理解社會認同的力量的重要性時，別忘了多元交織性這個重要元素——一個人會同時受到多種身分認同的影響，超越二元對立。此外，這些同時存在的身分認同，有可能讓人暴露於更多的歧視與劣勢。進一步的資訊，請見：Kimberlé Williams Crenshaw、Patricia Hill Collins、Sirma Bilge、Arica L. Coleman、Lisa Bowleg、Nira Yuval-Davis、Devon Carbado與其他學者的研究，我尤其覺得下列的研究極有幫助：Sumi Cho, Kimberlé Williams Crenshaw, and Leslie McCall, "Toward a Field of Intersectionality Studies: Theory, Applications, and Praxis," *Signs: Journal of Women in Culture and Society* 38, no. 4 (2013): 785–810; Ange-Marie Hancock, *Intersectionality: An Intellectual History* (New York: Oxford University Press, 2016); Edna A. Viruell-Fuentes, Patricia Y. Miranda, and Sawsan Abdulrahim, "More Than Culture: Structural Racism, Intersectionality Theory, and Immigrant Health," *Social Science and Medicine* 75, no. 12 (2012): 2099–106; Devon W. Carbado et al., "Intersectionality: Mapping the Movements of a Theory," *Du Bois Review: Social Science Research on Race* 10, no. 2 (2013): 303–12.

9. Saul Mcleod, "Social Identity Theory: Definition, History, Examples, and Facts," *Simply Psychology*, April 14, 2023.

10. Matthew D. Lieberman, "Social Cognitive Neuroscience: A Review of Core Processes," *Annual Review of Psychology* 58 (2007): 259–89; Carolyn Parkinson and Thalia Wheatley, "The Repurposed Social Brain," *Trends in Cognitive Sciences* 19, no. 3 (2015): 133–41; William Hirst and Gerald Echterhoff, "Remembering in Conversations: The Social Sharing and Reshaping of Memories," *Annual Review of Psychology* 63 (2012): 55–79; Katherine D. Kinzler, "Language as a Social Cue," *Annual Review of Psychology* 72 (2021): 241–64; Gregory M. Walton et al., "Mere Belonging: the Power of Social Connections," *Journal of Personality and Social Psychology* 102, no. 3 (2012): 513.
11. 值得指出的是，社會賦予某些身分的權力（有時稱為特權），有可能深深影響人生。關於這個主題，進一步的資訊，請見：Allan G. Johnson, *Privilege, Power, and Difference* (Boston: McGraw-Hill, 2006); Devon W. Carbado, "Privilege," in *Everyday Women's and Gender Studies* by Ann Braithwaite and Catherine Orr (New York: Routledge, 2016), 141–46; Linda L. Black and David Stone, "Expanding the Definition of Privilege: the Concept of Social Privilege," *Journal of Multicultural Counseling and Development* 33, no. 4 (2005): 243–55; and Kim Case, *Deconstructing Privilege* (New York: Routledge, 2013).
12. Matt Motta et al., "Identifying the Prevalence, Correlates, and Policy Consequences of Anti-Vaccine Social Identity," *Politics, Groups, and Identities* (2021): 1–15.
13. "CDC Museum COVID-19 Timeline," Centers for Disease Control and Prevention, https://www.cdc.gov/museum/timeline/covid19.html.
14. James E. K. Hildreth and Donald J. Alcendor, "Targeting COVID-19 Vaccine Hesitancy in Minority Populations in the US: Implications for Herd Immunity," *Vaccines* 9, no. 5 (2021): 489; Lea Skak Filtenborg Frederiksen et al., "The Long Road Toward COVID-19 Herd Immunity: Vaccine Platform Technologies and Mass Immunization Strategies," *Frontiers in Immunology* 11 (2020): 1817.
15. Claude M. Steele, *Whistling Vivaldi: How Stereotypes Affect Us and What We Can Do* (New York: W. W. Norton, 2011).

16. 同前。

17. 史提爾在回應事實查核電子郵件時寫道，他最終判定這種差異並非來自隱性偏見，理由是：一、在我們的實驗室研究出現較差的表現，而那裡不可能有隱形偏見，因為受試者是獨自在實驗室房間考試。二、當你移除刻板印象威脅，如同我們替這些實驗設置的關鍵條件，此時表現不如人的情形完全消失，所以顯然至少在這些實驗中，唯有〔刻板印象威脅〕可能造成表現不如人，因為完全移除後，消除了所有不如人的表現。

18. 史提爾寫道：「他們擔心的不太是實際的能力，而是擔心自己會如何被評價與看待，以及那將對他們的未來產生什麼影響。」

19. Steven J. Spencer, Claude M. Steele, and Diane M. Quinn, "Stereotype Threat and Women's Math Performance," *Journal of Experimental Social Psychology* 35, no. 1 (1999): 4–28.

20. 史提爾寫道：「我們現在知道，她們表現不好，不是因為對她們來說太難。她們表現不好是因為多工，太努力要做好，隨時都在監督自己的表現，擔心表現會受到什麼影響，以及自己的表現會帶來的後果。」

21. Claude M. Steele and Joshua Aronson, "Stereotype Threat and the Intellectual Test Performance of African Americans," *Journal of Personality and Social Psychology* 69, no. 5 (1995): 797.

22. 在回覆事實查核詢問時，該研究的共同論文作者阿朗森表示：「黑人學生沒有覺得自己被測驗評估時，表現好很多。白人學生都沒差，大概是因為背後沒有刻板印象。」阿朗森提醒，對照黑人與白人考生的分數要小心，大力強調「黑人學生碰上刻板印象情境時，容易受影響：以某種方式提醒他們刻板印象，或是他們以為測驗目的是判斷他們的能力時，表現較不佳」。

23. Charlotte R. Pennington et al., "Twenty Years of Stereotype Threat Research: A Review of Psychological Mediators," *PLOS One* 11, no. 1 (2016): e0146487. 史提爾今日是史丹佛大學社會科學的露西史坦恩榮譽教授（Lucie Sterns Professor Emeritus），先前擔任哥倫比亞大學與柏克萊加大的教務長。

24. 史提爾寫道：「女性或黑人並未認為，他們所屬的團體是別人加在他們身上，就像男性與白人就是知道自己是男性與白人。他們不必接受心胸狹窄的人為他們指定的任何事。他們純粹知道，整體的社會流傳著關於他們團體的刻板印象。當他們身處的情境或遭遇符合刻板印象，而人們可能用那些刻板印象來評價或對待他們，光是這樣就足以讓他們感受到威脅。」
25. 大量的研究都想知道如何對抗刻板印象威脅，並提出、測試許多的解決辦法。進一步的細節，可以參考史提爾的《韋瓦第效應》的第九章。
26. Dana M. Gresky, "Effects of Salient Multiple Identities on Women's Performance Under Mathematics Stereotype Threat," *Sex Roles* 53 (2005).
27. Salma Mousa, "Building Social Cohesion Between Christians and Muslims Through Soccer in Post-ISIS Iraq," *Science* 369, no. 6505 (2020): 866–70.
28. Richard Hall, "Iraqi Christians Are Slowly Returning to Their Homes, Wary of Their Neighbors," Public Radio International (2017).
29. "For Persecuted Christian Women, Violence Is Compounded by 'Shaming,'" World Watch Monitor, March 8, 2019.
30. Hall, "Iraqi Christians Are Slowly Returning."
31. 摩莎在回覆事實查核電子郵件時，進一步解釋，雖然新增的三名球員的確會是穆斯林，說明會只告訴大家：「為了確保所有社群的成員都參與聯盟，我們將隨機把球員加進你們的隊伍。他們有可能是基督徒，也可能不是。然而，在場的人都明白，意思八成是多出的球員會是穆斯林。」
32. 摩莎得利於與喀拉克什的社群領袖以及研究經理瑞比・札卡里亞（Rabie Zakaria）的密切合作。摩莎在完成此一研究時是博士生，今日是耶魯政治學的助理教授。
33. Thomas F. Pettigrew and Linda R. Tropp, "Allport's Intergroup Contact Hypothesis: Its History and Influence," in *On the Nature of Prejudice: Fifty Years After Allport* by John F. Dovidio, Peter Samuel Glick, and Laurie A. Rudman (Malden,

Mass.: Blackwell, 2005): 262–77; Marilynn B. Brewer and N. Miller, "Beyond the Contact Hypothesis: Theoretical," *Groups in Contact: The Psychology of Desegregation* (Orlando, Fla.: Academic Press, 1984): 281; Yehuda Amir, "Contact Hypothesis in Ethnic Relations," *Psychological Bulletin* 71, no. 5 (1969): 319; Elizabeth Levy Paluck, Seth A. Green, and Donald P. Green, "The Contact Hypothesis Re-Evaluated," *Behavioural Public Policy* 3, no. 2 (2019): 129–58.

34. Mousa, "Building Social Cohesion," 866–70.
35. Salma Mousa, "Contact, Conflict, and Social Cohesion" (diss., Stanford University, 2020).
36. 摩莎加進其他的脈絡，確保平等的立足點：隊上所有的球員，不論是穆斯林或基督徒，都受ＩＳＩＳ民兵的影響。「本研究的穆斯林大都來自沙巴克什葉派（Shabak Shia）社群。這個社群被ＩＳＩＳ當成異教徒迫害……所以這本身不是『犯罪者 vs. 受害者』的動態，而是對穆斯林根深柢固的不信任偏見。人們認為穆斯林透過逐漸移居喀拉克什，削弱這個城市的基督徒特質，並且在刻板印象中，穆斯林的教育水準較低，也較為貧窮與保守。共同的流亡經驗對凝聚這兩群人來說，沒有起太大的作用。ＩＳＩＳ占領期反而強化了內團體認同、不信任與隔離。」
37. "COVID-19 Weekly Epidemiological Update," World Health Organization, February 23, 2021.
38. 羅森布魯在回應事實查核問題時，表示：「振興奧勒岡的目標不是說服民眾打疫苗，而是協助教育民眾，協助他們在手中有充分資訊的情況下做出決定。沒錯，我們告訴民眾為什麼打疫苗是好事、是安全的，但……我們需要協助回答他們的疑問，不帶有自己的動機，要不然我們尚未開始就注定失敗。」
39. Jennifer Hettema, Julie Steele, and William R. Miller, "Motivational Interviewing," *Annual Review of Clinical Psychology* 1 (2005): 91–111; William R. Miller and Gary S. Rose, "Toward a Theory of Motivational Interviewing," *American Psychologist* 64, no. 6 (2009): 527; William R. Miller, "Motivational Interviewing: Research, Practice, and Puzzles," *Addictive Behaviors* 21, no. 6 (1996): 835–42; W. R. Miller and S. Rollnick, *Motivational Interviewing: Helping People Change* (New York: Guilford Press, 2013).

40. Ken Resnicow and Fiona McMaster, "Motivational Interviewing: Moving from Why to How with Autonomy Support," *International Journal of Behavioral Nutrition and Physical Activity* 9, no. 1 (2012): 1–9.

第 7 章　如何讓最難的對話安全？

1. 書寫種族與族群時，有可能誤入各種歧途，尤其是像我這樣的作者：一個享有大量優勢與特權的異性戀白人男性。風險之一是我有可能看不見對其他作家來講很明顯的洞見。因此，我在寫這一章的時候，請教了研究種族歧視、偏見、跨種族溝通的學者。這些慷慨挪出時間的思想家中，許多都有被排擠的親身體驗。我非常感謝他們提供洞見。我請他們看這一章，提供想法與建議。有時候，他們的看法被放進正文，或是在註釋中詳細說明。此外，值得一提的是，雖然不同類型的偏見通常有一些共通點，不該混為一談。種族歧視不同於性別歧視，也不同於同性戀恐懼症。每一種偏見，以及每個不公正的例子，都有特殊之處。最後，在選擇該如何提及本章與其他章節的敏感主題時，包括如何稱呼特定的族群，我試著遵照美聯社格式手冊（Associated Press Stylebook）的標準。
2. "At Netflix, Radical Transparency and Blunt Firings Unsettle the Ranks," *The Wall Street Journal*, October 25, 2018.
3. 值得提醒的是，冒犯人的話有可能很露骨，例如直接講出種族的蔑稱，但也可能是表面上無傷大雅的調侃，有的學者稱之為「微暴力」（microaggression）。這個主題的進一步資訊，請見：Derald Wing Sue and Lisa Spanierman, *Microaggressions in EverydayLife* (Hoboken, N.J.: John Wiley and Sons, 2020); Derald Wing Sue et al., "Racial Microaggressions in Everyday Life: Implications for Clinical Practice," *American Psychologist* 62, no. 4 (2007): 271; Derald Wing Sue, "Microaggressions: More Than Just Race," *Psychology Today* 17 (2010); Anthony D. Ong and Anthony L. Burrow, "Microaggressions and Daily Experience: Depicting Life as It Is Lived," *Perspectives on Psychological Science* 12, no. 1 (2017).
4. 海斯汀與馬克・藍道夫（Marc Randolph）共同創立網飛。

5. 我對網飛的認識取自許多的資料來源，包括里德．海斯汀與艾琳．梅爾（Erin Meyer）合著的 *No Rules Rules: Netflix and the Culture of Reinvention* (New York: Penguin, 2020); Corinne Grinapol, *Reed Hastings and Netflix* (New York: Rosen, 2013); Patty McCord, "How Netflix Reinvented HR," *Harvard Business Review* 92, no. 1 (2014): 71–76; James Morgan, "Netflix: Reed Hastings," *Media Company Leader Presentations* 12 (2018); Bill Taylor, "How Coca-Cola, Netflix, and Amazon Learn from Failure," *Harvard Business Review* 10 (2017); Kai-Ingo Voigt et al., "Entertainment on Demand: The Case of Netflix," in *Business Model Pioneers: How Innovators Successfully Implement New Business Models* (Switzerland: Springer International Publishing, 2017): 127–41; Patty McCord, *Powerful: Building a Culture of Freedom and Responsibility* (San Francisco: Silicon Guild, 2018).
6. 網飛的公司代表在回應事實查核問題時，表示網飛今日不再那麼常執行這種作法。隨著公司不斷成長與逐漸成熟，網飛如今更能依據產業標準設定薪資。員工不需要瞭解外界提供的薪水。
7. 公司代表在回應事實查核問題時表示，今日不再那麼常執行這種作法。
8. 獎項的頒發日期是二〇一〇年。
9. Evelyn R. Carter, Ivuoma N. Onyeador, and Neil A. Lewis, Jr., "Developing and Delivering Effective Anti-bias Training: Challenges and Recommendations," *Behavioral Science and Policy* 6, no. 1 (2020): 57–70; Joanne Lipman, "How Diversity Training Infuriates Men and Fails Women," *Time* 191, no. 4 (2018): 17–19; Peter Bregman, "Diversity Training Doesn't Work," *Harvard Business Review* 12 (2012); Frank Dobbin and Alexandra Kalev, "Why Doesn't Diversity Training Work? The Challenge for Industry and Academia," *Anthropology Now* 10, no. 2 (2018): 48–55; Hussain Alhejji et al., "Diversity Training Programme Outcomes: A Systematic Review," *Human Resource Development Quarterly* 27, no. 1 (2016): 95–149; Gwendolyn M. Combs and Fred Luthans, "Diversity Training: Analysis of the Impact of Self-Efficacy," *Human Resource Development Quarterly* 18, no. 1 (2007): 91–120; J. Belluz, "Companies Like Starbucks Love Anti-bias Training but It Doesn't Work—and May Backfire," *Vox* (2018); Dobin and Kalev,

"Why Doesn't Diversity Training Work?," 48–55; Edward H. Chang et al., "The Mixed Effects of Online Diversity Training," *Proceedings of the National Academy of Sciences* 116, no. 16 (2019): 7778–83.

10. Elizabeth Levy Paluck et al., "Prejudice Reduction: Progress and Challenges," *Annual Review of Psychology* 72 (2021): 533–60.
11. Francesca Gino and Katherine Coffman, "Unconscious Bias Training That Works," *Harvard Business Review* 99, no. 5 (2021): 114–23.
12. Frank Dobbin and Alexandra Kalev, "Why Diversity Programs Fail," *Harvard Business Review* 94, no. 7 (2016): 14.
13. 這個引用取自："Unconscious Bias Training That Works"，摘要自另一項研究：Alexandra Kalev, Frank Dobbin, and Erin Kelly, "Best Practices or Best Guesses? Assessing the Efficacy of Corporate Affirmative Action and Diversity Policies," *American Sociological Review* 71, no. 4 (2006): 589–617.
14. Elizabeth Levy Paluck et al., "Prejudice Reduction: Progress and Challenges," *Annual Review of Psychology* 72 (2021): 533–60. 值得一提的是，如同研究人員在這篇二〇二一年的《心理學年度評論》寫道，似乎能持續有效減少偏見與偏見態度的方法是「面對面群際接觸」（face-to-face intergroup contact）與鼓勵「持續的人際對話」。
15. 網飛在回覆事實查核詢問時表示，不是每一位員工都聽說此事並因此形成看法。
16. 大量的研究顯示，不論是以正式或非正式的方式出現在員工須遵守的規範與評論中，這一類標準會以不成比例的方式，不利於來自少數群體背景的員工。進一步的資訊，請見：James R. Elliott and Ryan A. Smith, "Race, Gender, and Workplace Power," *American Sociological Review* 69, no. 3 (2004): 365–86; Ashleigh Shelby Rosette, Geoffrey J. Leonardelli, and Katherine W. Phillips, "The White Standard: Racial Bias in Leader Categorization," *Journal of Applied Psychology* 93, no. 4 (2008): 758; Victor Ray, "A Theory of Racialized Organizations," *American Sociological Review* 84, no. 1 (2019): 26–53; Alice Hendrickson Eagly and Linda Lorene Carli, *Through the Labyrinth:*

The Truth About How Women Become Leaders (Boston: Harvard Business Press, 2007).

17. Michael L. Slepian and Drew S. Jacoby-Senghor, "Identity Threats in Everyday Life: Distinguishing Belonging from Inclusion," *Social Psychological and Personality Science* 12, no. 3 (2021): 392–406. 史萊平恩在回覆事實查核提問時，澄清困難對話的問題「只是其中一種情境，我們另外還討論了約二十九種」。

18. 史萊平恩指出，相關結果取自數項研究與論文。

19. Sarah Townsend et al., "From 'in the Air' to 'Under the Skin': Cortisol Responses to Social Identity Threat," *Personality and Social Psychology Bulletin* 37, no. 2 (2011): 151–64; Todd Lucas et al., "Perceived Discrimination, Racial Identity, and Multisystem Stress Response to Social Evaluative Threat Among African American Men and Women," *Psychosomatic Medicine* 79, no. 3 (2017): 293; Daan Scheepers, Naomi Ellemers, and Nieska Sintemaartensdijk, "Suffering from the Possibility of Status Loss: Physiological Responses to Social Identity Threat in High Status Groups," *European Journal of Social Psychology* 39, no. 6 (2009): 1075–92; Alyssa K. McGonagle and Janet L. Barnes-Farrell, "Chronic Illness in the Workplace: Stigma, Identity Threat and Strain," *Stress and Health* 30, no. 4 (2014): 310–21; Sally S. Dickerson, "Emotional and Physiological Responses to Social-Evaluative Threat," *Social and Personality Psychology Compass* 2, no. 3 (2008): 1362–78.

20. 史萊平恩指出，由於招募此次研究參與者的廣告，特別尋找曾經因為某個社會團體，感到自己缺乏歸屬感的受試者。這可能導致樣本中經歷過認同威脅的人特別多。因此以整體的人口來講，認同威脅的頻率八成比較低。

21. Nyla R. Branscombe et al., "The Context and Content of Social Identity Threat," *Social Identity: Context, Commitment, Content* (1999): 35–58; Claude M. Steele, Steven J. Spencer, and Joshua Aronson, "Contending with Group Image: The Psychology of Stereotype and Social Identity Threat," in *Advances in Experimental Social Psychology* (Cambridge, Mass.: Academic Press, 2002), 34:379–440; Katherine T. U. Emerson and Mary C. Murphy, "Identity Threat at Work:

How Social Identity Threat and Situational Cues Contribute to Racial and Ethnic Disparities in the Workplace," *Cultural Diversity and Ethnic Minority Psychology* 20, no. 4 (2014): 508; Joshua Aronson and Matthew S. McGlone, "Stereotype and Social Identity Threat," in Handbook of *Prejudice, Stereotyping, and Discrimination* (New York: Psychology Press, 2009); Naomi Ellemers, Russell Spears, and Bertjan Doosje, "Self and Social Identity," *Annual Review of Psychology* 53, no. 1 (2002): 161–86.

22. 桑卻斯在回覆事實查核詢問時，進一步解釋，在她的研究中，八成至九成的參與者也表示，他們預期這類談話會帶來重要的益處。Kiara Lynn Sanchez, "A Threatening Opportunity: Conversations About Race-Related Experiences Between Black and White Friends" (PhD diss., Stanford University, 2022).

23. Robert Livingston, *The Conversation: How Seeking and Speaking the Truth About Racism Can Radically Transform Individuals and Organizations* (New York: Currency, 2021).

24. 由於疫情的緣故，此處的對話大都發生在視訊會議。

25. 值得提醒的是，在較不正式的場景，請黑人朋友先談他們的種族歧視經歷，有可能製造妨礙連結的障礙。如同賽羅司博士在閱讀本章時寫道，有時黑人被要求分享創傷，於是（非白人）的經歷被擺在檯面上供大家評論，成為道歉的對象，或是相較於白人，以某種方式被視為不同於一般人的經驗，被他者化……（我們一定要知道），黑人或弱勢族群沒有義務為了團結，讓自己置身於困難的對話！因為一般來說，如果要在工作中，或是以白人為主的場景中成功，他們必須低調。不過，有的非白人（例如我）願意參與，情感上也有辦法承受。

26. 此處的實驗指示經過編輯。完整的版本是：「等一下你會有機會和（朋友）聊天。但首先我們想花點時間，分享一些我們得知的事實。我們詢問了其他人跟不同種族的朋友聊種族的對話。我們要跟你和（朋友的名字）分享這些經驗。」

27. 桑卻斯表示，目標是「給人堅持下去的架構……基本理論是不適感能帶來幫助。我們的目標因此不是擺脫不適感，而是協助人們看到，不適感不必是有意義的對話或關係的障礙」。

28. 桑卻斯指出，對實驗組與對照組來說，「這兩種對話長度沒有統計上的差異。此外，我們尚未有證據證明對話內容更深入或更脆弱。整體而言，我們的發現在兩種情況下，對話都進行得相當順利。兩組朋友都說是正面的體驗，有參與感，對話是真誠的。此外，我們尚未發現對話內容有重大的差異。」

29. 桑卻斯在回應事實查核詢問時寫道，這位黑人實驗參與者是在「討論他身為黑人待在白人的地方，所產生的內在衝突。一方面，他偶爾會忘掉這件事，但經常被提醒，不得不平衡這兩種體驗。〔這樣的複雜性〕凸顯了相關對話與不同種族之間關係的本質」。

30. Kiara Lynn Sanchez, "A Threatening Opportunity: Conversations About Race-Related Experiences Between Black and White Friends" (PhD diss., Stanford University, 2022).

31. 桑卻斯寫道，效果最強的結果在對話後立刻發生，「兩個朋友都體驗到一股親密感（從對話前到一結束）。此外，幾個月後，黑人朋友感到更能安心與白人朋友談論種族議題，關係也更真誠。」桑卻斯在回應進一步的事實查核提問時，繼續寫道：「這個立即結果在兩種情境都一樣，不論他們是否得到訓練，但訓練對黑人朋友一段時間後的『真誠度』與『親密度』，具有特別的好處。長期而言，訓練情境下的黑人朋友的『真誠度』與『親密度』提升了。所以光是對話就有幫助，但如果要有長期的好處，這項訓練對黑人朋友很有幫助。」

32. 值得提醒的是，做好會不舒服的心理準備，不同於抓著不舒服不放。如同賽羅司博士所言，抓著不放會造成確認偏誤。

33. 桑卻斯在回覆事實查核提問時，寫道：「認同威脅通常出現在沒有任何人『做了』任何事。光是和不同團體的人說話，就可能讓人擔心對方會從刻板印象的角度看你（在你什麼都還沒說之前！）……分享個人的經驗與觀點涉及權力問題，不過我會說，如果要減少別人的認同威脅，避免一概而論是最可靠的方法。」

34. 邁爾斯在回覆事實查核詢問時，進一步解釋：「你必須積極反對種族歧視。也就是說，身為個人與公司，我們必須首先意識到與瞭解自身帶有的無意識偏見，以及那些偏見無意間對同事與公司造成的影響。」

35. 網飛解釋，邁爾斯在檢察長辦公室的任務，包括「增加檢察長辦公室的多元性與留任率、性騷擾與反歧視訓練，以及提升麻州弱勢群體獲得的關懷與服務。此外也提供建議給檢察長與他的高階幕僚」。

36. Hastings and Meyer, *No Rules Rules.*

37. 邁爾斯指出：她的團隊「是來建立長期的策略性變革流程，也就是說，我們與事業單位內部的人資夥伴和領袖合作，一起形塑這些策略。舉辦工作坊與對話只是策略的一部分」。

38. 邁爾斯指出：「主要的任務，是意識到你自己、你的文化與其他人的文化，以及瞭解你的身分認同、經歷與文化是如何形塑你的世界觀、人際關係、行為與判斷。此外，還要學著意識到自己的偏見與壓制偏見，留意我們（有意或無意間）排除或納入的人與原因，這樣每個人才能盡到責任，創造出共融與互相尊重的環境。」

39. 值得指出的是，雖然我們都能意識到被排擠的痛苦，不代表所有人被排擠的經驗是一樣的。有的排擠經驗比別的更傷人。此外，有的人由於自身的社會認同，比其他人更常遭受排擠，而且排擠方式不同。

40. 邁爾斯寫道：「很重要的一點是大家要明白，不是只有非白人或女性有多重身分認同，每個人都一樣。我們所有人都是多元的，因為我們擁有多重的身分與經歷，讓每個人成為相當獨特的個體。然而，由於歷史上的排他、種族歧視與性別歧視，許多企業空間由某些身分認同主導，而且成為常態的標準，每件事都按照他們的標準來形塑與評判……光是引進不同於那種標準的人才還不夠，還必須創造出他們受到尊重的環境，並反映在團隊、工作方式、語言、政策等……這項工作永遠是多面向的，要在四個層面上帶來改變：個人層面（人們如何思考、相信、感受）、人際層面（人們的行為與關係）、組織層面（政策與作法），以及文化層面（哪些事被視為正確、美麗、真實）。」

41. 邁爾斯寫道，這些對話的設計要引導的「不只是種族的評論；通常是談差異，任何類型的差異都有，以及他們如何回應差異。種族經常出現，但也可能談到性別、失能、收入、性向、口音、語言等」。

42. 邁爾斯寫道：「有的人士很難進行這種對話，而且永遠不會感到安全。為了照顧到這部分的需求，我們有時會更改內容。」邁爾斯指出，不是每個人都會感到安全與安心。

43. 此類問題有可能讓人感到不舒服。網飛因此規範不適感何時算過頭了。「如果有人在討論自身的某件事，或是一至多個與他們身分認同相關的議題時，感到不舒服，我們會鼓勵他讓同事知道他不想談這件事。」網飛的共融策略長東尼・哈里斯・昆內利（Toni Harris Quinerly）表示：「我們的共融團隊努力讓這樣的界線設定常態化，讓人感到更能自在地溝通他們何時想或不想討論某件事，這樣聽的人更可能配合與尊重這樣的界線。其中包括讓人瞭解，有多種辦法能讓你學到你不完全瞭解的經歷（例如，找到相關的文章／書籍，或是向瞭解那個議題或具特殊觀點的其他人或盟友尋求洞見）。」

44. 華頓在回應事實查核詢問時，進一步解釋此類練習的目標，不是讓原本就有權的人感到自在，而是營造一種氣氛，讓人能夠反省自己與社會，並且聆聽他人的觀點。重點是找到「訓練方式，促成更多減少偏見的正面行為」。華頓在訪談中告訴我：「我們必須在文化中，創造出給不完美的人的空間。我們不能只有『抓到你了』的文化。目標是讓不完美的人成為盟友，而不是敵人。」

45. Vernā Myers, "Inclusion Takes Root at Netflix: Our First Report," Netflix.com, January 13, 2021.

46. Vernā Myers, "Our Progress on Inclusion: 2021 Update," Netflix.com, February 10, 2022.

47. 此處的數字為二〇二二年的員工情形。

48. Stacy L. Smith et al., "Inclusion in Netflix Original U.S. Scripted Series and Films," *Indicator* 46 (2021): 50–56.

49. 究竟有多少員工參與相關的示威運動，人數不明。現場的記者估算，人數不到二十四人。部分員工還會在中午停下手邊的工作，抗議查普爾的特輯。

50. 網飛在回覆事實查核電子郵件時表示：「網飛嘗試娛樂全世界，相信多元、平等、共融（DEI）可以協助達成那個目標；所以不只是與社會公益有關，也不只是我們每個人學著以尊重彼此的態度工作，各展所長，而是這件事能讓我們所有人與公司欣欣向榮。」邁爾斯補充說明：「增加代表性與應用共融角度來看待每件事，能夠協助我們創新與發揮創意。此外，還能協助我們說出以前不曾說出口的真誠新故事，〔以及〕見到並提供平台給過去被排除的人才……這對公司有利，也對我們現在與未來的成員極有益處。」

51. 邁爾斯在網飛任職五年後，二〇二三年九月離開，但繼續擔任網飛的顧問。韋德・戴維斯接手她的職位。

後記

1. 我對於此一研究的瞭解來自：Robert Waldinger and Marc M. D. Schulz, *The Good Life* (New York: Simon and Schuster, 2023); George E. Vaillant, *Triumphs of Experience* (Cambridge, Mass.: Harvard University Press, 2012); George E. Vaillant, *Adaptation to Life* (Cambridge, Mass.: Harvard University Press, 1995); John F. Mitchell, "Aging Well: Surprising Guideposts to a Happier Life from the Landmark Harvard Study of Adult Development," *American Journal of Psychiatry* 161, no. 1 (2004): 178–79; Christopher Peterson, Martin E. Seligman, and George E. Vaillant, "Pessimistic Explanatory Style Is a Risk Factor for Physical Illness: A Thirty-Five-Year Longitudinal Study," *Journal of Personality and Social Psychology* 55, no. 1 (1988): 23; Clark Wright Heath, *What People Are; a Study of Normal Young Men* (Cambridge, Mass.: Harvard University Press, 1945); Robert C. Intrieri, "Through the Lens of Time: Eight Decades of the Harvard Grant Study," *PsycCRITIQUES* 58 (2013); Robert Waldinger, "Harvard Study of Adult Development" (2017).
2. 此一計畫的研究人員在發表案例研究時，永遠用化名來稱呼研究對象，並為了讓身分保密，更動當事人的生平細節。此處附上的資訊，取自那些發表的研究報告，因此包含研究人員更動的姓名與細節。不過，我在文中所有可能的地方，補充了我的理解。方法是訪問相關及其他的研究人員，也查閱了發表與未發表的研究，以確保資訊的精確度。
3. 原本的完整題目是：「如果我們問到對你來說最重要的事，請用最後幾頁回答我們提出的所有問題。」
4. Julianne Holt-Lunstad, "Why Social Relationships Are Important for Physical Health: A Systems Approach to

Understanding and Modifying Risk and Protection," *Annual Review of Psychology* 69 (2018): 437–58.

5. Yang Claire Yang et al., "Social Relationships and Physiological Determinants of Longevity Across the Human Life Span," *Proceedings of the National Academy of Sciences* 113, no. 3 (2016): 578–83.

國家圖書館出版品預行編目資料

為什麼我們這樣對話，那樣生活？：當個超級溝通者，解鎖與他人連結的祕密語言／查爾斯．杜希格（Charles Duhigg）著；許恬寧譯. -- 初版. -- 臺北市：大塊文化出版股份有限公司, 2025.04

340面；14.8×21公分. --（from；157）

譯自：Supercommunicators : how to unlock the secret language of connection

ISBN 978-626-7594-66-7（平裝）

1. CST：人際傳播　2. CST：溝通技巧

177.1　　114001623

LOCUS

LOCUS

LOCUS

LOCUS